DIE CARL SCHURZ STORY

Vom deutschen Revolutionär
zum amerikanischen Patrioten

DIE CARL SCHURZ STORY

Vom deutschen Revolutionär
zum amerikanischen Patrioten

Verlag für Berlin-Brandenburg

Gesamtherstellung:
Druckerei Theiss GmbH, St. Stefan im Lavanttal

Gestaltung:
(S) sans serif, Berlin

Umschlaggestaltung unter Verwendung eines Fotos von Carl Schurz
während des Sezessionskrieges, undatiert / ullstein bild

Lektorat:
André Förster und Klaus Wettig

ISBN neu: 978-3-86650-100-3
ISBN alt: 3-86650-100-5

1. Auflage 2006

Stresemannstraße 30, D-10963 Berlin

www.verlagberlinbrandenburg.de

Für Jan Draeger

EUROPA

EDINBURGH, 1. DEZEMBER 1850

Was für ein Anblick! Zwei Gestalten zum Fürchten kommen die schnurgerade Straße vom nahen Hafen Leith zur schottischen Hauptstadt Edinburgh hinauf. Der Ältere trägt einen viel zu groß geratenen Bärenfellmantel, der ihm bis zu den Füßen reicht, und auf dem Kopf eine deutsche Forstbeamtenmütze. Der Jüngere steckt in einem weiten, langen, braunen Umhang, der früher ein Soldatenrock gewesen sein könnte. Seine lockigen Haare sind mit einer sonderbar geformten Samtkappe bedeckt.

»Shocking«, steht in den Augen der wenigen Passanten an diesem kalten, sonnigen Sonntagmorgen. Der Jüngere wird sich später erinnern: »Die Kaufläden waren geschlossen, kein Fuhrwerk störte die Stille, die Leute gingen schweigend daher, wahrscheinlich zur Kirche.«

Allmählich aber belebt sich die Straße. Eine Gruppe von halbwüchsigen Jungen umringt die Fremden und macht sich über den Bart des Älteren lautstark lustig, der in diesem Stadium allerdings eher einem »rauen Stoppelfeld« ähnelt. Doch seltsamerweise lassen Spott und Entrüstung die beiden Galgenvögel völlig ungerührt. Ja, sie strahlen sogar eine für ihr Publikum völlig unverständliche Heiterkeit aus. Was die Leute nicht wissen können: Noch vor ein paar Stunden waren die beiden Männer Passagiere auf der »Kleinen Anna«, einem deutschen Schoner, der sie auf stürmischer See in vierzehn Tagen von Rostock zur britischen Insel befördert hat. Eingepfercht in eine winzige Kajüte, bei eintöniger Kost und in der ständigen Ungewissheit, das rettende Ufer zu erreichen – aber trotzdem grenzenlos erleichtert, weil ihnen die Flucht gelungen war: ihm, dem fünfunddreißigjährigen Gottfried Kinkel, aus einem preußischen Zuchthaus und ihm, dem einundzwanzigjährigen Carl Schurz, als seinem Befreier.

»Welche Lust war es, als wir die Hauptstraße von Leith hinaufwan-

Begnadet zu Pulver und Blei 1849.

Begnadet zu Pulver und Blei 1849,
Holzstich von Johann Heinrich Schulz, 1850

derten, zu fühlen, dass wir nun wieder festen Boden unter den Füßen hatten und als freie Menschen jedem ins Antlitz schauen durften! Endlich alles überstanden, alle Gefahren glücklich vorüber, keine Verfolgung mehr, ein neues Leben vor uns! Es war über alle Beschreibung herrlich.«

Der Freudenschrei des jungen Schurz ist verständlich. Er und sein Freund Kinkel sind politische Flüchtlinge. Hinter ihnen liegt eine deprimierende Zeit auf dem Kontinent. Die Revolution von 1848/49 ist gescheitert, dem autokratischen Preußen Reformen aufzuzwingen, ist misslungen. Spontane Erhebungen, auch aus sozialer Not, in Deutschland, Ungarn, Österreich oder Italien sind brutal niedergeschlagen worden. Makaber verdeutlicht eine Zeichnung aus jenen Tagen – ein badischer Revolutionär liegt im Grase, erschossen vom preußischen Militär – das Ende mit Schrecken. Darüber der Kommentar: »Begnadet zu Pulver und Blei.«

Dass Schurz und Kinkel dieses Schicksal erspart geblieben ist, verdanken sie besonderen Umständen, begeisterten Helfern, aber auch ihrer eigenen Tollkühnheit und ihrem Optimismus.

Stunden nach ihrer glücklichen Ankunft auf der britischen Insel! Die sorglose Ruhe der Stadt Edinburgh an diesem Dezembersonntag entspricht der Gelassenheit Britanniens, das erfolgreich – und ohne Revolution – für seine Bevölkerung einen Kompromiss zwischen Eigennutz und Gemeinwohl gefunden hat. Noch immer schlendern Kinkel und Schurz, die beiden »seltsamen Figuren«, durch die Straßen. Machen Sightseeing, ohne sich »um die Gefühle der Eingeborenen weiter zu kümmern«. Auf dem Programm stehen auch das Denkmal von Sir Walter Scott, dem schottischen Nationaldichter, und das Schloss, hoch über den Häusern auf einem Felsen erbaut. Dort genießen die bizarr gekleideten Fremden erstmals den Anblick einiger Soldaten in den »prächtigen schottischen Hochlandkostümen«.

Mittag ist längst vorbei, als die beiden unfreiwilligen Touristen – seit dem Frühstück auf der »Kleinen Anna« ohne Nahrung – spüren, dass auch die herrlichste Umgebung nicht satt machen kann. Wo aber findet man hier sonntags einen offenen Gasthof? Und wie, bitte, macht man sich den Edinburghern verständlich, wenn man gerade zwei Worte auf Englisch kann: Beefsteak und Sherry?

Man versucht es zunächst einmal auf Deutsch und Französisch. Aber alle Gefragten antworten nach langem Anstarren »in einer uns unverständlichen Zunge«. Und dazu in einem Ton, der vor allem Schurz heftig missfällt: »Mein musikalisches Ohr konnte damals meinen Widerwillen gegen den Klang der englischen Sprache noch nicht überwinden. Ihre eigentümliche Musik habe ich erst dann würdigen gelernt, als ich die Sprache selbst verstand.«

Dann ein Lichtblick. Ein Schotte reagiert schließlich auf »Beefsteak und Sherry« und zeigt hinunter zur Hafenstadt Leith. Und tatsächlich, unten in Leith steht die Tür zum »Black Bull Hotel« offen. Doch kein Mensch ist zu sehen. Schurz und Kinkel wagen sich eine Treppe hoch und geraten in einen behaglichen, kleinen Salon. Das Kaminfeuer knistert. Die hungrigen Gäste machen es sich bequem und klingeln nach dem Kellner. Er erscheint, erblasst und vernimmt die Worte: »Beefsteak und Sherry«.

Verwirrt verschwindet er wieder und kehrt mit einem Herrn im Frack und mit weißer Halsbinde zurück. Offenbar der Oberkellner. Erneut probieren es Kinkel und Schurz mit ihren beiden einzigen englischen Worten: »Beefsteak und Sherry.« Umsonst. Ein dritter Herr wird geholt: der Wirt im schwarzen Gehrock. Auch er versteht nicht ganz ...

Da fischt Kinkel ein paar Goldmünzen aus der Tasche, und nun klappt es. Ein üppiges Mahl wird aufgetragen – und nicht nur Beefsteak und Sherry.

Zum Nachtisch gibt es Zigarren, mit denen sich die endlich gesättigten Gäste am Kamin niederlassen, um die Korrespondenz, die man auf stürmischer See begonnen hat, hier fortzusetzen. »Carl«, schreibt der gerettete Revolutionär Gottfried Kinkel an den Vater von Schurz, »hat eine Treue bewiesen an mir, die ich ihm selber schwerlich jemals abverdienen kann; sein Mut, seine Ausdauer und seine Klugheit haben ein Wunderwerk vollendet, und ich verdanke ihm im vollen Sinne die Rettung meines Lebens.«

Carl offenbart seine Pläne für die Zukunft im Brief an seine Eltern, die im Rheinland seit Monaten ohne Nachricht von ihm gewesen sind: »Ich werde den sicheren Boden eines neutralen Landes so bald nicht verlassen, den Winter gedenke ich in Paris zu sein und dort, so viel es geht, zu lernen und zu schreiben. ... Das Nächste, was ich hoffe, ist ein Brief von Euch. Ich bitte, schreibt mir nicht zu viel von der Angst und Sorge, die Ihr um mich hattet. ... Aber von dem Jubel, den die Nachricht von Kinkels Befreiung in Eurer Umgebung weckte, möchte ich viel, recht viel erfahren.«

Die folgende Nacht im »Black Bull Hotel« verbringen Schurz und Kinkel in einem Zimmer mit zwei riesigen Himmelbetten: »Welche Wollust nach den sargartigen Kojen auf der ›Kleinen Anna‹!«

Am nächsten Morgen verabschieden sie sich dankbar »mit stummem Lächeln und Händedruck« von dem Wirt. Und sie fragen sich: »Was der freundliche Schotte wohl von seinen unheimlich sonderbaren Gästen gedacht haben mag, die so plötzlich, ohne Gepäck und ohne ein anderes verbindliches Wort als ›Beefsteak oder Sherry‹ auftauchten, und warum er uns nicht sofort die Tür wies.«

Dafür funktioniert jetzt wieder etwas Erstaunliches: das Netzwerk,

Gottfried Kinkel und Carl Schurz

das begeisterte Demokraten für Schurz und Kinkel über halb Europa gesponnen haben. So können sie an diesem Montagmorgen auch in Leith den in ihre Flucht eingeweihten schottischen Kaufmann MacLaren treffen, der sie freudig empfängt und ihnen zu einem »Menschen ähnlichen Aussehen« verhilft, indem er sie unverzüglich zu einem Hutmacher und in einen Kleiderladen schleppt. Nachts fahren sie weiter nach London.

Kleider machen zwar Leute, verdecken aber nicht die Blessuren der Vergangenheit. Das Zuchthaus-Jahr in Spandau bei Berlin hat bei Kinkel unübersehbar Spuren hinterlassen. Schurz ist erschrocken: »Wie hatte er sich verändert, den ich noch vor wenig mehr als einem Jahr als jugendfrischen, blühenden Mann gesehen! Das kurz geschorene Haar war grau gesprenkelt, die Gesichtsfarbe fahl, die Haut pergamentartig, die Wangen mager und schlaff, die Nase spitz und die Züge scharf eingefurcht.«

Allein die wieder gewonnene, rheinische Heiterkeit erinnert noch an den alten Kinkel. An den gut aussehenden, kraftstrotzenden Bonner

Universitätsprofessor für Literatur und Kunstgeschichte. An den glänzenden Redner, der seine Studenten für die Vision eines geeinten, demokratischen Deutschlands immer wieder begeistern konnte.

»Für den jungen Schurz hatte die Begegnung von 1847 mit dem damals im vollen Glanze seiner Erfolge stehenden Bonner Universitätsprofessor schicksalhafte Bedeutung. Er war achtzehn Jahre alt, als er im Herbst 1847 als Student der Philologie und Geschichte in seinem ersten Semester die kunstgeschichtliche Vorlesung von Kinkel besuchte und von dessen Persönlichkeit derartig fasziniert wurde, dass er auch an den rhetorischen Übungen teilnahm, die Kinkel abweichend von der üblichen akademischen Tradition eingeführt hatte. Hier fiel er durch eine gute Leistung auf und wurde in den engeren Schülerkreis gezogen, den Kinkel und seine geistvolle und musisch hochbegabte Frau Johanna um sich zu scharen wussten.«

Aber auch Schurz, ebenfalls frisch eingekleidet, ähnelt kaum noch dem Achtzehnjährigen, der Kinkels Vorlesungen besucht hatte. Der Sohn eines verarmten, ehemaligen Schulmeisters aus dem linksrheinischen Dorf Liblar, der früher so »kindisch schüchtern« gewesen ist, dass er beim geringsten Anlass heftig errötete, hat sich verändert, seitdem er in den Wochen der Revolution dem Tod mehrmals gefährlich nahe gekommen war. Und so wird jetzt im schottischen Leith wohl nur noch sein Äußeres mit der liebevoll spöttischen Schilderung seines Bonner Kommilitonen Friedrich Spielhagen übereinstimmen: »Groß, schlank und hager, gab Carl nicht auf Haltung, sondern saß, stand und ging, wie es ihm bequem war. ... Die hellen lebhaften Augen waren stets von einer Brille bedeckt, welche die Neigung hatte, auf der etwas eingebogenen Nase nach unten zu rutschen und die dann mit einem energischen Ruck des Zeigefingers hinaufgeschoben wurde.«

Nicht nur Schurz und Kinkel haben sich verändert. Der europäische Kontinent ist nicht wieder zu erkennen. Was war das noch für eine feurige Beziehung zwischen Adel und Bürgertum gewesen, als man gemeinsam den Franzosenkaiser 1813 besiegt und vertrieben hatte!

»Freiheitskriege« nannte man fortan den gewonnenen Kampf gegen Napoleon. Aber welche Freiheit war da gemeint? Ein selbstbewusstes Bürgertum hoffte auf längst überfällige Reformen, auf parlamentarische Mitbestimmung. Doch die Monarchen hatten eine ganz andere Vorstellung von ihrer wieder erlangten Freiheit. Sie verstanden darunter eher die Zurückgewinnung alter Privilegien. Und so fragte der Dichter Ludwig Uhland reimend:

»Ihr Fürsten! seid zuerst gefraget:
Vergaßt ihr jenen Tag der Schlacht,
an dem ihr auf den Knien laget
und huldigtet der höhern Macht?
Wenn eure Schmach die Völker lösten,
wenn ihre Treue sie erprobt,
so ist's an euch, nicht zu vertrösten,
zu leisten jetzt, was ihr gelobt.«

Aber die Monarchen dachten gar nicht daran. In Russland unter Zar Nikolaus I. hatte der Adel weiterhin das fragwürdige Recht, Leibeigene zu halten. Unter der Fuchtel der österreichischen Monarchie führte Fürst Metternich auf dem Wiener Kongress 1815 das Gebilde aus Klein-, Mittel- und Großstaaten als »Deutschen Bund« wieder dahin zurück, wo es schon einmal war und längst nicht mehr hingehörte – in die Mottenkiste des Absolutismus. Und, um Reformbestrebungen in Richtung Demokratie ein für allemal zu unterbinden, verwandelte Metternich das eigentlich lebensfrohe Österreich in einen perfekten Polizeistaat mit einem ausgeklügelten Spitzelwesen bis in die Privatsphäre seines Volkes.

Das war auf Dauer nicht durchzuhalten. Schließlich konnte man einem Bürger, der schon halbwegs mündig gewesen war, nicht von heute auf morgen wieder den Mund verbieten. Außerdem verschärften soziale Spannungen im Deutschen Bund das Klima zwischen Volk und Staat. Denn die rasant wachsende Industrialisierung veränderte die Gesellschaftsstruktur schneller, als es der sture Adelsstand wahr haben wollte: Aus selbständigen Handwerkern wurden fast über Nacht lohnabhängige Fabrikarbeiter. Die Bauern, gerade aus der Leibeigenschaft entlassen, sahen mit ihren kleinen, oft kargen Äckern keinerlei wirtschaftliche Perspektive. Bestürzt schrieb die Schriftstellerin Bettina von Arnim am 3. November 1841 an den Großherzog von Württemberg:

»Das Volk braucht Licht, es braucht Luft, es braucht Zuversicht, nicht ewig umsonst den harten Boden der Not pflügen zu müssen, es braucht Hoffnung. Oder sollte das Denkorgan für nichts und wieder nichts eingeboren sein? – Sollte den Scharfsinn des Volks zu lähmen, zu leugnen, zu betrügen eine erlaubte Gewalt sein?«

Aber briefliche Warnungen, mahnende Gedichte, philosophische Analysen fruchteten nicht. Der Adel bewegte sich keinen Zentimeter in Richtung Reformen. Und auch das »Kommunistische Manifest« von Marx und Engels, am Vorabend des Revolutionsjahrs 1848 veröffentlicht, das die Reaktion als »Tolles Jahr« verunglimpfte, schreckte die Aristokraten nicht. Sie fürchteten kein kommunistisches »Gespenst, das umging in Europa«. Nie gehört, nie gesehen ... Missernten, verarmte Leineweber – kein Problem! Auch die anschwellende Zahl der sozial Entwurzelten, die nach Amerika auswanderten, wurde eher mit Erleichterung registriert.

Es kam, wie es kommen musste: Das Jahr 1848 meldet sich schon früh mit einem Donnerschlag. Im Februar jagen die Franzosen ihren König davon und rufen die Republik aus. Im März werden in Wien und Berlin Barrikaden errichtet. Und Fürst Metternich, der Schrecken aller freiheitlich denkenden Menschen, flieht ins Exil. Wie schnell das alles zerfällt, was vorher unzerstörbar schien. Und die Macht der Hohenzollern in Berlin scheint ähnlich rasch zu zerbröseln: Der König trägt sogar schon Schwarz-Rot-Gold, die Farben der Aufständischen. Alles ist in diesen Tagen möglich. In Italien, in Ungarn gärt es. Die Macht fällt dem Volk mit einer solchen Wucht in den Schoß, dass es ins Straucheln gerät. Einige Bürger wollen noch mehr Freiheit, anderen reichen die Zugeständnisse.

»Wir wollen einen deutschen Kaiser von Volkes Gnaden!«, rufen die einen. Andere wünschen ihn zum Teufel.

Das ist genau die Situation, in der man eine Gegenrevolution inszenieren kann: Uneinigkeit! Der preußische Machtapparat, den viele schon für tot oder zumindest sterbenskrank gehalten haben, schlägt ohne Zögern militärisch zu und erobert sich so aufgegebenes Terrain zurück.

Die Nationalversammlung in der Frankfurter Paulskirche, die erste gewählte deutsche Volksvertretung, ist längst nicht mehr Herr der Lage. Zumal sie weder über Heer noch Verwaltung gebietet und so ein gelähmtes Gebilde bleiben muss. Das ist die Stunde der Einzelkämpfer, der Revolutionäre, die auf eigene Faust im Lande verändern oder wenigstens das Erreichte verteidigen wollen. Und so folgt auf die März-Revolution eine zweite Welle des Aufstandes. Schon werden die Liberalen als Verräter beschimpft. Republikaner und Demokraten vereinigen sich unter Schwarz-Rot-Gold – und plötzlich werden auch die ersten roten Fahnen entrollt.

Im pfälzischen und badischen Südwesten liebäugeln Visionäre, Demagogen und aus halb Europa herbei geeilte Hasardeure mit eigenen Staatsmodellen und greifen dafür zu den Waffen. Das Volk bejubelt den radikal linken Rechtsanwalt, Politiker und Revolutionär Friedrich Hecker in derben Versen:

»Dreiunddreißig Jahre
Währt die Knechtschaft schon.
Nieder mit die Hunde
Von der Reaktion.
Blut – Blut muss fließen
Knüppelhageldick,
damit wollen wir begießen
die freie Republik.
Wenn euch die Leute fragen:
Lebet Hecker noch?
So sollt ihr ihnen sagen:
Ja, ja, er lebet noch.
Er hängt an keinem Baume,
er hängt an keinem Strick,
er hängt nur an dem Traume
der freien Republik.«

Auch der Bonner Universitätsprofessor Gottfried Kinkel und sein Student Carl Schurz finden sich als Waffenbrüder unversehens in der Verteidigungslinie der Republikaner, die von den preußischen Truppen immer heftiger bedrängt wird. Bis eines Tages der Traum von einer deutschen Republik jäh zu Ende geht. Was bleibt ist Tod, lebenslanger Kerker oder Flucht. Mit einem Emigrantendasein, zum Beispiel auf der britischen Insel. In einem Land, das sich den Luxus des Zuschauers in der ersten Reihe dieses kontinentalen Dramas gönnt.

LONDON, ANFANG DEZEMBER 1850

Der Portier vom »London Coffee House«, einem renommierten Hotel in der City, ist verzweifelt. Da hat man nun prominente Gäste, deren Befreiungsaktion aus einem deutschen Zuchthaus in der Hauptstadt gefeiert wird, weil man hier kaum etwas mehr liebt, als die Pickelhauben-Preußen lächerlich zu machen – doch wenn die zahlreichen Besucher nach »Mr. Kinkel« oder »Mr. Schurz« verlangen, muss er jedes Mal bedauernd antworten: »Sorry, die beiden sind unterwegs.«

Und dann steht plötzlich auch noch »er« an der Rezeption und fragt nach den Deutschen: Charles Dickens, das literarische Gewissen der Nation, der mit Anteilnahme, aber auch groteskem Humor Kritik an den sozialen Missständen des frühen viktorianischen Englands übt. Vielleicht will er Schurz und Kinkel dazu überreden, über ihre geglückte Flucht in seiner gerade erst gegründeten Zeitschrift *Household Words* zu berichten. In einem Wochenblatt, in dem vorwiegend politische und soziale Themen behandelt werden.

Wie auch immer: Dass die beiden Stars der Londoner Szene, die sonst dem Rummel um ihre Personen, so gut sie können, zu entgehen versuchen, ausgerechnet Dickens verpasst haben, gefällt ihnen gar nicht. Schurz: »Seine Bekanntschaft hätten wir sehr gern gemacht und erwiderten seinen Besuch, leider, ohne ihn zu Hause zu finden. Auch bei meiner späteren Anwesenheit in London bin ich ihm nie begegnet.«

Die britische Hauptstadt im Dezember 1850! Schon »mehrere Tage lang, von früh morgens bis spät abends«, jagen Schurz und Kinkel »von einer Sehenswürdigkeit zur andern«. Durch »diese gewaltige und geheimnisvolle Stadt ..., in der alle anderen Städte stecken, in der jeder Ruhm flüchtig, jede Größe dieser Welt ein Hauch wird, in der jeder Heroismus, jedes Pathos, jede persönliche Wichtigkeit vergänglich erscheinen«.

Und was hat man sich angeschaut? Sicher standen der Buckingham-Palast, in dem seit 1837 Queen Victoria residiert, und das neue, noch nicht ganz fertig gestellte Parlamentsgebäude auf dem Programm. Vielleicht auch die magischen Seegemälde des greisen William Turner. Und bestimmt hat es die beiden Flüchtlinge ins »Britische Museum« getrieben, wo sie einen alten Bekannten getroffen haben könnten: Karl Marx, der wie viele Emigranten an der Themse aus politischen Gründen gestrandet ist. Marx, der hier in der Bibliothek sitzt und an seinem »Kapital« schreibt.

»Er wurde im Mai 1849 aus Preußen verwiesen und erhielt niemals wieder die Erlaubnis zur Rückkehr, obwohl er mehrmals für kurze Zeit heimlich wiederkehrte. Seine Tätigkeit hatte sich in Deutschland auf reine Journalistik beschränkt und einen gemäßigteren Ausdruck gefunden, als man hätte erwarten können; immerhin konnte die Reaktion sie nicht dulden. Er ging von Deutschland aus nach Paris, wo man ihn nach einem Monat auswies. Als Zufluchtsort blieb ihm nur noch England, ›die Mutter der Verbannten‹, wie man es damals nannte. Den Rest seines Lebens verbrachte er, von kurzen Unterbrechungen abgesehen, in England.«

Kinkel und Schurz noch immer auf ihrer Sightseeing-Tour durch London! Nicht nur Karl Marx könnten sie dabei begegnet sein, sondern am Eaton Square Nr. 44, ganz in der Nähe des Hyde Parks, auch Clemens Fürst Metternich, der dort seit drei Jahren, ignoriert von den Royals, als abgehalfterter Ruheständler lebt. Metternich, einst gefürchteter Gegner aller Demokraten, Sozialisten, Nationalisten und Kommunisten, von denen viele inzwischen ebenfalls an der Themse gelandet sind. Möglicherweise deshalb gewährt man Metternich hier heute Polizeischutz.

Denn London, die Zwei-Millionen-Metropole, ist ein Ort, in dem sich die sozialen und weltanschaulichen Gegensätze explosiv aneinander reiben. Ein Ort, an dem man schnell sein Geld machen kann. Ob an der Börse oder mit Massenproduktionen in Fabriken, die in England wie Pilze aus dem Boden schießen. Aber die industrielle Revolution – wie sie fortan genannt werden wird – offenbart auch ihre Schattenseiten. In rasch hochgezogenen, armseligen Wohnungen wird das werktätige »Lumpenproletariat« untergebracht, weil man es möglichst in der Nähe der Betriebe angesiedelt haben will. Die Arbeitsstätten ohne ausreichend Luft und Licht wirken fast wie Straflager. Kinderarbeit über zehn Stunden täglich ist üblich. Und wenn man für die Kleinen keine Verwendung mehr hat, werden sie einfach ausgesetzt. Zusammen mit anderen Gestrandeten bilden sie dann im sonst eher glitzernden London »die Klasse der Verunglückten, der Degenerierten, der Deklassierten, der gesundheitlich und gesellschaftlich Minderwertigen«. Zu diesen traurigen Gestalten gehört auch »Oliver Twist«, der kleine, tapfere Held des englischen Erzählers Charles Dickens, der den Jungen aus der Realität in seinen Roman geholt hat, um ihm ein Denkmal zu setzen.

Abends gehen Carl Schurz und Gottfried Kinkel ins Theater. Shakespeare. »Macbeth«. William Charles Macready, der Star der Londoner Bühne, wird mit Beifall überschüttet. Nur Carl sitzt ungerührt im Parkett. Natürlich kann er seinen Shakespeare fast auswendig. Allerdings in der deutschen Übersetzung von August Wilhelm Schlegel und Ludwig Tieck. Die englische Originalfassung lässt ihn schaudern:

»Ich konnte zu keinem Genuss kommen, denn die unreinen Vokale und die Zischlaute, ja, der ganze Klang und Tonfall der englischen Sprache fielen mir so unmusikalisch, so widerlich ins Ohr, dass ich dachte, eine solche Sprache würde ich niemals erlernen.«

Schnell ist er in seinem Urteil, dieser erst einundzwanzigjährige, noch unfertige, junge Mann, dessen Leben und Taten bereits zur Legendenbildung verführen. Schon »nach wenigen Tagen höchst anstrengenden Vergnügens« verlässt Carl mit Kinkel das schillernde London. Richtung Paris. Kinkel hat einen Brief von seiner Frau Johanna erhalten, in dem sie ihre Ankunft in der französischen Hauptstadt signalisiert, um den lange entbehrten, endlich befreiten Gatten in die Arme zu schließen. 1842 war der Dozent und evangelische Laienprediger Gottfried Kinkel in Köln der katholischen, geschiedenen Gattin des Buchhändlers Mathieux erstmals begegnet.

»Eine Frau von ungewöhnlichen Geistesgaben«, fand Schurz, »durchaus nicht schön. Dazu verstand sie gar nicht, sich zu kleiden. Aber aus ihren stahlblauen Augen strahlte eine dunkle Glut, die auf Ungewöhnliches deutete. Auch besaß sie den munteren rheinischen Humor, der allen Dingen gern ihre scherzhafte Seite abgewinnt.«

Auf einer Rheinfahrt, bei der der Kahn kenterte, hatte Kinkel Johanna aus den Wellen gerettet und ein Jahr später, 1843, geheiratet. Prompt verlor er daraufhin seine Stellung als protestantischer Theologe im mittlerweile zu Preußen gehörenden Rheinland. Berlin indes zeigte sich nicht so prüde und ernannte ihn zum außerordentlichen Professor für Kunst und Kulturgeschichte an der Bonner Universität.

Doch das ist Vergangenheit. Jetzt sind Kinkel und Schurz in Paris und vogelfrei. Johanna erzählt von den phantastischen Gerüchten über Carls Rolle bei der Befreiung ihres Mannes. Zwar wird Schurz in seinen Erinnerungen berichten, wie lästig ihm diese »Sagenbildung« damals gewesen sei – einen Hauch von Eitelkeit wird man ihm aber dennoch unterstellen dürfen. Hätte er sonst diese »Sagen« so amüsiert und detailliert wiedergegeben?

»Die beliebteste Geschichte ließ mich, wie einst Blondel vor dem Kerkerturm des Richard Löwenherz, durch Gesang – diesmal nicht mit der Laute des Troubadours, sondern von einer Drehorgel begleitet – die Aufmerksamkeit meines gefangenen Freundes auf mich ziehen und so das Fenster seiner Zelle entdecken und dann auf wunderbare Weise sein Entkommen bewirken. Eine andere Sage brachte mich mit einer preußischen Prinzessin in Verbindung, die auf geheimnisvolle und für sie selbst sehr gefährliche Weise meinem Unternehmen Vorschub geleistet habe.«

Nach kurzem Aufenthalt in Paris reist Kinkel Ende 1850 zurück nach London. Mit Frau Johanna will er für sich und die vier Kinder eine neue Existenz aufbauen. Erst 1865, fünfzehn Jahre später, wird der geflohene Revolutionär Gottfried Kinkel nach einem Gnadenerlass wieder deutschen Boden betreten dürfen. Und diese Gnade wird er dem preußischen König und späteren Kaiser Wilhelm I. verdanken. Ausgerechnet jenem Mann, der 1848 in Berlin als »Kartätschenprinz« in die revolutionäre Menge hatte schießen lassen und der im folgenden Jahr im Südwesten die Aufständischen um Kinkel und Schurz blutig besiegte.

Auch Schurz kann nun nicht mehr nach Deutschland zurück. Auch er muss sein Leben ganz neu gestalten. Aber eben nicht in London, sondern in Paris, das er, vielleicht naiv, wegen der Revolution von 1789 noch immer »für den Herd liberaler Bewegungen auf dem europäischen Kontinent« hält. Seit 1848 ist Prinz Louis Napoleon Präsident der Republik, nachdem man den schein-liberalen »Bürgerkönig« Louis Philippe davongejagt hatte. Und auch er suchte sich die britische Insel als sein Exilland aus.

Auf den Neffen Napoleons baut mittlerweile ein großer Teil der Franzosen. Geschickt schürt Louis Napoleon den Kult um den berühmten Ahnen und kann damit in der Provinz, besonders bei den Bauern, punkten. Gleichzeitig entpuppt er sich als cleverer Diplomat gegenüber den anderen europäischen Großmächten, indem er verhindert, dass lokale Kriege – wie in Schleswig-Holstein oder Italien – nicht zum Flächenbrand werden. Selbst innenpolitisch kann er sowohl mit den Bürgern und Arbeitern als auch mit der Armee ganz gut. Insgeheim aber bereitet er längst den Staatsstreich vor, der ihm die Kaiserkrone bringen soll.

Schurz jedoch hält Paris – vorerst wenigstens noch – für ein demokratisches Eldorado. Hier, glaubt er, kann er sein weiteres Leben in den Griff bekommen. Es bleibt ihm ja auch gar nichts anderes übrig. In Deutschland steht er auf der Fahndungsliste. Mit London und der englischen Sprache mag er sich bekanntlich nicht befreunden. Das französische »Savoir-vivre« dagegen schätzt er. Die Sprache ist ihm seit seiner Kindheit im grenznahen, zeitweise den Franzosen zugesprochenen Rheinland vertraut.

Auch finanziell kommt er an der Seine gut über die Runden: »Ich lernte bald, mit wie wenig Geld man in Paris verhältnismäßig anständig wirtschaften konnte.«

Er rechnet mit 180 Francs monatlich, die er als Korrespondent für liberale deutsche Zeitungen verdienen möchte. Er nimmt sich vor, seine »regelmäßigen Ausgaben auf 100 Francs den Monat zu beschränken.«

Diese Rechnung geht auf, so lange er mit seinem kauzigen, ihm nach Paris gefolgten Studienfreund Adolf Strodtmann in einem Hotel garni auf dem Montmartre im wahrsten Sinne des Wortes zusammenhaust. Doch da beide gleichermaßen unordentlich sind, Strodtmann, der Genießer, außerdem auf dem Kaminfeuer mit Vorliebe Koch- und Bratversuche veranstaltet, herrscht meistens ein »schlimmes Durcheinander«. Selbst mit der brennenden Spirituslampe seiner Kaffeemaschine hantiert der Freund ungeniert. Bis es passiert: Papier und Kleider gehen in Flammen auf. Darunter auch das »wertvollste Stück« von Carls Garderobe: der zum Paletot umgearbeitete Offiziersmantel, den er in Leith beim ersten Landgang nach der Flucht aus Preußen getragen hat.

»Als dies geschehen war, wollte Strodtmann sich über seine eigene Ungeschicklichkeit totlachen, und ich lachte mit. Aber nach dieser Katastrophe kamen wir doch überein, dass für zwei so unordentliche Menschen in der einen Stube nicht hinreichend Raum sei. Ich mietete mir also ein Zimmer auf dem Quai St. Michel Nr. 17.«

Aber das bedeutet 30 Francs Miete monatlich, und der Finanzplan könnte scheitern, wenn Schurz sich nicht weiter einschränken würde: Zum Frühstück gibt es jetzt nur noch eine Tasse Kaffee oder ein Glas Wein mit Wasser und ein Stück Brot dazu. Für gerade einen Franc speist er zu Mittag in einem sozialistisch geführten Restaurant in der Rue

St. Germain l'Auxerrois nahe dem Louvre. Dort, wo man im Geiste der Revolution von 1789 noch immer mit »Citoyen – Bürger« angeredet wird – und kein Trinkgeld geben darf.

»Rechnete ich zu diesen Ausgaben das Nötige für Wäsche und dann und wann ein Feuer im Kamin, so belief sich das regelmäßige Budget auf nicht ganz drei Francs täglich oder 90 bis 93 Francs per Monat. Ich konnte mir sogar einigen Luxus erlauben, den Ankauf einiger Bücher, zuweilen ein Billet für das Parterre des Odeon oder eines Vorstadttheaters, eine gelegentliche Tasse Kaffee auf dem Boulevard. Ja, ich konnte, freilich nur sehr selten, die Rachel im théâtre français sehen, ohne die Summe von 120 Francs im Monat zu übersteigen.«

Ein sparsames, aber kein einfallsloses Leben. Ein Leben, wie es Carl von Kindheit an kannte und liebte.

»Dann blieb mir von meiner Einnahme noch eine kleine Reserve übrig für unvorhergesehene Fälle, wie sie sich im Leben eines Flüchtlings wohl ereignen konnten. So hielt ich Haus, machte keine Schulden, war niemandem verpflichtet und befand mich sehr wohl dabei.«

LIBLAR, ZWISCHEN 1829 UND 1840

Carl Schurz war ein Kind, das sich reich fühlte – selbst dann, wenn es gar nichts hatte.

»Die Vermögensverhältnisse meiner Eltern gaben mir die wertvollste Gelegenheit, die Tugend der Genügsamkeit zu üben. Ein regelmäßiges Taschengeld hatte ich eigentlich gar nicht. Der Besitz von zehn Groschen oder gar eines Talers gab mir das Gefühl von Reichtum.«

Auch als Gymnasiast in Köln – die Eltern hatten ihren Ältesten trotz aller Mittellosigkeit zum »Studieren« bestimmt – wusste Carl, wie man sich »Vergnügungen vom Gelde unabhängig« verschafft. Und dabei noch »den wahren Genussreichtum des Lebens entdeckt, welcher dem Reichen, der sich seine Genüsse zu kaufen gewohnt ist, oft zum großen Teil verborgen bleibt«.

Am Sonntagmorgen pflegte sich der Schüler Schurz in der Wallrafschen Gemäldesammlung umzusehen, weil man sonntags keinen Eintritt bezahlen musste. Eines seiner Lieblingsbilder stellte das »Jüngste

Köln in der ersten Hälfte des 19. Jahrhunderts

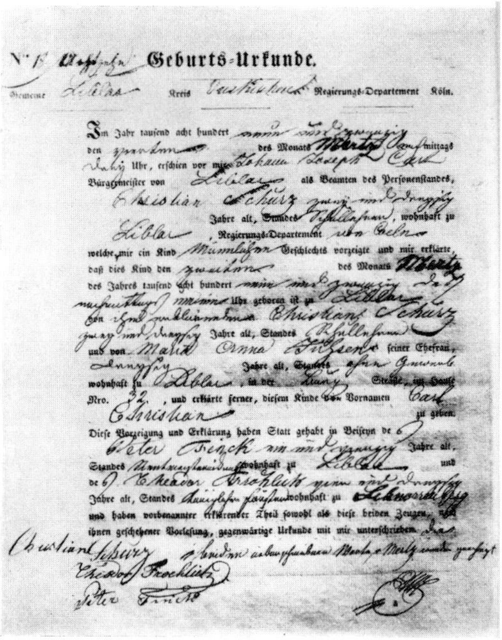

N° [illegible] Geburts-Urkunde.

Gemeinde Liblar Kreis [illegible] Regierungs-Departement Köln.

Im Jahr tausend acht hundert neun und zwanzig den zweiten des Monats Mertz Nachmittags [illegible] Uhr, erschien vor mir Johann Joseph [illegible] Bürgermeister von Liblar als Beamten des Personenstandes, Christian Schurz zwei und dreyßig Jahre alt, Standes [illegible], wohnhaft zu Liblar, Regierungs-Departement von Cöln welche mir ein Kind männlichen Geschlechts vorzeigte und mir erklärte, daß dies Kind den zweiten des Monats Mertz des Jahres tausend acht hundert neun und zwanzig [illegible] Uhr geboren ist zu Liblar von [illegible] Christian Schurz zwei und dreyßig Jahre alt, Standes [illegible] und von Maria Anna Jüssen seiner Ehefrau, dreyßig Jahre alt, Standes ohne Gewerbe wohnhaft zu Liblar, in der [illegible] Straße, im Hause Nro. 32, und erklärte ferner, diesem Kinde die Vornamen Carl Christian zu geben.

Diese Vorzeigung und Erklärung haben Statt gehabt in Beiseyn de[s] Peter Frinck [illegible] Jahre alt, Standes [illegible] wohnhaft zu Liblar und de[s] Theodor Froehlich [illegible] Jahre alt, Standes [illegible] wohnhaft zu [illegible] und haben vorbenannter erklärender Theil sowohl als diese beiden Zeugen, nach ihnen geschehener Vorlesung, gegenwärtige Urkunde mit mir unterschrieben. [illegible]

Christian Schurz [illegible]

Theodor Froehlich

Peter Frinck

Geburtsurkunde von Carl Schurz

Gericht« dar, »in welchem das grausam-heitere Grinsen einer Anzahl roter, blauer und grüner Teufel in phantastisch gräulicher Gestalt mich höchlich belustigte«.

Eine weitere kostenlose Unterhaltung, die er sich gönnte, war die musikalische Hochmesse mit vollständigem Orchester und ausgewählten Singstimmen im noch immer im Bau befindlichen Kölner Dom. Unterhalb des Chores, an eine Säule gelehnt, hörte er dort hingerissen die Musik bedeutender Komponisten: »Wie ein hundertfach gebrochenes Echo aus weiter Ferne, ja, wie aus einer anderen Welt.«

Auf eine ganz andere Art lernte er bekannte Opernmelodien kennen. Nämlich dann, wenn die Kapelle des 28. Infanterieregiments am Wochenende auf dem Neumarkt nach den üblichen martialischen Parademärschen Opernmusik spielte. Für Carl ein Entzücken – und eine Hilfe »bei der Erweiterung meiner musikalischen Kenntnisse«.

So war seine Kindheit und Jugend reich an lehrreichen und herrlichen Erlebnissen, woran in den ersten Jahren auch der Ort seiner Geburt nicht ganz unschuldig gewesen ist. Seinen Eintritt ins Leben am 2. März 1829 hat Schurz journalistisch effektvoll in seinen Erinnerungen so beschrieben: »Ich wurde auf einer Burg geboren.«

Doch kein fürstliches, sondern ein bäuerlich einfaches Leben hat ihn dort in Liblar, einem linksrheinischen Dorf mit 800 Einwohnern nahe bei Köln, erwartet. Die Burg war der Stammsitz der Grafen von Wolff-Metternich. Carls Großvater bewirtschaftete das dazugehörige Gut, durfte mit seinen Angehörigen auf der Burg wohnen und teilte sich mit dem Grafen den Ernteertrag. Dieser Heinrich Schurz war ein tüchtiger, energischer, Respekt einflößender, aber auch impulsiver und genießerischer Mann von »gewaltigen Proportionen, über sechs Fuß groß«. An seiner Seite Carls Großmutter Anna Maria, die zu ihm ein auffälliger Kontrast gewesen sein muss: klein, schmächtig, mit magerem Gesicht, das einmal hübsch gewesen war, fromm, sanft, immer tätig und voll Sorgen.

Der Großvater dagegen hockte auch gern mal beim Kartenspiel und beim Wein – ein Freizeitvergnügen, das sich im Rheinland wohlhabende Bauern damals oft leisteten. »Natürlich«, schrieb später der Enkel, »war er ein König in seinem Hause, aber ein König, dem man nicht nur gehorchte, sondern den man auch lieb hatte.«

Carl liebte seinen Großvater, weil er auf Ideen kam, die ihm unver-

Pächterwohnung auf Burg Gracht,
in der Carl Schurz geboren wurde

gesslich bleiben sollten. Der Enkel darf mit der alten Jagdflinte spielen. Großvater zeigt ihm, wie man sie spannt und abdrückt. Carl darf beim Großvater auf dem Sattel sitzen, wenn er zur Erntezeit Getreide einfährt. Oder er hockt auf Großvaters Knie und trinkt Milch aus einem Glas. Die schmeckt dem Kleinen so gut, dass er mehr will. Und sein Wunsch bringt den agilen Alten auf einen verblüffenden Einfall:

»Mein Großvater lässt einen großen, mit Milch gefüllten Zuber bringen und auf den Tisch stellen; dann zieht er mir mit seinen eigenen, großen Händen die Kleider aus und setzt mich nackt in den Zuber, in welchem mir die Milch beinahe bis an den Mund hinaufreicht.« Carl soll trinken, so viel er will, sagt der Großvater. »Er sieht zu, wie ich den Mund öffne, um die Milch hineinfließen zu lassen und lacht aus vollem Halse, und wie ich nun, nachdem ich genug getrunken, anfange, in der

Milch mit den Händen zu platschen und ihn über und über bespritze, lässt er sich auf einen Stuhl fallen und lacht immer unbändiger.«

So, wie Carls Großvater auch seine Sorgen immer weggelacht hat – bis zu dem Tag, an dem er plötzlich seine Beine nicht mehr bewegen kann. Und mit dem neuen Verwalter des jungen Grafen, der mehr aus dem Gut herauspressen will als möglich ist, gibt es jetzt ebenfalls ständig Ärger. Nun ist es aus mit Carls sorgloser Kindheit. Die Eltern, schließlich auch die Großeltern, müssen hinunter ins Dorf ziehen. Der Vater kündigt seine »elend bezahlte« Schulmeisterstelle auf und versucht, mit einem Eisenhandel im ehemaligen Kuhstall des bescheidenen Fachwerkhauses für seine sechsköpfige Familie eine bessere Einnahmequelle zu erschließen. Das klappt mehr oder – meistens – weniger. Trotzdem herrscht keine gedrückte Stimmung im Hause Schurz. Ganz im Gegenteil. Die »flexible rheinische Seele«, wie Carl sie in seinen Erinnerungen immer wieder pries, findet selbst in der Not keinen Grund für Trübsal. Statt auf kalte Disziplin und strammes Autoritätsgehabe, wie es damals oft üblich war, setzen die Eltern bei der Erziehung ihrer Kinder auf Liebe, Wärme und Heiterkeit. Diese Methode, die Selbstvertrauen, Zivilcourage und Wissensdurst fördert, soll die Basis für Carls erstaunliche Karriere werden. Und wenn ein besonders guter Geist diese ungewöhnliche Familie in schwierigen Zeiten zusammengehalten hat, dann war es auch der »gute Geist« von Carls Mutter. Vielleicht wird sich der Sohn später gefragt haben, was er von ihr geerbt hat. Vielleicht aber war ihm die Seelenverwandtschaft immer bewusst. So, wie Goethe, der herausfand:

»Vom Vater hab ich die Statur,
des Lebens ernstes Führen.
Vom Mütterchen die Frohnatur,
die Lust zu fabulieren.«

Carls heitere, nie mutlose Mutter Marianne hatte zwar nur die Dorfschule besucht. Aber: »Sie war eine Frau von ausgezeichneten, natürlichen Eigenschaften – in hohem Grade verständig, leicht und klar auffassenden Geistes und lebhaften Interesses für alles, was Interesse verdiente. ... Von Literatur wusste sie nicht viel. Aber manche der Briefe, die sie mir zu verschiedenen Zeiten und in verschiedenen Lebenslagen schrieb, waren nicht nur voll von edlen Gedanken und Empfindungen, sondern auch von seltsam schwunghafter Schönheit im Ausdruck. Die unbewusste Größe ihrer Seele hatte da ihre ureigene Sprache gefunden.«

Für Literatur im Elternhaus war Carls Vater zuständig. Seine Lust am Lesen verriet bereits der Wandschmuck in der winzigen Wohnstube. Hier hingen gerahmt alle seine Idole: Schiller, Goethe, Wieland, Körner, Shakespeare und der italienische Renaissance-Dichter Torquato Tasso. Und das war ziemlich selten in der damaligen Bildungssituation auf dem Lande: »Noch besaß die Konfession prägende Bedeutung. Bei den katholischen Bauern und Ackerbürgern beherrschten ... Kalender und Gebetbuch ... das Feld der Jugend- und Erwachsenenlektüre. Die Zeitungslektüre setzte sich spätestens mit den revolutionären Ereignissen von 1848 und den Kriegen von 1866 und 1870/71 in allen ländlichen Gebieten durch – wer nicht selbst das Wochenblatt abonnierte, fand sich zu dessen intensivem Studium regelmäßig im Wirtshaus ein. Die ländlichen Unterschichten dagegen wurden vor allem auf den Gütern Ostelbiens weiterhin energisch von jeglicher, sie nur irritierenden Lektüre ferngehalten.«

Sein erstes ganz großes Lesevergnügen verdankte Carl Schurz allerdings nicht seinem Vater, sondern dem Gärtner des Burggrafen. Der schenkt dem Jungen eines Tages Daniel Defoes »Robinson Crusoe«: »Ich sehe mich noch selbst, wie ich in meiner Begeisterung dem Schulleiter von dem wunderbaren Buch erzählte und ihn bat, es den gesamten Schulkindern vorzulesen, was er auch tat.«

Vom Vater bekommt der Sohn, während er mit Masern im Bett liegt, dafür Schillers »Räuber« vorgelesen. Und vom Großvater erhält er den Tipp, sich die volkstümlichen Geschichten um die Befreiungskriege von 1813 bis 1815 vorzunehmen. Eine Lektüre, die in Carl erste »kindlich feurige«, patriotische Gefühle weckt. Was ihn, der in Zukunft auch als Journalist arbeiten würde, aber noch viel mehr fasziniert, das ist jener Kreis von Männern – vorwiegend Brüder der Mutter – der sich regelmäßig zum Zeitungslesen und heftigen Diskutieren im Hause Schurz trifft.

»Solchen Gesprächen wohnte ich nicht selten, an meines Vaters Stuhl gelehnt oder unbemerkt in einem Winkel kauernd, als stummer, aber begieriger Zuhörer bei.«

Da erregt man sich über Emir Abd el-Kader, der sich gegen die französische Besetzung Algerien wehrt, ebenso wie über die Verhaftung des Kölner Erzbischofs Droste, der sich für seine Forderung, Kinder aus Mischehen müssten katholisch erzogen werden, mit der preußischen Regierung angelegt hat. Liberale und konservative Interessen verschmelzen im von Preußen annektierten Rheinland, wenn es nur ja gegen Berlin geht.

Wie im ganzen linksrheinischen Gebiet sind auch die Einwohner von Liblar politisch stark sensibilisiert. Schließlich ist das kein Ort irgendwo. »Rhein-Preußen« wird diese liebliche, genuss- und schaffensfreudige Ecke genannt, nachdem die Franzosen, die dort bis 1814 regiert hatten, abgezogen waren. Die Preußen allerdings sind hier alles andere als beliebt. Und mit Sorge sehen die Hohenzollern in Berlin, wie selbstbewusst sich das Rheinland gibt. Infiltriert vom Geist des dem preußischen König besonders verhassten Napoleon, dessen »Code Civil« dort als »Rheinisches Recht« weiterhin gilt. Und das bedeutet – schockierend nicht nur für die preußische Monarchie – Trennung von Justiz und Verwaltung und Gleichheit aller vor dem Gesetz.

Es muss im Frühsommer 1840 gewesen sein, als der nun selbst zum Zeitungsleser erzogene, elfjährige Carl Schurz diese Nachricht entdeckt: Am 1. Juni hatte Prinz Wilhelm, der zweitgeborene Sohn des todkranken preußischen Königs Friedrich Wilhelm III., in Berlin seine große Stunde. Fast die ganze Stadt war auf den Beinen, als der dreiundvierzigjährige Bruder des Kronprinzen die Einweihung des Denkmals Friedrichs des Großen inszenieren durfte. Selbstverständlich ganz und gar militärisch. Denn Wilhelm »liebte die Uniform, die ihm selber Haltung gab und anderen Achtung abnötigte«.

Unter klingendem Spiel marschierten die Truppenteile mit ihren Fahnen und Standarten zum königlichen Palais Unter den Linden, vor dem das Denkmal des Alten Fritz aufgestellt worden war: »Hoch zu Ross, Hermelin, Dreispitz und Krückstock, weit unter ihm die Reiterfiguren des Prinzen Heinrich von Preußen und des Herzogs Ferdinand von Braunschweig, der Generäle Zieten und Seydlitz.« Dann erst die Zivilisten, darunter Lessing und Kant: »unter dem Schweif des königlichen Pferdes«.

Friedrich der Große war das Idol von Prinz Wilhelm. Er kopierte ihn, ohne zu bedenken, dass sich selbst in Preußen nach den Freiheitskriegen gegen Napoleon die Zeiten geändert hatten. Wilhelm, auch

»Soldatenprinz« genannt, hielt sich für besonders preußisch korrekt, wenn er mit martialischen Aussprüchen wie diesem um sich warf: »Der Soldat darf keine Politik haben, sondern nur Gehorsam gegenüber seinen Offizieren.«

Sein Vater, der dahinsiechende König, konnte das von seinem zweitgeborenen Sohn veranstaltete Militär-Spektakel nur noch auf einem Sessel, am Schlossfenster sitzend, wahrnehmen. Sein bitterer Kommentar angesichts des Aufmarsches der Truppen: »Die können nun gleich zu meiner Beerdigung hier bleiben.«

Acht Tage später stirbt der König tatsächlich. Wilhelms Bruder Friedrich Wilhelm IV. kommt auf den Thron und Wilhelm selbst scheint dazu bestimmt, für immer die zweite Geige in Preußen zu spielen. Doch ausgerechnet dieser damals noch als pedantisch und durchschnittlich begabt geltende Mann, der spätere Kaiser Wilhelm I., soll mit dem Leben von Carl Schurz auf eine seltsame Weise verknüpft bleiben. Wilhelm, der in Berlin während der Revolution von 1848 mit Munition aus Nägeln und gehacktem Blei in die aufbegehrende Menge schießen ließ. Der wie der Revolutionär Schurz nach England flieht – Wilhelm allerdings aus Angst vor der Rache der Revolutionäre. Der den gleichen Fluchtweg zur Ostseeküste wählt wie zwei Jahre danach Schurz mit dem befreiten Kinkel. Wilhelm, der natürlich aus England zurückkehren darf. Wilhelm, der während der badischen Revolution von 1849 als Befehlshaber der preußischen Truppen das eingeschlossene Rastatt einnehmen wird – aus dem Schurz in letzter Sekunde entkommen kann ...

PARIS, FRÜHJAHR 1851

Gerade ist Carl für eine Woche in London bei Kinkels gewesen, die sich ein kleines Haus im Vorort St. Johns Wood gemietet haben und sich dort mit ihren vier Kindern sehr wohl zu fühlen scheinen. Frau Johanna gibt Klavierstunden, und Kinkel verdient ganz ordentlich als Privatlehrer. So beeindruckt war Carl von der familiären Idylle, dass er spontan beschlossen hatte, Paris aufzugeben und ebenfalls an der Themse sein Glück zu versuchen.

Dabei war für ihn die Seine-Metropole eine Zeitlang durchaus interessant, wenn auch teilweise ernüchternd gewesen. Carl hatte Sprach- und Geschichtsstudien betrieben und mit großen Erwartungen die Nationalversammlung besucht. Doch seine Enttäuschung war groß: »Alles dies erschien mir vielfach weniger einem ernsten Gedankenkampf bedeutender Männer ähnlich als einer würdelosen Zänkerei eitler Phrasendrescher.« Verständnis brachte er immerhin für die leicht theatralische Rhetorik der Parlamentarier auf, da sie sich in den Zeiten der Revolution als sehr »wirksam erwiesen und kolossale Resultate« erzielt habe.

Französisch spricht Schurz mittlerweile beinahe perfekt. Das verdankt er sowohl seiner eigenen ziemlich ausgefallenen Lernmethode als auch seiner Lehrerin, einer verarmten Adligen mit dem pompösen Namen »Mme la Princesse de Beaufort«. Die Prinzessin ist schon eine ältere Dame, jedoch »von angenehmen Gesichtszügen und ruhigem, feinen Wesen«. Äußerst bescheiden lebt sie in einem kleinen Hotel garni.

»Meine Lehrerin erlaubte mir, die Methode des Unterrichts selbst zu bestimmen, und ich schlug ihr vor, dass, statt nach dem gewöhnlichen System die grammatischen Regeln durchzugehen, ich ihr kleine Briefe oder Aufsätze schreiben sollte, über Gegenstände, die mich interessierten oder die sie mir angeben möchte.« Diese Methode bewährte sich vortrefflich: »Meine Briefe oder Aufsätze handelten von Vorkommnissen, die mir eben begegnet waren, oder von Museen oder Gemäldesammlungen, die ich gesehen, oder von Büchern, die ich gelesen, oder von Tagesereignissen und gar von politischen Angelegenheiten, die mich interessierten.«

So entspannen sich zwischen Lehrerin und Schüler lebhafte Unterhaltungen, »... in denen sie mich zu weiteren Auseinandersetzungen über den Gegenstand meiner Aufsätze anregte. Diese Gespräche wurden uns beiden so angenehm, dass uns nicht selten der Ablauf der festgesetzten Stunde entging, und wenn ich dann aufstand, um mich zu verabschieden, sie mich zu bleiben bat, um das besprochene Thema noch etwas weiter zu verfolgen.«

Doch nicht nur positive Seiten gewinnt Carl seinem Leben an der Seine ab. Ganz und gar verabscheut er das Treiben auf dem Maskenball im Großen Opernhaus. Aus Prüderie? Denn auf erotischem Gebiet muss der damals Zweiundzwanzigjährige noch ein ziemliches Unschuldslamm gewesen sein – trotz einer frühen Schwärmerei für eine gewisse Betty in Bonn.

So kann ihn die Frivolität des Pariser Nachtlebens nur entsetzen: »Der Tanz begann in ziemlich anständiger Weise, artete bald in den eigentlichen Cancan aus. Die Bestialität ließ sich nicht mehr bändigen. Männer und Frauen, von denen einige in der Wut des Tanzes ihre Kleider von Schulter und Brust abgerissen hatten, gebärdeten sich wie Rasende. Als letzter Tanz war auf dem Programm ein Galopp angekündigt, der den Namen ›Höllengalopp‹ trug. Während dieser Galopp vor sich ging – es war ungefähr vier Uhr morgens – füllte sich der Hintergrund des Saales mit Soldaten, die sich in Linie aufstellten. Plötzlich übertönte ein rasselnder Trommelwirbel das Orchester, und die Linie Infanterie, das Gewehr mit aufgepflanztem Bajonett an der Seite, avancierte langsam, Schritt für Schritt die Tänzer und Zuschauer aus dem Saal hinausdrängend.«

Ein Tanz auf dem Vulkan ist das, den Louis Napoleon längst angeheizt hat. Hemmungsloses Vergnügen gegen polizeistaatliche Willkür. Schon in etwa zehn Monaten, am 1. Dezember 1851, würde der Prinz-Präsident den Staatsstreich riskieren, die Republik zum Teufel jagen und sich zum Monarchen erklären.

Bitterer Ernst also, was da für den nächsten Winter droht. Dagegen hat Carls Verhaftung im Frühling wie eine Komödie begonnen:

Einer der ersten verführerisch warmen Nachmittage in Paris. Schurz spaziert mit der Frau seines Freundes und Mitflüchtlings Reinhold Solger durch den Garten der Tuilerien Richtung Palais Royal. Plötzlich tritt ihm ein Mann in den Weg und sagt mit halblauter Stimme: »Monsieur, kann ich Sie einen Augenblick sprechen?«

Carl amüsiert: »Oui, Monsieur.«

Darauf der Unbekannte: »Aber bitte allein. Ich habe Ihnen etwas Vertrauliches mitzuteilen.«

Schurz entschuldigt sich bei seiner Begleiterin und geht mit dem Unbekannten ein paar Schritte zur Seite. Hier erklärt ihm der Mann, einerseits verlegen, andererseits aber unmissverständlich: »Ich bin beauftragt, Sie zu verhaften.«

»Sie machen wohl Witze!«

»Nein, ich bin Polizeiagent und befugt dazu. Sagen Sie der Dame, bitte, dass Sie mich sofort zu einem dringenden Geschäft begleiten müssten.«

Schurz, der das Ganze noch immer für eine Farce oder zumindest für einen Irrtum hält, folgt dem Polizisten zum Kommissariat. Doch dort geht das Verwirrspiel weiter: Man kennt zwar seinen Namen, obwohl er sich als Flüchtling mit dem Pass seines Vetters Heribert Jüssen tarnt, nicht aber seine Adresse. Schon nervöser geworden, fragt Carl nach dem Grund seiner Verhaftung. Vergebens.

»Der Kommissar machte ein geheimnisvolles Gesicht, sprach von höherem Befehl und meinte, ich werde bald genug alles erfahren.«

Aber genau das geschieht nicht: »Meine Zelle war ein kleiner kahler Raum, von einem engen, hoch oben an der Wand befindlichen vergitterten Fenster spärlich beleuchtet. Es standen zwei schmale, nicht besonders reinliche Betten darin, zwei hölzerne Stühle und ein kleiner Tisch. Ich erwartete jeden Augenblick zu einem Verhör abgerufen zu werden.«

Doch er wartet vergebens. Ist ohne jeden Kontakt zur Außenwelt. Sein Beschwerdebrief an den Polizeipräfekten bleibt unbeantwortet.

»Und ich dachte, in einer Republik, wie sie Frankreich damals war, werde man doch niemanden einsperren, ohne ihm sofort den Grund zu sagen, aber vergeblich. Der Gedanke blieb übrig, dass ich auf Betreiben der preußischen Regierung verhaftet worden sei. Aber würde sich die französische Republik dazu herbeilassen, mich an Preußen auszuliefern?«

Drei Tage später sitzt der Verhaftete noch immer in seiner Zelle. Wieder allein, nachdem man ihm in der ersten Nacht einen offensichtlichen Spitzel ins zweite Bett gepackt hatte. Was Carl nicht weiß – das ist der Trick, mit dem Louis Napoleon die launische Pariser Bevölkerung just in diesen Tagen zu bändigen versucht. Dieser Trick heißt Panikmache: Die Gesellschaft sei in Gefahr. Die Hauptstadt müsse von gemeingefährlichen Elementen gesäubert werden. Und zu dieser Kategorie wird plötzlich auch Schurz gerechnet, dessen Anwesenheit den französischen Behörden und dem preußischen Gesandten an der Seine längst aufgefallen ist.

Schon am 16. Januar 1851 – das heißt, drei Monate vor Carls Verhaftung – hatte der Gesandte nach Berlin durchgegeben: »In Paris sind seit kurzer Zeit mehrere Flüchtlinge von Bedeutung angekommen, unter ihnen der Student Schurz aus Bonn, der wegen Teilnahme an der Plünderung des Siegburger Zeughauses und dem Aufstande in Baden zum Tode verurteilt ist. Augenblicklich wird in Deutschland viel von ihm gesprochen wegen der Entweichung des Professors Kinkel, seines Lehrers, bei welcher er augenscheinlich tätig gewesen.«

Das alles ahnt Carl in seiner Zelle nicht. Und verzweifelt mehr und mehr, von Stunde zu Stunde: »Ich lernte etwas von den Stimmungen kennen, die das Gemüt des Gefangenen martern – ein Gefühl bitteren Zornes gegen die brutale Gewalt, die mich gefangen hielt; das Bewusstsein der Ohnmacht ihr gegenüber, das wie ein Hohn auf mich selbst in mir aufstieg; eine fieberhafte Phantasie, die mich mit einem endlosen Wechsel von hässlichen Bildern quälte; eine rastlose Ungeduld, die mich trieb, wie ein wildes Tier in seinem Käfig, stundenlang in meiner Zelle auf und ab zu rennen; dann eine öde Leere in Geist und Gemüt, die endlich in ein dumpfes Brüten ohne bestimmte Gedanken ausartete.«

Doch jäh überfällt ihn eine Erinnerung. An einen anderen Kerker. In der Heimat. In Bonn. Und damals war es nicht Carl, sondern sein Vater, der hinter Gittern saß. 1846 hatte Christian Schurz den Wohnsitz der Familie von Liblar nach Bonn verlegt. War dabei in finanzielle Schwierigkeiten geraten. Und kam, von seinen Gläubigern verfolgt, ins Schuldgefängnis. Das hatte Konsequenzen. Besonders für Carl, den ältesten und hoffnungsvollsten Sohn. Carl musste das Gymnasium verlassen, das er ohnehin nur mit Hilfe eines Stipendiums und dem Geben von Nachhilfestunden hatte besuchen können. Und nun sollte dieser gerade Siebzehnjährige über Nacht das Familienoberhaupt sein, das die Geldprobleme des Vaters lösen musste. Was auch gelang. Der Vater kam wieder frei. Carl jedoch konnte erst ein Jahr später – da bereits Gasthörer an der Bonner Universität – sein Abitur nachholen.

Doch das war zu bewältigen gewesen. Was haften blieb, war der Anblick des Vaters hinter Gittern: »Eine erschütternde Begegnung, aber wir sprachen uns gegenseitig Mut zu.« Und vielleicht sprachen sie schon damals über jenen Ausweg aus der Misere, den neuerdings immer mehr Menschen in Europa wählen: Auswanderung. Ein Ausweg, an den sich nun auch Carl in Paris in seiner käfigartigen Zelle klammert: fort vom europäischen Kontinent, wo es immer schwerer wird, als Flüchtling zu überleben. Auswanderung nach Amerika – wie schon vor Jahren so manche Familie aus Liblar ausgewandert ist. Bilder aus der Kindheit tauchen auf und lassen Carl für kurze Zeit die schreckliche Realität in einem Pariser Gefängnis vergessen.

»Noch steht mir lebhaft vor Augen, wie eines Nachmittags ein mit Kisten und Hausgerät beladener Lastwagen sich vom Haus der Bauernfamilie Trimborn in Bewegung setzte. Wie die Trimborns von den Dorfleuten Abschied nahmen, wie eine große Schar den Auswanderern bis vor das Dorf das Geleit gab und wie dann der Wagen auf dem Wege nach Köln im Walde verschwand.«

Die Bilder verändern sich: Carls Vater sitzt in Liblar am Mittagstisch und schwärmt von Amerika: »Von dem unermesslichen Lande jenseits des Ozeans, seinen ungeheuren Wäldern, seinen großartigen Seen und Strömen, von der jungen Republik, wo es nur freie Menschen gäbe, keine Könige, keine Grafen.«

Da aber verschwinden die Bilder. Ein Schlüssel dreht sich klirrend, und ein Wärter betritt Carls Zelle in einem Pariser Gefängnis: »Monsieur, der Präfekt erwartet Sie.«

ÄRMELKANAL, 21. AUGUST 1852

Sie stehen an der Heckreling, abseits von den wenigen Passagieren am Oberdeck, und halten sich aneinander fest. Ein gut situiertes Paar auf Hochzeitsreise, beschließt der amerikanische Professor. Und damit irrt er sich schon mal gewaltig.

Die sehr junge, kindlich schöne Frau, die er auf höchstens sechzehn Jahre schätzt, ist groß und schlank. Sie trägt ein langärmeliges, schlicht elegantes, bis zum Hals geschlossenes Kleid. Ein modisches Dekolleté hätte besser zu ihr und diesem herrlichen Sommertag gepasst, wie vielleicht auch einer der gerade aktuellen, ausladend flachen Hüte mit Samtbändern und Pleureusen. Doch dann wären ihre üppigen, schwarzen Locken halb verdeckt gewesen, und so versagt sich der Professor jede kleinliche Kritik. Auch weil es ihn rührt, wie ihn ihr Blick aus dunklen Augen beklommen streift, um gleich darauf wieder zurück auf den Mann an ihrer Seite zu fallen.

Mit ein paar Schritten verändert der Beobachter vorsichtig seine Position. Seine Spähersucht, wie er sie insgeheim nennt, wenn ihn unvermittelt wildfremde Menschen zur intensiven Betrachtung verlocken, gilt jetzt dem hoch gewachsenen, jungen Mann. Ein romantischer Abenteurer, tippt der Amerikaner. Und revidiert sich sofort. Denn das kantige Gesicht mit dem kühnen, rötlichen Schnurrbart, den wachen, intelligenten, hellen Augen und der Brille auf der leicht gebogenen Nase

Margarethe und Carl Schurz

lässt eine bei aller Jugendlichkeit überraschend große Lebenserfahrung vermuten.

Dieses Paar ist interessant, beschließt der Professor. Man sollte versuchen, abends beim Dinner in seiner Nähe zu sitzen.

Von einer leichten Brise getragen, hat die »City of London«, ein prächtiger Dreimaster, inzwischen Portsmouth verlassen. Alle Rahsegel des Paketschiffs werden gesetzt, um volle Fahrt zum Atlantik aufzunehmen. Achtundzwanzig Tage soll die Reise von der britischen Insel nach New York dauern – wenn das Wetter mitspielt. Der Wind steht so günstig, dass der Kapitän es riskiert, auch die kleineren Schratsegel zwischen den Masten aufziehen zu lassen. Jetzt kann aus seinem 2000-Tonnen-Vollschiff, das zu den schnellsten Seglern der Welt gehört, ein Maximum an Leistung herausgeholt werden.

Trotzdem ahnt der Kapitän, dass die Tage der Segel-Schifffahrt gezählt sind. War es nicht schon demütigend genug, dass sein stolzes Schiff ohne gesetzte Segel von einem der modernen, wendigen Dampfboote aus dem Hafen gezogen wurde? Aber nein, die Entwicklung ist nicht mehr zu stoppen. Seit einiger Zeit baut man in die Jahrhunderte lang bewährten Segler lärmende Dampfmaschinen, um sie so mit gekaufter Kohle vom kostenlosen Wind wenigstens zeitweise unabhängig zu machen. Doch was sind das für zwittrige Monster, die da über die Weltmeere stampfen, deren Kohlestaub die Segel verschmutzen und die Augen von Mannschaft und Passagieren tränen lassen!

Schade, dass der Kapitän nicht weiß, warum das interessante, junge Paar, das noch immer an der Heckreling lehnt, sich ausgerechnet sein Schiff zur Überfahrt in die Neue Welt ausgesucht hat. Mehr als fünf Jahrzehnte danach wird man nämlich in den Lebenserinnerungen des Ehemannes lesen können: »Es gab allerdings schon um diese Zeit Dampfschiffe, wenn auch nur wenige, welche die regelmäßige Fahrt zwischen England und Amerika machten. Ein Freund, der mehrmals dieses Land besucht hatte, versicherte uns aber, dass ein gutes, großes Segelschiff sicherer sei als ein Dampfer und für Personen, die zur Seekrankheit neigten, auch behaglicher.«

Das Lob »behaglich« trifft an diesem Augusttag 1852 allerdings nur für die zwanzig Passagiere hier auf dem Oberdeck der »City of London« zu. Denn im Zwischendeck beherbergt das Postschiff außerdem diese damals übliche »Fracht«: hunderte von Auswanderern aus unterschied-

Aufenthaltsraum auf dem Zwischendeck
eines Auswandererschiffs, Holzstich, 1849

lichen europäischen Nationen – darunter auch politische Flüchtlinge aus deutschen Landen. In einer drangvollen Enge, winzigen, nummerierten Schlafkojen, die nur 45 Zentimeter breit und 1,70 Meter lang sind, zwischen voll gehängten Wäscheleinen, kreuz und quer gespannt. So hausen sie mindestens vier Wochen lang: Familien mit ihren Kindern, Lehrer und Handwerker, verarmte Bauern und enttäuschte Revolutionäre. Die Geschlechter, ohne die zu jener Zeit übliche Distanz, hautnah beieinander. Die Stimmung jedoch ist optimistisch, in der Hoffnung, jenseits des Ozeans endlich das »gelobte Land« zu finden.

Trotzdem wird später in den Lebenserinnerungen des jetzt noch jugendlichen Ehemannes auf dem Oberdeck Ernüchterndes stehen: »Die menschliche Einbildungskraft geht fast immer irre, wenn sie sich unbekannte Dinge ausmalt. Der neue Ankömmling wird die Zustände entweder besser oder schlimmer, aber jedenfalls anders finden, als er sie sich vorgestellt hat. Er wird in diesem Sinne immer enttäuscht sein.«

Mittlerweile hat sich die »City of London« voll auf Westkurs begeben. Längst ist die englische Küste abgetaucht, versunken hinter dem Horizont. Obwohl am Himmel kaum Wolken sind und die Sonne glüht, frischt der Wind plötzlich auf und zerrt an den Segeln. So heftig zerrt er, dass die Takelage über dem Professor zu surren anfängt. Gehorsam ergibt sich das Schiff dem Tanz der Wellen, schwankt und neigt sich backbord, stärker als erwartet.

Dem Amerikaner, der das Paar an der Reling noch immer nicht aus den Augen lassen kann, macht das Schwanken nichts aus. Im offensichtlichen Gegensatz zu der jäh erblassten, jungen Frau, die sich erschrocken an ihren Begleiter klammert. Der streicht ihr über die schwarzen Locken, lacht, vielleicht etwas zu sorglos, redet dann aber liebevoll auf sie ein. Mit der Rechten deutet er zum Firmament. Nun nicht mehr lachend, sondern beschwörend. Sie aber schüttelt den Kopf. Resigniert.

Dabei will er ihr doch nur begreiflich machen, spekuliert der Beobachter, was routinierte Seefahrer schon lange wissen: Fixiere bei Seekrankheit die starre Linie des Horizonts – die einzige feste Größe bei stärkerem Wellengang – um so dem Übel ein Schnippchen zu schlagen!

Der Sinn der Geste scheint damit klar. Aber in welcher Sprache wird der Ratschlag übermittelt? Der Professor, der am amerikanischen Yale-College lehrt – wo man neben Medizin, Jura oder Theologie schon 1852 Kunst und Literaturwissenschaften belegen kann –, dieser Professor ist ziemlich sprachbegabt. Ja, er behauptet sogar, von den Lippen ablesen zu können, in welcher Sprache gerade parliert würde: Beim englischen »Yes« nämlich ziehe sich der Mund in die Breite. Beim französischen »Oui« dagegen fahre die Oberlippe zart nach innen, beim italienischen »Si« nach oben und beim deutschen »Ja« klappe der Unterkiefer herab.

»Ja«, hatte der junge Mann an der Reling soeben gesagt. Mit herabklappendem Unterkiefer. Es handelt sich also um ein deutsches Paar, beschließt der Professor, der auch die Sprache dieses in viele größere und kleinere Staaten zerstückelten Landes beherrscht und das er kürzlich bereist hat. Und ganz offensichtlich signalisiert der Ehemann mit seinem »Ja«, dass er bereit ist, seine bleiche junge Frau in die Kabine zu begleiten.

»In New York«, sagt er dann tatsächlich auf Deutsch, »wirst du es bequemer haben, Margarethe. Wir werden versuchen, im Astor House unterzukommen.«

Selbstverständlich ist dem süchtig lauschenden amerikanischen Professor bekannt, dass das »Astor House« zu den besten New Yorker Hotel-Adressen zählt. Und so beschließt er, seltsam enttäuscht, dass der junge Mann einer dieser ehrgeizigen, norddeutschen Kaufmannssöhne sein müsse, die neuerdings immer zahlreicher mit den Vereinigten Staaten ins Geschäft kommen wollen.

Aber auch hier irrt sich der Professor wieder.

Erst abends an der Kapitänstafel wird er das Rätsel lösen. Bevor der junge Mann, allein und über eine Viertelstunde verspätet, mit einer hastigen Entschuldigung in schlechtem Englisch hereingestürzt ist, hat der Professor den Namen des Unbekannten auf dessen Tischkärtchen entziffert: Carl Schurz.

Carl Schurz?

Sollte er dieser bis in die Staaten bekannte Revolutionär sein, der mit seiner tolldreisten Fluchthilfe für einen eingesperrten Freund den preußischen Staat bloßgestellt hat? Ein deutscher Rebell auf einem britischen Postschiff mit dem Ziel Amerika – wie passt das zusammen?

Das kann ja eine spannende Reise werden, denkt der Professor. Und ordert euphorisch einen amerikanischen Whiskey: »Bourbon pur.«

Doch der britische Steward befördert ihn zurück auf den Boden der Realität:

»Sorry, Sir, wir haben nur schottischen Whisky an Bord.«

AUF HOHER SEE, 21. AUGUST 1852

Carl möge doch unbedingt am Kapitänsdinner teilnehmen – auch ohne sie, hatte Margarethe zu Schurz gesagt. Immer noch blass war sie gewesen im Sessel der komfortablen Kabine, in dem sie mehr lag als saß.

Carl hatte protestiert: Er wolle, er dürfe sie jetzt nicht allein lassen. Als sie ihn dann aber ansah, mit dieser bedenkenlosen Zuneigung in ihren schönen Augen, hatte er wieder den Tag im Spätherbst 1851 gepriesen, als er ihr in London zum ersten Mal begegnet war. Ein paar Wochen vor dem Staatstreich Louis Napoleons war das gewesen, als Carl einen anderen deutschen Flüchtling in dessen Wohnung in Hampstead besucht hatte:

»Ich erinnere mich noch sehr lebhaft, wie ich den Weg, der stellenweise zwischen Hecken und Baumreihen lief, in der Abenddämmerung zu Fuß zurücklegte, nicht ahnend, dass ich eine viel wichtigere Begegnung vor mir hatte als die mit irgendeinem politischen Gesinnungsgenossen. Mein Geschäft war bald abgemacht, und ich erhob mich schon, um zu gehen, als er in ein anstoßendes Zimmer hineinrief:

›Margarethe, komm doch einmal herein! Hier ist ein Herr, den du kennen lernen solltest.‹ – ›Es ist meine Schwägerin‹, setzte er zu mir gewendet hinzu. ›Sie ist von Hamburg hierher zu Besuch gekommen.‹

Ein Mädchen von etwa achtzehn Jahren trat herein, von stattlichem Wuchs mit schwarzem Lockenkopf, kindlich schönen Zügen und großen dunklen wahrhaftigen Augen.«

Schurz und Margarethe Meyer wurden in der Tat miteinander sehr gut bekannt: »Freilich nicht an jenem Tage – aber bald nachher; und am 6. Juli 1852 wurden wir in der Pfarrkirche von Marylebone in London fürs Leben vereinigt.«

Ob da die Erinnerung Schurz einen Streich gespielt hat? Emilie Wüstenfeld, Margarethes Hamburger Freundin, hat in einem Brief berichtet: »Sie sind nur eine Zivilehe eingegangen.«

Das wäre ungewöhnlich gewesen und reichlich unüblich – für die damalige Zeit – wird von der Freundin auch die anschließende Hochzeitsfeier geschildert: »Sie hatten allen Bekannten gesagt, sie würden von 12 bis 2 Uhr zu Hause sein und hätten für Frühstück und Erfrischungen gesorgt, Pasteten, Butterbrot, Kuchen, Eier, Torten, Obst usw.«

Immerhin: Die Braut war im weißen Kleid erschienen. Mit breiter, weißer Schärpe, einem duftigen weißen Schleier – »den sie später als Schal tragen kann« – und einem Myrtenkranz mit Orangenblüten.

Bereits Monate vor ihrer Vermählung hatten sich Schurz und Margarethe entschlossen, in die Vereinigten Staaten auszuwandern. Doch Carl war noch immer nicht im Besitz eines Reisepasses. Deshalb hatten sie bis zur Abreise eine kleine Wohnung im ländlichen Londoner Vorort Hampstead gemietet, wo auch die bescheidene, aber ungezwungene Hochzeitsfeier stattfand. Carls Schwester Toni, die bei Kinkels als Haustochter lebte, und die Braut persönlich sorgten für das Wohl der Gäste. Die genossen das zwanglose Fest: »Wir waren sehr heiter und lachten darüber, wie viel Umstände eine Hochzeit sonst zu Hause macht.« Ein wahres »Happy End«.

Der Beginn der Liebesgeschichte von Margarethe und Carl war weniger glücklich gewesen. Heinrich Adolph Meyer, Margarethes ältester Bruder in Hamburg, zeigte sich nicht begeistert über die Verbindung seiner Schwester mit Schurz. Wie wollte dieser junge Mann ohne festes Einkommen seine Frau, die als wohlhabende Hamburger Kaufmannstochter einen anspruchsvollen Lebensstil gewohnt war, überhaupt ernähren? Wollte Schurz vielleicht nur an ihr Vermögen?

In einem langen Brief war es Carl schließlich doch gelungen, die Bedenken des Bruders zu zerstreuen. Heinrich Adolph Meyer akzeptierte nicht nur den Ehemann seiner Schwester, sondern auch das, was Schurz mit liebevoller Offenherzigkeit über seine künftige Frau geschrieben hatte:

»Margarethe ist eine in jeder Beziehung begabte Natur, die aber in sich zu keiner wahren Zufriedenheit gekommen ist. Es hat ihr an Aufgaben in ihrem Leben gefehlt. Weil sie es nie empfunden hat, was es ist, sich eine Existenz zu gründen, so hat sie auch nie gelernt, eine Existenz zu genießen. ... Margarethe darf sich nicht langweilen, und sie wird erfahren, dass es nicht der Genuss allein ist, der unterhält. Was die Gründung einer materiellen Existenz in Amerika betrifft, so kann es mir ... dort nicht schwerer werden als in London. Ich bringe dabei Margarethes Vermögen nicht in Rechnung.«

Aber wird sich Margarethe in Amerika auch einleben können? Da hat selbst Schurz noch immer seine Zweifel: »Ich wusste, dass mein elastisches rheinisches Blut mir hierin viel helfen würde; doch war ich mir nicht so sicher, ob meine junge Frau, deren Temperament nicht so sanguinisch war wie das meine und die in günstigeren Verhältnissen und in beständigem Verkehr mit sympathischen Menschen aufgewachsen war, sich auch so leicht wie ich in die Wechselfälle des Lebens in einem neuen Lande und in eine fremde, gesellschaftliche Atmosphäre finden würde.«

In der Alten Welt aber, das weiß Carl genau, hätten er und Margarethe keine Chancen für ein dauerhaftes Glück: »Die Zukunft Europas lag in düsteren Wolken vor uns. In Frankreich schien Louis Napoleon fest und sicher auf dem Nacken eines unterwürfigen Volkes zu sitzen. Die britische Regierung unter Lord Palmerston schüttelte ihm freundschaftlich die Hand. Auf dem ganzen europäischen Kontinent feierte die Reaktion gegen die liberalen Bestrebungen der letzten vier Jahre Orgien des Triumphes.«

Obwohl Schurz entschlossen gewesen war, Margarethes Bitte zu folgen und sofort zum Dinner zu eilen, hatte ihn der Hunger nach frischer Luft dann doch erst einmal nach draußen getrieben. Aufs Oberdeck, das für die Betuchteren der Bordpassagiere der »City of London« reserviert ist. Und erneut war ihm dort mit einer kleinen Beschämung bewusst geworden, dass er diese bequemere Form der Überfahrt auch dem Erbe Margarethes verdankte.

Viel zu lange war er draußen geblieben, eingehüllt von den murmelnden Stimmen der zahlreichen Auswanderer, die aus den unteren Decks zu ihm hoch drangen. Manchmal hatte ein Kind geweint. Ein Mann geflucht. Eine Frau begütigt. Danach war wieder Ruhe gewesen, an diesem lauen Abend auf offener See. Carl hatte nur noch auf das Rauschen des Wassers gehorcht, das von dem Schiff durchpflügt wurde. Vor Stunden schon waren die Möwen kreischend zur Küste zurückgeflogen. Der Ozean hatte den Segler aufgenommen, der nun im warmen Wind zügig vorwärts trieb.

Mit beiden Händen hatte sich Carl an der Reling festgehalten, während sich die Vergangenheit mit der vorbeiziehenden Gischt immer weiter von ihm zu entfernen schien: Seine Kindheit und Jugend im idyllischen rheinischen Liblar. Seine Todesangst im von den Preußen eingeschlossenen Rastatt während der badischen Revolution von 1849. Die Befreiung Kinkels. Die Flucht nach England. Paris. Verhaftung. Und dann die lächerliche Ausweisung aus Frankreich, nachdem man ihn endlich aus seiner Zelle geholt hatte und er sich wenige Minuten später in der behaglich eingerichteten Amtsstube einem stattlichen Herrn gegenüber fand. Der ihn freundlich zum Niedersitzen aufforderte. Ihm ein Kompliment über das in Anbetracht seiner deutschen Herkunft merkwürdig gute Französisch seiner Beschwerdebriefe machte. Und in höflichen Redensarten sein Bedauern darüber ausdrückte, dass man Schurz Unbequemlichkeiten bereitet habe. Es läge eigentlich gar keine Anklage gegen ihn vor. Nur wünsche die Regierung, dass er sich einen Aufenthalt außerhalb der Grenzen Frankreichs wählen und deshalb Paris baldmöglichst verlassen möge.

Dass er Paris ohnehin habe gerade aufgeben wollen, um nach London zu übersiedeln, hatte Carl geantwortet. Allein die Verhaftung habe ihn bei seinen Vorbereitungen zur Abreise unterbrochen.

»Der freundliche Herr war ganz entzückt über diese glückliche Übereinstimmung meiner Absichten mit den Wünschen der Regierung und bat mich schließlich, mich mit meinen Vorbereitungen zur Abreise nur nicht zu beeilen; er werde sich freuen, wenn ich mich von jetzt an unter seinem speziellen Schutz fühlen und mich noch zwei, drei, vier, ja sechs Wochen in Paris amüsieren wollte. Es werde mir dann ein Pass ins Ausland zur Verfügung stehen; aber nach meiner Abreise hoffe er, dass ich ihn nicht durch eine Rückkehr nach Paris ohne spezielle Erlaubnis in Verlegenheit setzen würde.«

Nach dieser Drohung hatte er Schurz »mit einer an Wärme grenzenden Freundlichkeit« verabschiedet. Carl war verblüfft gewesen und verließ den Mann, der ihn tagelang ohne Erklärung eingekerkert hatte, mit dem seltsamen Eindruck, »dass ich hier mit dem höflichsten, angenehmsten Polizeityrannen der Welt Bekanntschaft gemacht habe«.

AN BORD DER »CITY OF LONDON«, 21. AUGUST 1852

Noch immer sitzt Carl stumm an der Kapitänstafel im kleinen Speisesaal der »City of London«. Er fremdelt, wie üblich, wenn er sich seiner nicht ganz sicher ist. Denn er weiß nicht, wie er sich an der temperamentvollen Unterhaltung beteiligen soll, mit seinen mangelhaften englischen Sprachkenntnissen. Zu seiner weiteren Verwirrung trägt auch die große Silberplatte mit den aufgetürmten frischen Krustentieren bei. Es gibt Hummer, Langusten, Seeschnecken und Seeigel sowie allerlei Muschelgetier, dekorativ auf grünem Tang serviert.

Während die meisten Gäste des Oberdecks routiniert und genussvoll diese Köstlichkeiten verzehren, ist der rheinische Binnenländer Schurz ratlos, wie er ein solches Essen strategisch bewältigen soll. Mit Messer und Gabel – oder wie die anderen einfach in die Hand nehmen?

»Zunächst sollten Sie den Körper vom Schwanz trennen! Denn das Unterteil – das ist die Delikatesse!«

Spontan hat der amerikanische Professor den hilflosen Schurz angesprochen. Auf Deutsch. Und als Demonstration hält er eine Languste zwischen den Fingern, die er dann auch noch zerlegt. Carl mit seiner raschen Auffassungsgabe hat sofort begriffen und befreit nun ebenfalls den Langustenschwanz von seinem Panzer, kostet und stellt fest: Das schmeckt sehr gut!

»Bravo!«, ruft der Professor.

»Genießen Sie dieses Essen«, sagt der Kapitän zu seinen Gästen. »Denn je länger wir unterwegs sind, desto seltener wird es derartig frische Leckerbissen geben.«

»Der Kapitän«, wird Schurz in seinen Lebenserinnerungen loben, »war, obgleich auf der See aufgewachsen, höflich und aufmerksam, der Tisch nicht schlecht und die Reisegesellschaft angenehm. ... Mehrere hundert Auswanderer fuhren im Zwischendeck, aber nur ungefähr zwanzig Passagiere in der Kajüte, unter diesen ein Professor von Yale und mehrere New Yorker Kaufleute. Ich war noch nicht imstande, mich in englischer Sprache zu unterhalten, doch, da der Yale-Professor etwas Deutsch sprach und zwei oder drei von den New Yorker Kaufleuten ein wenig Französisch verstanden, gab es der lebhaften und erheiternden Unterhaltung genug.«

Gerade spricht man im Speisesaal der »City of London« über Paris, und Carl gesteht, dass er dort eine Weile gelebt habe.

»Wird es in Paris wieder einen Kaiser Napoleon geben?«, fragt auf Französisch einer der New Yorker Kaufleute. Er ist ein korpulenter, semmelblonder Mann, dem man seine flämischen Vorfahren ansieht.

Statt einer Antwort erzählt Carl die groteske Geschichte eines Spektakelstücks, das er 1851 auf einer Pariser Vorstadtbühne erlebt hatte. Thema: Die Rückkehr des geschlagenen und bereits 1821 verstorbenen ersten französischen Kaisers.

»Napoleon erschien darin in vortrefflicher Maske, zu Fuß und zu Pferde, auf dem historischen Schimmel, und alle Gefechte jenes Feldzuges von 1814, in denen er ja anfangs noch einmal erfolgreich war, spielten sich vor den Augen der Zuschauer ab. Die Feinde, Preußen und Russen, barbarisch aussehende Kerle, wüst und roh und vor dem französischen Heldenmut stets davonlaufend. Auch Blücher trat in Person auf, ein polternder Barbar, der sich in den gräulichsten Schimpfreden erging und dabei, aus einer kurzen Pfeife rauchend, riesige Dampfwolken ausblies und beständig um sich her spuckte.«

Gelächter.

»Die Feinde wurden so regelmäßig geschlagen, dass es dem unbefangenen Zuschauer schwer begreiflich war, warum Napoleon nach all diesen glänzenden Siegen doch unterlag und in die Verbannung ziehen musste. Er kam nun auch bald unter dem jubelnden Zuruf der Zuschauer zurück. Die Armee ging prompt zu ihm über, und das Stück schloss mit seinem Einzug in Grenoble. Das Publikum spendete rauschenden Beifall und das gewünschte Vive l'Empereur! ließ sich nicht allein auf der Bühne, sondern auch auf den Galerien, im Parterre und in den Logen hören. So bearbeitet man die Franzosen.«

Nachdenkliches Schweigen.

»Ihre Frau ist nicht zum Dinner gekommen«, sagt unvermittelt der Professor zu Carl auf Deutsch und deutet auf den leeren Stuhl zwischen ihnen: »Geht es ihr nicht gut?«

Bevor Carl antworten kann, fällt ihm der semmelblonde Kaufmann auf Französisch ins Wort:

»Niemals wird aus Frankreich wieder die ›grande nation‹ werden! Großbritannien ist die neue Weltmacht. Global. Mit seiner riesigen Handels- und Kriegsflotte. Mit seinen Kolonien, mit der Ostindischen Company. Und ich prophezeie Ihnen sogar, dass sich der Kontinent immer weiter durch Kriege zerfleischen wird, während in London die Geldströme zusammenfließen.«

»Das Leben in London hat Seiten, die keine andere Stadt der Welt bietet und dieser Zauber – so scheint es mir nach einer Erfahrung von vier Monaten – verliert nimmer an Kraft. Aber diese Großartigkeit, an der sich poetische Gemüter gelegentlich erbauen und erheben können, ist doch zu wenig für ein Menschenglück, unser Herz hat noch andere Bedürfnisse, und von diesen wird fast keines befriedigt. Das Vorurteil gegen die Fremden ist unausrottbar: Man betrachtet sie wie einen Heuschreckenschwarm, der als große Landplage über diese Insel gekommen ist. So knüpfen sich Bekanntschaften, von Freundschaft gar nicht zu sprechen, unendlich schwer; die anererbte Abgeschlossenheit und Zugeknöpftheit des Engländers kommt dazu, so dass wenn man schließlich auch noch seine krassen Vorurteile, seinen Hochmut und sein unendliches Gewichtlegen auf alles, was den ›Schein‹ betrifft mit einrechnet, von einem hübschen Leben in unserem Sinne hier gar nicht zu sprechen ist.«

Theodor Fontane über London und die englische Gesellschaft in einem Brief an seine Frau Emilie in Berlin.

Diese Kritik – die eines Ausländers – hätte auch von Carl Schurz stammen können, der genau wie der dreiunddreißigjährige, noch völlig unbekannte Fontane in der ersten Hälfte des Jahres 1852 an der Themse versucht, seiner journalistischen Karriere auf die Sprünge zu helfen. Fontane wohnte damals zur Untermiete am Tavistock Square Nr. 1, nur ein paar Häuser von Charles Dickens entfernt. Ähnlich wie Schurz, dem Fontane in London übrigens nicht begegnet ist, kann auch der junge Mann aus Berlin in der rasant wachsenden britischen Hauptstadt vom Schreiben für deutsche Zeitungen allein nicht leben. Und ähnlich wie Schurz möchte auch Fontane seinen kargen Unterhalt mit Deutschunterricht auffrischen. Weil trotz der von ihm kritisierten »Zugeknöpftheit« der Engländer alles Deutsche in gehobenen Londoner Kreisen plötzlich mächtig in Mode ist: deutsche Kultur, deutscher Wein – am liebsten der von der Mosel oder vom Rhein – und die deutsche Sprache.

Dazu beigetragen hat vor allem Albert, der populäre Prinzgemahl von Queen Victoria, der aus der deutschen Sachsen-Coburg-Gotha-Linie stammt. Und noch ein Deutscher hat sich inzwischen mal wieder auf die Insel gewagt: Prinz Wilhelm, bei den zahlreichen, hier ins Exil getriebenen Revolutionären als »Kartätschen-Prinz« in schlechter Erinnerung. Wilhelm darf 1851 in London – auf Einladung der Royals – sein Preußen auf der Weltausstellung repräsentieren. Es ist seine mitgereiste, mit liberalen Gedanken liebäugelnde Gattin Augusta, die ihm den pragmatisch aufgeklärten Lebensstil der Briten immer schmackhafter macht. Leider kann Wilhelm selbst hier nicht ganz aus seiner preußischen Haut. Während eines Manövers begeistert er sich: »Garden und Schotten, herrliche Leute! Militärische Haltung, Ruhe und Richtung, Kavallerie und Artillerie, vorzügliche Pferde.«

Auch Schurz ist militärischen Strategien nie ganz abgeneigt gewesen. In den Jahren 1851/52 jedoch hat sein Kampf um die eigene Existenz Priorität. Sein Vorteil: Der Befreier Kinkels wird noch immer als Held gehandelt. Als »lion« (Löwe) der Londoner Szene, wie Fontane neidisch an seine Frau schreibt. Und so reißt man sich bald um Schurz als Deutschlehrer, während Fontane diesen Plan – mangels Nachfrage – gar nicht erst realisieren kann.

Nicht nur auf die deutsche Sprache, auch auf die deutschen Volkslieder ist man in gewissen Londoner Kreisen nun ganz versessen. Keineswegs immer zur Freude von Schurz: »Es konnte kein traurigeres Schauspiel geben als eine errötende Miss, wie sie bei einer evening-party feierlich zum Klavier geführt wurde, ›to give us a sweet German folk song‹, und wie sie dann mit einem Gesicht, das einen Todesfall in der Familie andeutete, und in langsamem Tempo und im Ton tiefster Melancholie sang: ›Wenn i komm, wenn i komm, wenn i wiedrum komm‹.«

Ohnehin zählen errötende, junge Damen nicht zu den Favoritinnen des nicht mehr ganz so schüchternen Schurz. Sein lebenslanges Faible für Frauen, die nicht dem damals gängigen Bild eines »schwachen Geschlechts« entsprechen, wird hier befriedigt. Meist sind das Frauen von hoher Intelligenz mit einem ungewöhnlichen Lebenslauf. Ihre exponierte gesellschaftliche Rolle verdanken sie häufig den Wirren der Revolutionen, weil in jenen Tagen eher weibliche Tatkraft als ein dekoratives Äußeres zählte. Solche Frauen sind couragiert, organisationsbegabt, manchmal ein wenig naiv – aber dann doch nur Randerscheinungen in einer von Männern geprägten Gesellschaft.

»Nicht gerade schön«, jedoch »von anregender Unterhaltungsgabe« findet Schurz in London zum Beispiel die deutschrussische Baronin Brüning, die Russland wegen »unvorsichtiger Äußerungen« hatte verlassen müssen. Über Deutschland und die Schweiz war sie nach England gekommen, wo sich in ihrem Salon nun Abend für Abend ein großer Kreis von Emigranten trifft. Schurz ist ihr gewogen, wenn auch nicht ohne eine Spur von männlicher Arroganz:

»Ihr Wissen war oberflächlich, und ihr Denken nicht tief. Sie besaß eben nur die ›Bildung der guten Gesellschaft‹, aber dabei wahre Herzensgüte in der liebenswürdigsten Form. Wie das häufig bei Frauen der Fall ist, deren Ansichten und Meinungen viel mehr aus den Erregungen des Gemüts als aus der klaren Beobachtung der Dinge und dem Räsonnement des Verstandes entstanden sind, so wandte sich ihre Begeisterung und Sympathie mehr den Personen als den Grundsätzen, Bestrebungen und Zielen zu.«

Viel mehr gefällt Carl Malvida von Meysenbug, die er bei der Baronin Brüning trifft. Malvida, Anfang dreißig, ist die aufmüpfige, politisch aktive Tochter eines hessischen Ministers. Sie hat bei der Gründung einer Hamburger Frauen-Hochschule mitgewirkt – die, man staune, auch Carls spätere Frau Margarethe besucht hat – und später den Bestseller »Memoiren einer Idealistin« verfasst. »Malvida«, schrieb Schurz, der bis zu ihrem Tod im Jahre 1903 mit ihr befreundet bleiben sollte, »hatte viel gelesen und von dem Gelesenen manches in sich verarbeitet. Mit eifrigem Interesse verfolgte sie die Ereignisse der Zeit auf dem politischen Felde sowie die merkwürdigen Erscheinungen auf dem literarischen, artistischen und wissenschaftlichen. Ein fast ungestümer und beredsamer Enthusiasmus beseelte sie für alles, was ihr schön, gut und edel erschien. Sie fühlte den Trieb, wo es irgend möglich war, tätig mit einzugreifen.«

Noch aktiver wirkt Johanna Kinkel, die mit Gottfried Kinkel verheiratet ist. Eine Frau, die Schurz besonders schätzt. Auch weil ohne Johannas Engagement – zum Beispiel beim Auftreiben der Bestechungsgelder für die Spandauer Gefängniswärter – die Befreiung Kinkels wohl kaum geglückt wäre. Und es ist tragisch, dass auch sie, wie manche ihrer Geschlechtsgenossinnen, an ihren eigenen Idealen fast zerbrach. Johanna, die in London ein offenes Haus führt, die ein glückliches Eheleben auf die Beine zu stellen versucht. So wie früher in Bonn, als der Gatte noch ein Star der Bonner Universitätsszene war. Johanna Kinkel, die in London mit Klavierstunden einen großen Teil zum Unterhalt der Familie beisteuert – sie leidet unter ihrem Leben im Exil.

Als Kinkel von seinen Gesinnungsgenossen für mehrere Monate in die Vereinigten Staaten geschickt wird, um für die noch immer nicht aufgegebene Sache der Revolution Geld zu sammeln, kann sie diese erneute Trennung kaum mehr verkraften. Carl, der während Kinkels Abwesenheit als der von ihr gewünschte »männliche Schutz« bei ihr und den Kindern in St. Johns Wood Terrace wohnt, schreibt in seinen Erinnerungen: »Ihre Gesundheit fing an zu leiden; nervöse Störungen stellten sich ein, und es ist wahrscheinlich, dass damals die Anfänge der Herzkrankheit sich bemerkbar machten, die sie einige Jahre später in ein frühes Grab brachte.«

Auch nach Kinkels Rückkehr im März 1852 aus den USA – viel Geld hatte er dort nicht einsammeln können – hat er nur wenig Zeit für Frau und Familie, steht er weiter im Dienste der »Revolution«. Doch welcher Revolution? Da gibt es unter den Emigranten sehr unterschiedliche Meinungen: Während Kinkel auf einen Aufstand des Bürgertums hofft, empfiehlt Schurz dringend die Einbeziehung der Arbeiterschaft. Damit die Verwirrung noch wächst, hat sich außerdem ein »Agitationsverein« gebildet, der Kinkel und seinen Anhängern, die als »Emigrantenclub« firmieren, das Leben schwer macht. Am kompromisslosesten verhalten sich Karl Marx und seine kommunistischen Anhänger, die an die große Weltrevolution glauben wollen. Von einem gemeinsamen Widerstand gegen das restaurative Preußen und andere reaktionäre Monarchien kann in London keine Rede sein.

Johanna Kinkel, die sich zuvor noch den Schlüsselroman »Hans Ibeles in London« von der Seele geschrieben hatte, ist am 15. November 1858 durch einen Sturz aus dem Fenster gestorben. Am gebrochenen Herzen? Durch Selbstmord?

In Carls Beileidsbrief an Gottfried Kinkel steht: »Als du ... in Amerika warst und ich in deinem Haus wohnte, habe ich der nun Gestorbenen gegenüber nicht gehandelt, wie ich hätte sollen. Ich weiß das, und obgleich ich mich damit vor mir selbst entschuldigen mag, dass ich sie und ihr Wesen nicht verstand und in mir selbst keinen Maßstab dafür hatte, so habe ich ihr es doch tausendmal in meinem Herzen abgebeten und wollte nur, ich hätte es auch mit Worten getan.«

AN BORD DER »CITY OF LONDON«, 28. AUGUST 1852, 9 UHR

Bleigrau ist der Atlantik heute früh. Träge bäumen sich die Wellen auf und mühsam brechen sie wieder. Auch der Himmel ist grau. Aber sanfter, eher seidengrau. Falls es diese Farbe überhaupt gibt, denkt der amerikanische Professor missgelaunt. Er hat schlecht geschlafen vergangene Nacht. Oder gar nicht. So genau kann man das nicht wissen, wenn Schlafen und Wachsein ineinander fließen wie an diesem Morgen Wasser und Himmel.

Die junge Frau Schurz wird sich heute nicht mit den Augen am Horizont festhalten können, überlegt der Professor, falls sie doch wieder seekrank ist. Gestern Abend allerdings war es ihr mal so richtig gut gegangen. Gelöst hatte sie gewirkt, aufgekratzt und schlagfertig. Schurz war herausgerutscht, dass sie Geburtstag hatte. Neunzehn Jahre ist sie nun jung. Und so war spontan aus dem Anlass ein kleines Fest geworden. Mit Kerzen und einer vom Koch rasch gezauberten Torte. Man lachte, man plauderte, bis Margarethe dann doch zu Bett gegangen war. Leider, denkt der Professor, der ein Faible für die dunkelhaarige Schöne hat.

Außer ihm hat sich heute früh noch keiner der Oberdeck-Passagiere draußen sehen lassen. Ganz allein irrt er zwischen den vom Nachttau noch feuchten hölzernen Liegestühlen umher. Setzt sich, halb benommen. Spürt, dass das keine gute Idee gewesen ist – und springt wieder hoch.

Was für eine Fortsetzung des gestrigen Abends dann später im Rauchsalon! Was für heiße Diskussionen bei zu viel Brauneberger Moselwein und noch mehr vom vorzüglichen, alten Scotch!

Da saß Schurz zwischen den New Yorker Kaufleuten. Und da saß er, der Yale-Professor, ihm später nur noch als Einziger gegenüber, nachdem die Kaufleute – entnervt oder betrunken – zu Bett getaumelt waren. Und immer hitziger ist das verbale Duell geworden. Zwischen ihm und Schurz, dem gescheiterten Revolutionär, der trotzdem ein Feuerkopf geblieben ist.

Aber glaubt Schurz wirklich noch, was er da so enthusiastisch beschworen hat? Glaubt er an einen neuen Aufstand im gegenwärtigen Deutschland? An eine Republik anstelle der jetzigen monarchistisch-konstitutionellen Lösung? Glaubt er an demokratische und soziale Reformen? An staatliche Arbeitslosenunterstützung? Lächerlich!

Schließlich war der amerikanische Professor erst kürzlich durch die deutschen Provinzen, durch die kleineren und größeren Staaten gereist. Und was er da an Reaktion, an »Ruhe ist die erste Bürgerpflicht« mitbekam – das sah nicht gerade nach einer neuen Revolution aus.

Gut – in diesem Punkt gibt er Schurz recht: Tatsächlich sehnen sich die Deutschen nach einem Nationalstaat. Allerdings nicht unbedingt nach einem demokratischen. Die Gegensätze sind einfach zu groß. Im Westen das Rheinland, eine aufstrebende Wirtschaftsregion, die mit ihrer ungestümen Industrialisierung fast schon an England erinnert. Aber dafür im Osten, östlich der Elbe – mein Gott! Da trauert ja noch so mancher Großgrundbesitzer der Leibeigenschaft nach.

Doch was hat Schurz darauf emphatisch geantwortet, in seinem unerträglichen, wenn auch allmählich sich bessernden Englisch: »So wie Europa das Mutterland amerikanischer Größe war, so kann Amerika das Mutterland europäischer Freiheit werden.«

»Nicht gerade das Amerika, das wir im Augenblick zu bieten haben«, hat der Professor gekontert. »Auch bei uns gibt es viele ungelöste Probleme: die Sklavenfrage, das Auseinanderdriften der Nord- und Südstaaten, die Korruption, die mehr als schlampige Administration in Washington.«

Schurz jedoch, befeuert vom Wein, ließ sich nicht erschüttern. Die Ideale, von denen er geträumt und für die er gekämpft habe, fände er nur in Amerika: »Wenn auch nicht voll verwirklicht, so doch hoffnungsvoll nach Verwirklichung strebend. Und in diesem Streben werde ich tätig mithelfen können. Es ist eine neue Welt, eine freie Welt, eine Welt großer Ideen und Zwecke. In dieser Welt gibt's für mich eine neue Heimat. Ubi libertas, ibi patria!«

Nur wer jung ist, kann sich so schamlos begeistern, denkt der amerikanische Professor und fröstelt draußen an Deck der »City of London«. Es ist kühl heute Morgen nach vielen Tagen und Nächten sommerlicher Wärme. Er kriecht tiefer in seinen dunkelblauen, erst kürzlich an der Themse erstandenen Tweed-Paletot und versucht, mit einem Taschentuch einen der Stühle vom Tau zu befreien. Weil er sich dazu herabbeugen muss, nimmt er die Person, die hastig an ihm vorbeiläuft, nur im Unterbewusstsein wahr. Erst Sekunden später glaubt er in ihr Margarethe Schurz erkannt zu haben. Hoffentlich kein neuer Anfall von Seekrankheit, sorgt er sich und spürt nun selber so etwas wie Übelkeit, die aber bei ihm nur von zu viel Alkohol und zu wenig Schlaf herrühren wird.

Was für merkwürdige Geräusche waren das vergangene Nacht! Seltsam beunruhigende Laute, die von den Unterdecks hoch zu dringen schienen. Leise Kommandos. Choralähnliche Gesänge. Die Stimme eines Mannes: Man hätte meinen können, es sei die eines Predigers gewesen. Dazwischen Schluchzen, helles Weinen. Und dann ein Lärm, als habe man einen großen Stein in den Ozean geworfen ...

»Breakfast, Sir? Tee, Kaffee oder ...?«

Wie herbeigezaubert steht der Deck-Steward mit einem Tablett voller Tassen und Kännchen vor dem Professor. Beschämend munter, tadellos in seiner frisch gebügelten Uniform – und ohne jede Regung im britischen Gesicht. Was meinte er mit seinem süffisanten »Oder« beim Angebot der Getränke? Whisky?

»Oder was?«, fragt der Amerikaner säuerlich zurück.

»Oder alles, was Sie wünschen«, antwortet der Steward ungerührt.

»Dann Kaffee, das reicht.«

Der Professor nimmt sich eine Tasse vom Tablett und den Steward ins Verhör.

»Darf man fragen, was da los war heute Nacht? Man konnte ja kaum schlafen bei diesem Krach.«

»Sorry, Sir – aber da war nichts, was Sie beunruhigen sollte ...«

»Und was bedeutet dieses – Nichts?«

»Der Kapitän wird Ihnen alles erklären können, Sir.«

»Wird er das?«

Der Professor setzt seine Tasse ab und fixiert den Steward streng. Er hat schon mehrere Überseefahrten gemacht und weiß, dass hinter dem allzu glatten Abwiegeln des Schiffspersonals meist mehr steckt als herausgelassen wird.

»Stellen wir uns also mal vor«, beginnt er, »dass da jemand vergangene Nacht gestorben ist und dass sein Leichnam schnell bestattet werden musste. Ruckzuck über Bord! Und stellen wir uns weiter vor, es gibt Kranke in den unteren Decks. Immer mehr Kranke, deren Krankheit vielleicht ansteckend ist.«

»Aber, Sir«, protestiert der Steward, verstummt und eilt dem Ehepaar Schurz entgegen, das soeben an Deck erschienen ist. Doch Carl verscheucht ihn sofort mit einer Handbewegung. Mit der anderen Hand hat er Margarethe so fest am Arm gepackt, dass es ihr weh tun müsste. Er scheint zornig auf seine Frau:

»Ich habe dich überall hier oben gesucht, Margarethe!«

Sie wagt Widerworte. Temperamentvoll, wie es ihr der Professor, dem Schurz nur knapp zugenickt hat, kaum zugetraut hätte. Was ist passiert? Margarethe hat von einem Matrosen erfahren, dass es bei den Auswanderern in den unteren Decks an Trinkwasser mangelt. Daraufhin ist sie mit einigen Flaschen hinunter gestiegen und hat dabei das ganze Elend mitbekommen: Vergangene Nacht war der erste Cholera-Tote dem Meer übergeben worden. Und schon lägen weitere Auswanderer im Sterben.

»Die Passagiere unten haben Angst, Carl«, sagt Margarethe.

Das Wort »Angst« fällt immer wieder bei diesem auf Deutsch geführten Wortwechsel. Margarethe hat »Angst« um die Auswanderer-Kinder. Schurz hat »Angst« um seine Frau. Und plötzlich fragt sich auch der Amerikaner, im Liegestuhl seinen Kaffee schlürfend, ob selbst er jetzt »Angst« haben müsste – vor der Cholera, vor Ansteckung, vor dem Tod.

Als Spezialist für Sprachen weiß der Professor, dass das Wort »Angst« aus dem Germanischen kommt. Dass es sich von »eng« ableitet, sogar das weiß er. Und er entdeckt, dass dieses deutsche Wort »Angst« einem, schon rein lautmalerisch, weit mehr Angst einjagen kann als das entsprechende englische Wort »fear«.

Allerdings stellt er gleichzeitig fest, dass er persönlich keine Angst hat. Trotz der Gefahr an Bord. Aber, erstaunlich, Schurz hat Angst. Zugegeben, um seine Frau. Aber hat er auch schon einmal um sich selber Angst gehabt? Als er für die Revolution sein Leben aufs Spiel setzte? Wie ist das überhaupt, wenn man für seine Ideale auf die Barrikaden geht? Scheint einem Revolutionär der Tod dann süßer als dem Soldaten, der auf Befehl sterben muss? Hat man da keine Angst, Herr Schurz?

RASTATT, ANFANG JULI 1849

Der Revolutionär Carl Schurz, zwanzig Jahre alt, eingeschlossen in der von preußischen Soldaten umzingelten Festungsstadt, blickt vom Schlossturm aus weit ins badische und elsässische Land hinein und fragt sich, ob er in diesem Augenblick Angst haben müsste. Denn: »Wie schön ist dies alles! Die Natur, wie liebevoll in ihrer reichen, freigiebigen Güte! Und da liegt nun in all dieser scheinbar so friedlichen Herrlichkeit ›der Feind‹, der uns eng und fest umzingelt hält. Da sehe ich seine Postenketten regelmäßig abgelöst und seine Reiterpatrouillen emsig hin und her schwärmend und uns so scharf beobachtend, damit nur ja kein Menschenkind von uns da drinnen ihnen entschlüpfen möchte. Da sehe ich des Feindes Batterien bereit, auf uns Tod und Verderben zu speien. Da sehe ich seine Lager wimmelnd von vielen Tausenden von Menschen, von denen viele, ja wahrscheinlich eine große Mehrheit, so denken wie wir und dasselbe wünschen wie wir, vielleicht Nachbarskinder aus meinem heimatlichen Dorfe darunter – und doch auf der Obern Geheiß jede Stunde bereit, uns die tödliche Kugel in die Brust zu schießen. Und auf all dies fließt des Himmels schönes Sonnenlicht so warm und friedlich strahlend herab, als wäre da nichts als Glück und Harmonie. All dies so grausam unnatürlich und doch so wahr!«

Am Nachmittag des 30. Juni 1849 war Schurz – »Artilleriemunition betreffend« – ins umlagerte Rastatt geschickt worden. Nach Erledigung seines Auftrages hatte er sich auf die Stadtmauer gesetzt, um dort, wie verabredet, seinen Vorgesetzten, Oberstleutnant Anneke, zu erwarten. Trotz des Kanonendonners ist er sofort fest eingeschlafen.

Die Sonne war schon am Untergehen, als er erwachte. Von Anneke keine Spur. Beunruhigt ritt Schurz zum Stadttor und erfuhr dort geschockt: Rastatt ist von den Preußen total eingeschlossen. Erschrocken galoppierte er zum Hauptquartier der Revolutionäre im Schloss. Aber auch dort die gleiche Information: Es gibt keinen Weg mehr hinaus.

»Der Gedanke, in der Stadt bleiben zu müssen und Preußen ringsumher, traf mich wie ein unheilvolles Schicksal. Ich konnte mich nicht drein ergeben und fragte immer wieder, ob denn da gar kein Ausweg sei?«

Obwohl die badische Revolution von 1849 nach den Berliner Barrikadenkämpfen im Jahr zuvor schon eher die Grundzüge eines echten Volksaufstandes in sich trug – sowohl Teile des Militärs als auch fast die gesamte badische und pfälzische Bevölkerung sympathisierte mit den Aufständischen – hatte auch diese Revolution keine Chance. Unvorstellbar schien die Verwirklichung ihrer Ziele:

Die deutschen Stämme haben die Verpflichtung, sich gegenseitig die Freiheit zu gewährleisten ...

Die Gemeinden müssen für selbständig erklärt werden ...

Geschworenengerichte sind einzuführen. Kein einziger Prozess darf mehr von Staatsrichtern entschieden werden ...

Die Militärgerichtsbarkeit muss aufgehoben werden ...

Immerhin sind das Forderungen, die vor allem die Hohenzollern in Berlin aufschreckten. Und Wilhelm, der Prinz von Preußen, griff auch gleich begeistert zum Schwert, »um mit dem sichtbaren Feind die Idee der Revolution zu treffen. Er hatte schon immer davor gewarnt, den Liberalen einen Fuß in die Tür zur Macht setzen zu lassen, weil sie dann über kurz oder lang von Demokraten und Sozialisten weit aufgestoßen und dabei der Liberalismus selber umgestoßen werden würde.«

Da ist er also wieder – der Prinz von Preußen! Und obwohl schon in die Jahre gekommen, hat der Dreiundfünfzigährige nun endlich seinen Feldzug. Nicht gerade ruhmreich, weil es ja gegen die eigenen Leute, das

Prinz Wilhelm von Preußen, Oberbefehlshaber der Operationsarmeen in Baden und in der Rheinpfalz, Aquarell von L. J. Hoffmeister

Preußenlager vor Rastatt

heißt, gegen aufständische Deutsche, geht. Aber da ist der Prinz nicht zimperlich: »Preußen muss seiner geschichtlichen Aufgabe nachkommen.« Das im März des Vorjahres begonnene Drama sei jetzt so weit, dass das Schwert entscheiden müsse.

Am 8. Juni war Wilhelm zum Oberbefehlshaber ernannt worden: »Mit der Unerbittlichkeit einer Dampfwalze rückte er mit 25 000 Mann auf dem rechten Rheinufer und 25 000 Mann auf dem linken Rheinufer gegen die Revolutionäre vor. Die Kunde vor sich her treibend: Die Preußen sind überall, man sieht nichts als Himmel und Pickelhauben.«

Aber ein Spaziergang wird dieser Aufmarsch des preußischen Heeres keineswegs. Denn die Revolutionäre um Schurz haben sich in der Rastatter Festung bestens verbarrikadiert. Munition und Proviant sind reichlich vorhanden: »Mit Hilfe der weitgehend in der Stadt untergekommenen Einwohner Rheinaus wurden die Häuser und umliegenden Felder von allen Vorräten, namentlich von lebenden und toten Tieren – Hühnern, Schweinen, Hasen – sowie Korn, Heu und Stroh und vor allem von den reichen Weinvorräten leer geräumt.«

Doch je länger die Belagerung dauert, desto angespannter wird die Situation zwischen den Rastattern und den Revolutionssoldaten: »Mit Tagesbefehlen gegen das Überschreiten der Polizeistunde und den zunehmenden Alkoholmissbrauch sollten die Soldaten und Freischärler besser unter Kontrolle gebracht werden. Indem man sie getrennt in den Kasernen und Forts zu konzentrieren suchte, sollte den Bewohnern der Stadt das bürgerliche Leben und Arbeiten trotz der unvermeidlichen Einschränkungen einigermaßen erhalten bleiben. Handel und Gewerbe waren jedenfalls nur in engen Grenzen noch möglich. Der Gewerbebach (Mühlgraben) und die Oos lagen trocken; das reife Getreide wurde von den Preußen auf dem Halm abgebrannt; das Einholen der reifen Frucht wurde nur beschränkt geduldet und war lebensgefährlich.«

Schurz im eingeschlossenen Rastatt! Mit einem Fernglas versehen, steht er wieder oben auf dem Schlossturm, von wo aus er die Aufgabe hat, den Feind zu beobachten: »Um mir das nötige äußere Ansehen zu geben, wurde ich mit der Uniform eines regulären badischen Infanterieleutnants ausgestattet, die den abenteuerlich kostümierten pfälzischen Freischärler in einen recht anständig erscheinenden Offizier verwandelte und mir ein bis dahin kaum geahntes militärisches Gefühl gab.«

In seiner Freizeit zieht sich der Revolutionsoffizier Schurz gern in einen der Schlosssäle zurück, um dort auf ein großes, mit gelbem Seidendamast bezogenes Sofa zu sinken.

»Ich hatte mir dieses Sofa ausgewählt, weil ich von ihm einen besonders günstigen Blick auf ein Deckengemälde genoss, das für mich ein eigentümliches Interesse hatte. Ich fand darin eine weibliche Figur, irgendeine Göttin, deren Gesicht mich lebhaft an Betty erinnerte; und wenn ich von meinem Sofa hinaufschaute, so blickten mich Bettys Augen gütig an. Kein Wunder also, dass ich mich auf diesem Sofa gern ausstreckte und mich, unsere schlimme Lage zeitweilig vergessend, in wachen Träumen wiegte.«

Irgendwann aber träumt er nicht mehr von Betty, seiner unerfüllten Liebe aus Bonner Studententagen, sondern von »Genovefa«. Er träumt sich zurück in seine Kindheit. Und dabei stört ihn nicht, dass Genovefa nur aus Holz geschnitzt ist, weil diese »Schöne Genovefa« Carls erste Liebe war – im Puppentheater, das im Winter in Liblar gastierte. Heiße Tränen hat er damals vergossen, als sich Genovefa von ihrem Gatten, dem Grafen Siegfried, trennen musste: »Ich glaube nicht, dass jemals in meinem Leben bei der Betrachtung eines Schauspieles meine Phantasie tätiger, die Illusion vollständiger und die Wirkung auf Geist und Gemüt unmittelbarer und mächtiger gewesen ist.«

Doch dann ist er wieder aus, auch dieser Traum. Mit dem nächsten aber beginnt Carls Vertreibung aus dem Paradies der Phantasie: Etwa neun Jahre ist er jetzt alt und geht schon im nahen Brühl zur Schule, als dort eine Wandertruppe mit »wirklich lebenden Menschen« auftritt. Gespielt wird ein Stück mit dem aufregenden Titel »Hedwig, die Banditenbraut«.

Carls Vertreibung aus dem Märchenland passiert im letzten Akt, in dem die Banditenbraut den Bösewicht Rudolph mit einer Flinte erschießen soll: »Als nun die Schauspielerin in der Rolle der Hedwig die Flinte abdrückt, versagt das Schloss mit einem leisen Klick. Rudolph bleibt über die Falltür gebückt stehen in der Hoffnung, möglichst bald getötet zu werden. Die Hedwig spannt den Hahn noch einmal und drückt ab, aber wieder umsonst. Die arme Schauspielerin steht ratlos da. Im Zuschauerraum die tiefste Stille der Erwartung. Nun kommt hinter den Kulissen ein Ruf hervor, in dem lauten Flüsterton, der ein ganzes Haus füllt: ›Hau ihn mit dem Kolben auf den Kopf! Hau ihn!‹ Worauf Hedwig die Flinte gemächlich umdreht und Rudolph, der geduldig mehrere Minuten lang auf einen jähen Tod gewartet hatte, mit dem Kolben auf den Kopf schlägt. Rudolph stürzt hin, das Publikum bricht in ein wieherndes Gelächter aus und der erschlagene Bösewicht, wie er auf der Bühne liegt, kann sich nicht enthalten, daran teilzunehmen.«

Im Zuschauerraum will das Lachen nicht aufhören. Aber Carl, das Kind, hätte weinen mögen: »Auf mich hatte dieser Vorfall eine wahrhaft verblüffende Wirkung. Mit der reinen Hingabe an die Illusion war es nun zu Ende.«

RASTATT, 7. JULI 1849

Am frühen Samstagmorgen beginnen die preußischen Truppen unter General Graf von der Gröben mit der Bombardierung der eingeschlossenen Stadt. Weil die Artillerie der Preußen jedoch nur schlecht ausgerüstet ist, zeigt das in Rastatt kaum Wirkung. 75 Kugeln und 155 Granaten explodieren, ohne die Häuser ernsthaft zu beschädigen – oder Schurz, inzwischen fest schlafend auf dem gelben Seidendamastsofa, aufzuwecken.

Auch das nächste Bombardement am Sonntagmorgen gegen zehn Uhr stachelt den Widerstand der eingeschlossenen Revolutionäre noch an. Die Bevölkerung allerdings findet die Situation zunehmend brenzlig, als nach dem Gottesdienst eine Granate zwischen die Kirchgänger fällt. Glücklicherweise gibt es keine Opfer.

Die Stimmung aber verschlechtert sich. Und so könnte die Taktik der Preußen allmählich aufgehen, Revolutionstruppen und Einheimische gegeneinander auszuspielen. Um die Verwirrung anzuheizen, lassen die Preußen per Flaschenpost, die vom Flüsschen Murg in die Stadt geschwemmt wird, das Gerücht streuen, außerhalb von Rastatt hätten alle revolutionären »Volksheere« bereits aufgegeben ...

Aber so schnell ist die badische Revolution nicht zu besiegen! Zu groß war vor allem in Baden die Bereitschaft zur Veränderung gewesen – und zwar in allen Schichten: »Das Großherzogtum Baden war keine Fußnote in der europäischen Geschichte der ersten Hälfte des 19. Jahrhunderts, vielmehr ein Experimentier- und Exerzierfeld politischer Ideen und parlamentarischen Stils. Grundsätzlich und beispielhaft waren die Debatten und die Konflikte um den modernen Verfassungsstaat, grundsätzlich und beispielhaft waren auch die Auseinandersetzungen um die Wirtschafts- und Sozialordnung, ... um neue, bessere, zeitgemäßere Wirtschaftsstrukturen. 1848/49: Monate, die Europa bewegten, die Baden umkrempelten.«

In Berlin jedoch hat man ganz andere Ideen. Prinz Wilhelm, dem es ein persönliches Anliegen ist, den Aufstand im Südwesten niederzuschlagen, will Baden in eine preußische Provinz umwandeln. Als Brückenkopf gegen das verhasste Frankreich. Und das erfordere »eine längere Besatzung durch preußische Truppen und Wiederaufbau der badischen Armee nach preußischem Muster«.

RASTATT, 20. JULI 1849

Schwere Schritte im Schloss-Saal. Aufgeregte Stimmen. Schurz schreckt aus Schlaf und Träumen hoch. Gerade ist ein Unterhändler mit niederschmetternden Nachrichten aus dem preußischen Lager zurückgekehrt. Er habe sich selbst davon überzeugen können, dass es in ganz Baden keine Revolutionsarmee mehr gibt. Jetzt sei man in Rastatt auf sich allein angewiesen.

Erschrockene Stille. Was nun? Sterben, wie einige fordern, bis zum letzten Mann? Dann rät einer der Revolutionäre, ein früherer preußischer Soldat, zur sofortigen Übergabe der Festung: »Man darf die Bürger der Stadt mit ihren Weibern und Kindern nicht auch noch einer Hungersnot und einer weiteren Beschießung aussetzen.«

Prinz Wilhelm von Preußen inspiziert die Belagerungstruppen hinter dem Bahndamm vor Rastatt, kolorierte Zeichnung von Ernst von Lepell

Aber die Bedingungen für eine totale Kapitulation sind fürchterlich: Prinz Wilhelm verlangt die Übergabe der Festung auf Gnade und Ungnade. Das bedeutet für diejenigen Revolutionäre, die, wie auch der Rheinländer Schurz, Preußen sind – den sicheren Tod durch Erschießen.

»Es war ein schöner Sommertag. Nachmittags stieg ich noch einmal auf den Observationsturm, auf welchem ich so manche Stunde zugebracht hatte. Die herrliche Landschaft lag still vor mir im heitern, warmen Sonnenschein. Sie erschien mir sogar schöner als je zuvor. Es war mir, als müsste ich von ihr einen letzten Abschied nehmen.«

Der leichte Wind weht die Klänge einer vertrauten Melodie zu Carl hoch:

»Die Gedanken sind frei,
wer kann sie erraten?
Sie fliehen vorbei
wie nächtliche Schatten ...«

Schon als Kind zu Hause in Liblar hat er dieses Lied trotzig geschmettert. Doch hier im eingeschlossenen Rastatt stimmt es ihn wehmütig. Leise singt er mit:

»Kein Mensch kann sie wissen,
kein Jäger erschießen
mit Pulver und Blei;
die Gedanken sind frei.«

Vielleicht ist es auch die Mundharmonika, auf der der Unbekannte unten am Turm spielt, die Carl so seltsam berührt. Ihre schleifenden Töne, ihr wildes Schluchzen stoßen ihn in eine unheilvolle Stimmung zwischen Resignation und Wut. Er singt:

»Und sperrt man mich ein
Im finsteren Kerker,
das alles sind rein
vergebliche Werke!
Denn meine Gedanken

zerreißen die Schranken
und Mauern entzwei:
Die Gedanken sind frei!«

Ihm fällt ein, wie er vor einigen Jahren mit seinem Vater den Professor Pütz, einen seiner beiden Lieblingslehrer auf dem Kölner Gymnasium, besucht hatte. Wie der Professor seine Hand auf Carls Schulter gelegt und lächelnd festgestellt hatte: »Ein hoffnungsvoller Junge!« Und wie sein Vater dann stolz mit dem Kopf genickt hatte. Aber mit dem hoffnungsvollen Jungen, sagt der Sohn oben auf dem Turm nun zu sich selbst, mit dem ist es jetzt wohl aus.

Carl Schurz am Wendepunkt seines noch jungen Lebens? Oder ist diese scheinbar so ausweglose Situation in Rastatt vielleicht nur eine der Prüfungen, wie sie auch Odysseus, listig, tapfer und klug, überstehen musste?

Schurz und die Helden der Antike, für die er sich sein Leben lang begeistern sollte. Auf dem Gymnasium war es Wilhelm Bone, sein anderer Lieblingslehrer neben Professor Pütz, der ihm die Tür zu der wunderbaren Welt Homers aufstieß: »Nie hatte mich bis dahin, und nie hat mich seither eine Dichtung so gewaltig gepackt. Den Grund, warum mich diese Szenen soviel tiefer bewegten, habe ich erst später einsehen lernen: Sie berühren das rein menschliche Gefühl, welches weder von Zeit noch vom Ort abhängt – welches weder antik, noch modern, sondern universal und ewig ist.«

Sollten solche und andere intellektuelle Erfahrungen jetzt hier in Rastatt etwa vergebens gewesen sein? Verschwendet das Wissen, das Carl als süchtig lernender Schüler und Student von seinen außergewöhnlichen Lehrern erworben hat? Vom jungen Westfalen Bone in der Sexta? Von Wilhelm Pütz in der Tertia? Und von seinem bevorzugten Professor Gottfried Kinkel an der Bonner Universität? Alle drei haben das Leben von Carl Schurz geprägt. Aber jeder auf seine Weise.

Bone hat ihn verlockt, sich leidenschaftlich mit der Antike einzulassen. Außerdem hat er von Bone das Schreiben gelernt. Klarheit, Anschaulichkeit und Direktheit des Ausdrucks – das waren die Forderungen des Deutschlehrers:

»Statt uns fortwährend mit trocknen, grammatikalischen Regeln zu quälen, ließ er uns sogleich kleine deutsche Aufsätze anfertigen, nicht etwa über solche Gegenstände wie die ›Schönheit der Freundschaft‹ oder den ›Nutzen des Eisens‹, sondern zuerst kurze Beschreibungen gesehener Dinge, eines Hauses, einer Baumgruppe, eines Stadttores, eines Bildes und dergleichen mehr. Jedes Hauptwort, jedes Eigenschaftswort, jedes Zeitwort musste eine mit den Sinnen wahrgenommene Sache, Eigenschaft oder Handlung ausdrücken. Alles Verschwommene, Abstrakte, nicht sinnlich Wahrgenommene war fürs Erste streng ausgeschlossen.«

Was Carl als Schüler nicht ahnen konnte – Bones Methode sollte die »handwerkliche« Basis für den späteren Journalisten Schurz sein.

Aber auch Professor Pütz, der als Weltbürger und »Aufgeklärter« galt, sollte für Carls Zukunft wichtig sein. Pütz war einer der Ersten, die die feudale Ordnung in Frage stellten: »Wenn die Rede auf Kirche und Staat kam, so sprach Pütz nicht selten mit einem Anflug von Ironie, der mich merken lassen sollte, dass in seiner Meinung da manches anders sein dürfte.«

Und auch Pütz, der das Fach Geschichte unterrichtete, hatte eine animierende Lernmethode: Aus einem selbstverfassten Handbuch vermittelte er zunächst »in dürrer Kürze« die historischen Daten. Anschließend ging er – »dramatisch und pittoresk« – den Stoff noch einmal durch. In der nächsten Stunde dann mussten die Schüler, ebenfalls frei redend, das Gehörte wiederholen.

Die Methode von Pütz kam besonders gut bei dem Schüler Schurz an: »Und schon bald entspann sich zwischen uns ein Verhältnis von freundschaftlicher Vertraulichkeit.« Das war ein ähnliches Vertrauensverhältnis, wie es Carl anschließend zu Gottfried Kinkel, seinem dritten, ihn wohl prägendsten Lehrer hatte.

Kinkel war der Sohn eines protestantischen Pfarrers. Er hat selber gepredigt. Er war ein begeisterter Familienvater und das Idol seiner Studenten an der Bonner Universität. Wie aber ist aus diesem Gottfried Kinkel, der im Bürgertum so fest verwurzelt schien, eines Tages ein Revolutionär geworden? Wie konnte es dazu kommen, dass er von einer Stunde zur anderen von Frau und vier Kindern Abschied nahm, mit einer Muskete bewaffnet die Rednertribüne bestieg und die Revolution ausrief?

Carl Schurz ist an jenem 10. Mai 1849 in Bonn dabei gewesen: »Kinkel, nachdem er noch seine letzte Vorlesung an der Universität gehalten hat-

Gottfried Kinkel, 1849

te, sprach nachmittags um vier im Römer. Mit glühenden Worten fachte er die patriotischen Gefühle seiner Zuhörer an, ermahnte sie dringend, zusammenzubleiben, da jetzt die Stunde des entscheidenden Handelns gekommen sei. Es war mir klar, dass, wenn irgendwelche Früchte der Revolution gerettet werden sollten, jetzt alles gewagt werden müsse. In meinem Zimmer ließ ich alles liegen, wie es eben lag, kehrte der Vergangenheit den Rücken und ging meinem Schicksal entgegen.«

Versetzen wir uns in die damalige politische Situation, um zu begreifen, was die beiden, Kinkel und Schurz, auf die Barrikaden getrieben hat. Da gab es die Sehnsucht im Volk, endlich einen deutschen Nationalstaat zu gründen. Obwohl keiner so recht wusste, wie er aussehen sollte, dieser Staat. Mit einem Kaiser an der Spitze? Oder gleich als Republik?

Als Antwort hatte Wilhelm, Prinz von Preußen, bereits am 18. März 1848 in Berlin eine Salve aus seinen Kartätschengeschützen in die aufständische Menge gesandt. Das war schon mal eine unmissverständliche Aussage, eine Demonstration preußisch-militärischer Macht: Mit uns gibt es keine Verhandlungen! Um so härter dann die Gegenattacke der Revolutionäre, die damals sogar kurzfristig das Heft in der Hand zu haben schienen:

»Persönlich wurde König Friedrich Wilhelm IV. keine Demütigung erspart. Er grüßte die Leichen der Gefallenen des Volkes mit demütig-verlegener Gebärde, er ritt, geschmückt mit Schwarz-Rot-Gold, durch die Straßen von Berlin, als Kandidat zur Führung eines neuen Deutschlands. Es war ihm nicht wohl bei alledem, er hatte sehr bald seine inneren Vorbehalte, Preußen befand sich jedenfalls in einer ganz neuen Geschichtsepoche. Der alte Polizei- und Beamtenstaat galt für verschwunden, Volk und König gehörten jetzt zueinander, Ergebenheit wurde in vielfältiger, zum Teil ergreifender Weise der Dynastie bezeugt, während die Wissenden der moralischen und politischen Verlässlichkeit Friedrich Wilhelms tief misstrauten.«

Ihr Misstrauen war berechtigt. Denn alle danach mühsam ausgehandelten, demokratischen Errungenschaften – zum Beispiel das erste gesamtdeutsche Parlament in der Frankfurter Paulskirche – wurden von Friedrich Wilhelm schon bald kassiert beziehungsweise zu einer Marionetten-Institution degradiert. So dass selbst Kinkel – da noch ein besonders gutwilliger Abgeordneter der preußischen Nationalversammlung in Berlin – nur den bewaffneten Aufstand als Ausweg sah.

Und so begann er zu kämpfen, gemeinsam mit Schurz, der längst zum engen Freund geworden war. Vom Rheinland, über die Pfalz bis hinunter nach Baden – Kinkel und Schurz getrieben von Prinz Wilhelm. Aber hatten die Preußen denn das Recht, die Aufstände – zuerst in Sachsen, dann im Rheinland, in der Pfalz und schließlich in Baden – so brutal mit königstreuen Soldaten niederzuschlagen? Hätte der sächsische König Friedrich August II. überhaupt Truppen aus Berlin anfordern dürfen? Nein, sagte die Frankfurter Nationalversammlung am 10. Mai 1849 mit 188 Stimmen der Linken gegen 147 der Rechten.

Doch da war es schon zu spät. Einen Tag zuvor hatte in Dresden die von den Aufständischen eingesetzte provisorische Regierung kapituliert. Und so konnte das Katz-und-Maus-Spiel weitergehen: Die Nationalversammlung sprach sich gegen ein preußisches Interventionsheer aus. Prinz Wilhelm ignorierte die Frankfurter Entscheidung und rückte unbeirrt gegen die Revolutionäre vor, denen sich bewaffnete Bürger – die

Einzug der Mitglieder des Vorparlaments in die
Frankfurter Paulskirche am 30. März 1848,
Lithografie nach einer Zeichnung von J. Ventadour

seit den Freiheitskriegen bestehenden »Landwehren« – angeschlossen hatten. Wilhelms Argument: Wir wurden von den jeweiligen Landesherren gerufen – also kommen wir und sorgen nun für Disziplin!

So ernannte sich der Preußenprinz selbst zum Hüter von Sicherheit und Ordnung, indem er seine Truppen in breit angelegter Formation nach Südwesten vordringen ließ. Auf preußischer Seite standen 50 800 Soldaten. Auf badischer Seite kämpften Freischärler und Volkswehrleute – etwa 25 000 Mann. Darunter das Mannheimer Arbeiterbataillon, Hanauer Turner und eine deutsch-ungarische Legion.

Doch je erfolgreicher Wilhelms Soldaten waren, desto konfuser wurden die militärischen Operationen der Aufständischen. Am 15. Juni erobern die Preußen Mannheim. Einige Revolutionäre wie Lorenz Brentano wollen mit Wilhelm verhandeln. Andere wie Gustav Struve erklären Brentano deshalb zum Verräter. Mit Recht konnte man da bald sagen: Die badische Revolution steht vor ihrem Zusammenbruch. Und deshalb ist Wilhelm am 21. Juli 1849 vor Rastatt auch in Siegerlaune. Gerade haben in der eingeschlossenen Stadt die Revolutionäre um Schurz kapituliert. Carls Freund Kinkel ist bereits Stunden zuvor im Murgtal gefangen genommen worden. Und um 12 Uhr mittags werden die revolutionären Truppen aus den Toren Rastatts marschieren und draußen vor den dort aufgestellten Preußen die Waffen strecken.

Carl geht in sein Quartier am Marktplatz, um einen letzten Brief an seine Eltern zu schreiben:

»Teure Eltern! Geliebte Geschwister!

Umsonst würde ich versuchen, Euch die Bewegung meines Gemüts zu beschreiben, die mich ergreift, indem ich diesen Brief beginne; denn ich weiß nicht, ob es nicht die letzten Worte sind, die ich dem Papier anvertraue; ich weiß ja nicht, ob nicht der nächste Tag mein Leben abgrenzen wird oder meine Freiheit, was eins und dasselbe ist. … Haben mich etwa niedere Beweggründe zu übereilten Handlungen getrieben? Oder bin ich ein leichtsinniger Junge gewesen, der ohne Überlegung und Vernunft einer Augenblicksregung oder einem kindischen Ehrgeiz folgte? Die letzte Frage fällt mir schwer aufs Herz, und oft habe ich sie bedacht, als mich traurige Einsamkeit während der Belagerung zu ruhigem Nachdenken kommen ließ. Jetzt stehe ich am Tage der Entscheidung, jetzt ist ja die Zeit gekommen, wo ich für meine Grundsätze werde sterben müssen oder in eine endlose Gefangenschaft mich schmieden lasse. Dieser Augenblick trifft mich ruhig und gefasst, wie ein Mann.

Ihr habt in glücklicheren Tagen mich gesehen und mein Treiben beobachtet, ich weiß, dass es Augenblicke gab, wo Ihr mit Eitelkeit auf mich gesehen habt. Ob Ihr ein Recht dazu gehabt, will ich hier nicht entscheiden, nur meine Erinnerung sagt mir, dass mein Wille Größeres erstrebt, dass meine Kraft mehr vollendet haben würde, wäre nur meine Erfahrung und Kenntnis größer gewesen. … Ich muss gestehen, dass ich mich schon lange gesehnt habe, mit dem Säbel in der Hand für meine Ideen einzustehen. …

Bei Bruchsal kam ich zuerst ins Feuer. Ich ritt in der ersten Linie, umsaust von den feindlichen Spitzkugeln, Kartätschen und Schrapnellen. Ich schwöre Euch, dass mir niemals in meinem Leben so wohl war und dass ich mich nie so gereinigt fühlte als durch diese Feuertaufe. ...

Heute sind unsere Kundschafter zurückgekommen, sie berichten, dass wir verloren sind. Die Festung länger halten zu wollen, würde Wahnsinn sein. ... Alle Preußen, welche gefangen werden, sind der standrechtlichen Behandlung unterworfen und verfallen, der überwiegenden Wahrscheinlichkeit nach, dem Tode. Unter diesen bin auch ich. ...

Lebt wohl, meine Teuren, Ihr, meine braven Eltern, Ihr, meine geliebten Geschwister. Lebt wohl, lebt wohl! Wir sehen uns nie mehr oder lange, lange nicht wieder! Lebt wohl!

Euer Carl

Durch die Zeitung, welche die Preußen uns hereingeschickt haben, erfahre ich, dass Kinkel in Karlsruhe durch das Standgericht zum Tode verurteilt worden ist. Ich weiß, er kann sterben wie ein Mann, weil er wie ein Mann gelebt hat. ...«

AN BORD DER »CITY OF LONDON«, ANFANG SEPTEMBER 1852

Es ist 22.15 Uhr auf der Wanduhr im Rauchsalon. Schurz, der Yale-Professor und drei New Yorker Kaufleute sitzen dort nach dem Dinner und debattieren. Die Unterhaltung wird in einer Mischung aus Englisch, Deutsch und Französisch geführt. Carl raucht Pfeife, der Professor und zwei der Kaufleute ziehen an ihren Zigarren. Der Steward hat Wein und Whisky serviert. Übrigens ohne den üblichen Glaskrug voller Trinkwasser. Wasser, das für die wachsende Zahl der Cholera-Kranken in den unteren Decks dringend benötigt wird, ist neuerdings eine Kostbarkeit.

Erster Kaufmann: »Professor, wollen Sie nicht mal diesen Tabak probieren?«

Professor: »Tabak in Papier? Was soll denn das sein?«

Erster Kaufmann: »Die neueste Erfindung aus Frankreich. Man nennt sie Zigarette. Angeblich rauchen unsere Indianer ihren Tabak auf diese Weise. Tabak in Maisstroh gewickelt.«

Professor: »Nein, danke. Eine gute Havanna ist mir lieber.«

Erster Kaufmann: »Und Sie, Mister Schurz? Eine Zigarette aus Frankreich! Sie haben doch mal in Paris gelebt ...«

Professor: »Ein Wunder, dass Sie überhaupt noch leben, Carl! Doch Ihre Revolution, die ist wohl tot ...«

Schurz (lehnt mit einem Kopfschütteln die ihm ebenfalls angebotene Zigarette ab): »Viele Revolutionäre in Europa hoffen noch auf euch in Amerika.«

Zweiter Kaufmann: »Ich denke, wir sollten die Finger von Europa lassen. Präsident Monroe hat das schon richtig gesagt: Wir lassen euch in Ruhe – und ihr mischt euch bei uns nicht ein.«

Schurz: »Es gibt aber Amerikaner, die Geld spenden – für eine neue Revolution in Europa.«

Professor: »Und wie soll das bei euch funktionieren? Freiheit, Demokratie, die Macht des Volkes und dagegen lauter kleine und größere Tyrannen?«

Dritter Kaufmann: »Warum hat das eigentlich nicht geklappt – 1848/49 in Wien, Budapest, Dresden, Baden oder Berlin? War der Preußenkönig dort nach den Aufständen nicht erst mal zu allem bereit?«

Professor (ironisch): »Das war eben das Missverständnis zwischen König und Volk. Die Kommunikation hat nicht gestimmt.«

Schurz: »Ganz so war es nicht: Das Ohr des Königs hatte sich nach und nach anderen Einflüssen geöffnet, aber damit hörte die unmittelbare Berührung mit dem Volk schon auf. Da war der Landadel, das Junkertum, dessen feudale Vorrechte durch den Geist der Revolution gefährdet waren. Da war die Armee, das Schoßkind der Hohenzollern, die nach der März-Revolution wegen ihres erzwungenen Abzugs aus Berlin nach Rache schrie. Da war der Hochadel und da waren die Bürokraten, die um ihr Prestige fürchteten.

Außerdem gab es noch diesen Trick der Reaktion – den gleichen Trick, den zwei Jahre später Louis Napoleon in Frankreich anwandte: den Trick der Panikmache. Exzesse, die in einem freien Land wie England oder Amerika zwar verschärfte Polizeimaßregeln veranlassen, aber keinen vernünftigen Menschen so beunruhigen würden, dass die bürgerlichen Freiheiten oder konstitutionelle Regierungsprinzipien damit in Frage gestellt wären. In Preußen jedoch wurde Panikmache benutzt, um die furchtsamen Seelen des Bürgertums mit dem Gespenst allgemeiner Anarchie zu schrecken.«

Erster Kaufmann: »Das klingt ja, als habe der preußische König selbst fast gar nichts zu sagen.«

Schurz: »Friedrich Wilhelm IV. ist erfüllt von einem mystischen Glauben an die absolute Königsgewalt von Gottes Gnaden. Er hegt romantische Phantasien, die ihn für manche der politischen und sozialen Institutionen des Mittelalters mehr einnehmen als für die Forderungen der Neuzeit. Er hat Einfälle, aber keine Überzeugungen, Launen, aber keine echte Willenskraft, Witz, aber keine Weisheit.«

Professor: »Das lag doch nicht nur an diesem König und seinem Klüngel, dass eure Revolution nicht geklappt hat! Ich erinnere mich an eine Abendgesellschaft kürzlich in London, bei der ich zwischen lauter geflüchtete Revolutionäre geriet. Da habe ich gemerkt: Fast jeder hat eine andere Meinung, eine andere Idee. Da sind die schon müde gewordenen Anhänger von Mazzini aus Italien. Da glauben manche an Kossuth aus Budapest, der mit Demokratie überhaupt nichts im Sinn hat und nur in ungarischer Nationaltracht herumstolziert. Und da gibt es noch diesen Karl Marx, der die ganze bürgerliche Gesellschaft umkrempeln und zum Aufstand der Arbeiter aufrufen will. Was halten Sie von diesem Mann, Carl?«

Schurz: »Ich bin Marx zuerst in Köln im Sommer 1848 bei einem Kongress demokratischer Vereine begegnet. Marx war damals dreißig Jahre alt, bereits das anerkannte Haupt einer sozialistischen Schule und zog mit seiner untersetzten, kräftig gebauten Gestalt, mit der breiten Stirn, dem pechschwarzen Haupthaar und Vollbart und den dunkel blitzenden Augen sofort die allgemeine Aufmerksamkeit auf sich. Er besaß den Ruf eines in seinem Fach sehr bedeutenden Gelehrten, und da ich von seinen sozialökonomischen Entdeckungen und Theorien äußerst wenig wusste, war ich um so begieriger, von den Lippen des berühmten Mannes Worte der Weisheit zu sammeln.

Doch meine Erwartung wurde enttäuscht. Was Marx sagte, war in der Tat gehaltreich, logisch und klar. Aber niemals habe ich einen Menschen von so verletzender, unerträglicher Arroganz des Auftretens gesehen. Ich erinnere mich noch genau des schneidend höhnischen, ich möchte sagen, des auspuckenden Tones, mit welchem er das Wort »Bourgeois«

aussprach. Und als »Bourgeois«, das heißt, als unverkennbares Beispiel einer tiefen geistigen und sittlichen Versumpfung, denunzierte er jeden, der seiner Meinung zu widersprechen wagte. Ich habe davon gelernt, dass, wer ein Führer oder ein Lehrer des Volkes sein will, seine Zuhörer mit Achtung behandeln muss.«

Professor: »Mit dieser Erkenntnis wären Sie doch der ideale Spiritus Rector einer Revolution ...«

Schurz: »Ich bin erst dreiundzwanzig Jahre alt. 1848/49 war ich gerade neunzehn und habe als Volksredner viel unverdautes Zeug zu Tage gefördert.«

Erster Kaufmann: »Immerhin sind Sie ein revolutionärer Held.«

Schurz: »Ein trauriger Held. Ein Held ohne Heimat. Doch ich bin sicher, dass meine Vergangenheit die beste Waffe für meine Zukunft sein wird. Am Anfang bin ich in der Revolution umhergegangen wie ein Naturforscher durch ein Gebirge. Nicht ohne Gefahr, aber unermüdlich. Und später, das ist wahr, habe ich nicht der Zweite sein wollen, wo ich der Erste sein konnte. Ich habe nicht dienen wollen, wo ich zu befehlen verstand, aber niemals habe ich der höheren Kraft, wo ich sie fand, meine Anerkennung versagt. Die Gefahr hat mich nicht erschüttert und die Nähe des Todes nicht beben gemacht – und ich habe oft dem Tode ins Antlitz gesehen.«

Erster Kaufmann: »Ach, ja, erzählen Sie doch mal ...«

RASTATT, 23. JULI 1849

»Gegen Tagesanbruch streckte ich mich, von Müdigkeit übermannt, im großen Schlosssaal noch einmal auf mein gewohntes Sofa, und nach einigen Stunden tiefen Schlafs wachte ich mit dem Gedanken auf: ›Heute wirst du gefangen und vielleicht morgen schon totgeschossen.‹ Ich nahm von der Betty im Deckengemälde endgültig Abschied.«

Um zwölf Uhr mittags soll Carl Schurz mit den revolutionären Truppen Rastatt verlassen und draußen vor den aufgestellten Preußen die Waffen strecken. Die Befehle sind bereits ausgefertigt.

»Ich ging zu meinem Quartier am Marktplatz. Unterdessen nahte die Mittagsstunde. Ich hörte bereits die Signale zum Antreten auf den

Wällen und in den Kasernen. Da schoss mir plötzlich ein neuer Gedanke durch den Kopf.«

Schurz erinnert sich an einen unterirdischen Abwasserkanal, den er schon vor Tagen bei seinen Streifzügen durch das eingeschlossene Rastatt entdeckt hatte. Der Kanal führt aus dem Stadtzentrum am Steinmauerner Tor unter den Festungsanlagen ins Freie. Dort endet er an einem Kornfeld in einem von Gebüsch überwucherten Graben. Ein Ausgang, der wahrscheinlich kaum oder gar nicht bewacht wird.

Durch diesen Kanal, hatte Carl angeregt, könne man doch problemlos Kundschafter ein- oder ausschleusen. Doch in den Wirren der bevorstehenden Kapitulation war seine Information untergegangen. Jetzt aber, im letzten Moment vor der Übergabe, kommt die Erinnerung daran wie ein Lichtblitz zu Schurz zurück: »Würde es mir nicht möglich sein, durch diesen Kanal zu entkommen? Würde ich nicht, wenn ich so das Freie erreichte, mich bis an den Rhein durchschleichen, dort einen Kahn finden und nach dem französischen Ufer übersetzen können? Mein Entschluss war schnell gefasst: Ich wollte es versuchen.«

Carl ruft seinen Burschen, der zum Abmarsch bereit ist: »Adam, Sie sind Pfälzer und Volkswehrmann. Ich glaube, wenn Sie sich den Preußen ergeben, so wird man Sie bald nach Hause schicken. Ich bin ein Preuße, und uns Preußen werden sie wahrscheinlich totschießen. Ich will daher versuchen, davonzukommen, und ich weiß wie. Sagen wir also Adieu!«

»Nein«, ruft Adam, »ich verlasse Sie nicht, Herr Leutnant. Wohin Sie gehen, gehe ich auch.«

»Aber Sie haben nichts dabei zu gewinnen, und es wird vielleicht gefährlich!«

»Gefahr oder nicht«, antwortet Adam entschieden, »ich bleibe bei Ihnen.«

In diesem Augenblick geht draußen auf der Straße ein Artillerieoffizier namens Neustädter vorbei. Er ist wie Schurz in Rheinpreußen zu Hause und hat früher in der preußischen Artillerie gedient.

»Wo gehen Sie hin, Neustädter?«, ruft Carl ihm durch das Fenster zu.

»Zu meiner Batterie, um die Waffen zu strecken.«

»Die Preußen werden Sie erschießen! Gehen Sie doch mit uns und versuchen wir gemeinsam davonzukommen.«

Neustädter horcht auf, kommt ins Haus und hört Carls Plan.

»Gut«, sagt Neustädter, »ich gehe mit Ihnen.«

Es ist zwischen ein und zwei Uhr nachmittags, als sich die drei Männer in den Kanal zwängen. In eine enge, aus Ziegelsteinen gemauerte Röhre, in der sie sich nur in geduckter Haltung, halb gehend, halb kriechend, vorwärts bewegen können. Carls Bursche Adam hatte für Proviant gesorgt: ein Laib Brot, mehrere Würste, einige Flaschen Wein. Die Pistolen der Flüchtenden stecken in ihren Kleidungen. Schurz hat seinen kurzen Karabiner in seinen neuen dunklen, mit rotem Flanell gefütterten Radmantel geschlagen. Weil es schon länger nicht mehr geregnet hat, umspült nur ein Rinnsal die Füße der Männer.

»Als wir weiter in das Innere des Kanals vordrangen, fanden wir in regelmäßigen Entfernungen enge Luftschächte, oben mit eisernen Gittern und Rosten verschlossen, durch die das Tageslicht herabkam und den sonst finsteren Kanal fleckweise erhellte. An solchen Stellen ruhten wir einen Augenblick und streckten uns aus, um das Rückgrat wieder in Ordnung zu recken. Wir hatten, unserer Berechnung nach, ungefähr die Mitte der Länge des Kanals erreicht, als ich mit dem Fuße an ein kurzes im Wasser liegendes Brett stieß, das sich quer zwischen die Wände des Kanals einklemmen ließ, so dass es uns als eine kleine Art Bank zum Niedersitzen dienen konnte. Auf dieser Bank, die unsere Lage etwas behaglicher machte, drückten wir uns zusammen zu längerer Ruhe.«

Dafür geht es jetzt draußen am Niederbühler Tor bei der Übergabe der Rastatter Festung alles andere als ruhig zu. Etwa zwanzig Revolutionsoffiziere marschieren mit klingendem Spiel und entrollten Fahnen aus der Stadt. So wollen sie sich dem Feind ergeben. Aber ein wütender, preußischer Hauptmann schreit:

»Wer hat befohlen, dass die Musik spielt?«

Ein Revolutionsoffizier antwortet ruhig: »Ich habe es befohlen.«

»Halten Sie das Maul!«, brüllt der Preuße. »Sie haben hier einen Dreck zu befehlen!«

Bei dieser Szene wird den Revolutionären schlagartig klar, dass hier keine »ehrenhafte« Kapitulation stattfinden wird. Denn keiner der höheren preußischen Militärs würdigt sie auch nur eines Blickes. Ein Ordonnanzoffizier befiehlt sogar: »Beim geringsten Fluchtversuch sofort Feuer geben!«

Nun lässt Prinz Wilhelm, der Oberbefehlshaber – hier oben vor den Toren Rastatts nur wenige Meter von dem unten in der Kanalröhre kauernden Schurz getrennt – den Armeebefehl verlesen, den sein königlichen

Übergabe der Festung Rastatt an die Preußen,
Illustration von Otto Lau, in: Wilhelm Blos,
Die Deutsche Revolution, Stuttgart 1893

licher Bruder Friedrich Wilhelm IV. in Berlin für die preußischen Truppen aufgesetzt hat:

»Soldaten! Das letzte Bollwerk eidbrüchiger Rebellen, von deren Heer Eure Tapferkeit den geheiligten Boden des gemeinsamen Vaterlandes bereits gereinigt hatte, ist durch Eure Beharrlichkeit gefallen. Ihr habt die furchtbare Schmach, die Wunde der uralten, deutschen Treue, gerächt und gesühnt. Durch Euern Arm hat sie gesiegt.«

Danach gibt Prinz Wilhelm vor, sich jetzt in sein Hauptquartier Favorite, ein nahes, kleines, behagliches Lustschloss, zurückziehen zu wollen, um sich den Anblick der Aufständischen zu ersparen. Er hält sich dann aber doch weiter im Hintergrund des Schauplatzes auf, um den Anblick der geschlagenen Rebellen noch eine Weile zu genießen.

Noch immer hat der »Kartätschenprinz« die Demütigung nicht vergessen, die ihm im März 1848 von den Revolutionären in Berlin bereitet worden war, als er vor ihnen in einer Nacht-und-Nebel-Aktion, verkleidet als einfacher Bürger, über nasse Wiesen watend und sich durch dornige Hecken kämpfend, nach England fliehen musste. Und voller Genugtuung fällt dem siegreichen Feldherrn hier vor Rastatt jetzt wieder seine damalige Drohung ein:

»Wir wollen nur abwarten, wer zuletzt recht behält.«

RASTATT, 23./24. JULI 1849

»Gegen 21 Uhr fing es an zu regnen, und zwar so stark, dass wir das Klatschen des herabströmenden Wassers deutlich unterscheiden konnten. Zuerst schien uns das schlechte Wetter der Ausführung unseres Fluchtplanes günstig zu sein. Bald aber kam uns die Sache in einem ganz anderen Lichte vor. Wir fühlten nämlich, wie das Wasser in unserem Kanal stieg und bald mit großer Heftigkeit, wie ein Gießbach, hindurch schoss.«

Eine bedrohliche Situation für Carl Schurz und seine beiden Fluchtgenossen. Schon bald nämlich überflutet das Wasser die »Bank«, auf der sie hocken und reicht ihnen bis an die Brust. Außerdem gibt es lebendige Wesen, die sie hektisch umkreisen. Es sind Wasserratten.

»Wir müssen hier raus«, sagt Carl, »oder wir werden ertrinken.«

Doch schon nach ein paar Schritten gibt es ein neues Problem: ein eisernes Gitter, das wie ein Kerkerfenster die Kanalröhre und damit den Weg zum Ausgang versperrt. Bevor das Entsetzen darüber zur Hoffnungslosigkeit werden kann, entdeckt Carl, dass das Hindernis nicht ganz bis zum Boden reicht. Er schlägt vor, mit dem ganzen Körper durch das Wasser zu kriechen und unter dem Gitter durchzuschlüpfen.

»So drangen wir denn rüstig vor, und als wir glaubten, nahe bei der Mündung des Kanals angekommen zu sein, hielten wir einen Augenblick an, um unsere Kraft und Geistesgegenwart für den gefährlichen Moment des Hinaustretens ins Freie zu sammeln.«

Da aber schlägt ein furchtbarer Laut an ihre Ohren. Nur wenige Schritte von ihnen entfernt hören sie eine Männerstimme: »Halt! Wer da?«

Und sofort antworten weitere Stimmen – in immer größerer Entfernung: »Halt! Wer da?«

Wie vom Donner gerührt bleiben die Fliehenden stehen und müssen begreifen, dass sich unmittelbar vor der Kanalmündung eine dichte Kette preußischer Wachtposten befindet. Damit wird erschreckend deutlich: Hier führt kein Weg hinaus in die Freiheit.

»Zurück zu unserer Bank«, flüstert Schurz.

Und wieder müssen sie unter dem Gitter durchkriechen. Glücklicherweise hat jetzt draußen der Regen aufgehört. Das Wasser in der Röhre ist zwar noch hoch, steigt aber wenigstens nicht mehr. Trotzdem ist die Stimmung mies, während sie, dicht aneinandergedrängt, erneut auf ihrer Bretterbank sitzen. Ins Feld hinaus können sie nicht – das ist klar. Längere Zeit im Kanal bleiben jedoch auch nicht, weil dann die Gefahr droht, bei erneutem Regen zu ertrinken. Es bleibt ihnen also nichts übrig, als in die Stadt zurückzukehren: »Aber wie, ohne den Preußen in die Hände zu fallen? Nachdem wir diese Gedanken flüsternd ausgetauscht hatten, trat eine lange Pause ein.« Bis Schurz pragmatisch vorschlägt: »Essen und trinken wir etwas. Vielleicht kommt dann Rat.«

Es ist schon weit nach Mitternacht, als die drei Flüchtenden sich heißhungrig und durstig auf ihre Vorräte stürzen. Seit über zwölf Stunden haben sie keine Nahrung zu sich genommen und ständig im Wasser gestanden. Ihre Füße sind eiskalt. Das bessert sich erst nach ein paar Schlucken aus den mitgebrachten Flaschen. Statt, wie erwartet, Wein befindet sich zu Carls anfänglichem Entsetzen Rum darin.

»Obgleich ich gegen alles, was Branntwein hieß, immer eine starke

Abneigung gehabt habe, so trank ich doch wie auch meine Gefährten in gierigen Zügen, und es schien, als bliebe das Gehirn völlig klar dabei.«

Durch den Schnaps beflügelt, hat Adam, Carls Bursche, plötzlich eine verwegene Idee: »In der Stadt habe ich eine Base. Ihr Haus ist nicht weit vom Eingang des Kanals. Um dahin zu kommen, brauchen wir nur durch ein paar Gärten zu gehen. Wir könnten uns da in der Scheune verbergen, bis sich etwas Besseres findet.«

Gesagt, getan! Die Turmuhr schlägt drei, als der Rückmarsch angetreten wird. Doch kurz vor dem letzten Luftschacht passiert es: Carls Karabiner fällt mit einem lauten Plumps ins Wasser, und sofort brüllt von oben ein preußischer Wachtposten: »Holla! In diesem Loch steckt wer!«

Dabei stößt er sein Bajonett durchs Gitter. Nur durch rasches Bücken kann Schurz der gefährlichen Spitze ausweichen.

»Schnell hinaus!«, flüstert er. »Oder wir sind verloren!«

Atemlos erreichen sie den Kanaleingang in der Stadt, springen heraus und über eine Hecke in den nächsten Garten.

»Dann blieben wir in einem Felde hoher Gartengewächse stehen, um zu horchen, ob uns jemand folgt. Wir hörten nichts. ... Als Adam sich an unserem Halteplatz orientierte, entdeckte er, dass wir uns dicht bei dem Hause seiner Base befanden. Wir setzten über einen Zaun und wurden von dem lauten Gebell eines Hundes begrüßt. Um ihn zu besänftigen, opferten wir den letzten Rest unserer Würste. Das Tor der Scheune fanden wir offen, gingen hinein, streckten uns auf dem an der einen Seite aufgehäuften Heu aus und fielen bald in tiefen Schlaf.«

Noch lange nicht in Freiheit, aber auch nicht gefangen von den Preußen, schlafen die drei Flüchtenden den Schlaf der Erschöpften. Und so geht es ihnen, den Umständen entsprechend, immer noch besser als ihren inzwischen gefangenen Revolutionskameraden, die, eingepfercht in den Rastatter Kasematten, auf ihre Verurteilung warten.

Es gibt viele Bilder und Schilderungen aus diesen Tagen. Und fast alle sind sie entsetzlich. Auf einem alten Stich zum Thema »Kasemattenhaft« liegen die Gefangenen auf spärlichem Stroh oder lehnen untätig und stumm an den Wänden: »Die unverputzten Bruchsteinmauern zeigen nasse Placken. Im Gewölbe hängen zahlreiche Spinnweben. Durch das vergitterte Fenster kommt nur wenig Licht. Kaum jemand spricht mit seinen Mitgefangenen; die meisten stehen oder liegen herum, mit gesenktem Haupt vor sich hinbrütend. Nur wenige wirken erkennbar trotzig. Es scheint trotz des Hochsommers kühl zu sein, da man – so weit vorhanden – Mäntel trägt.«

Der junge, in Rastatt für die medizinische Betreuung zuständige Arzt Dr. Adolf Kußmaul, keineswegs ein Freund der Revolution, stellt betroffen fest: »Nach kurzem Aufenthalt in einer Kasematte waren die Röcke und Beinkleider der Gefangenen mit zahllosen braunen Insekten besät.«

Kußmaul schildert, wie Flöhe und anderes Ungeziefer aus den Kleidern der Gefangenen stieben. Wenn der Arzt spät abends aus dem Lazarett kommt, kann er kaum schlafen: »Die Schwärme springender Insekten, die ich aus dem Fort mitbrachte, raubten mir die ersehnte Nachtruhe.«

Aber nicht nur die gefangenen Revolutionäre werden von den Preußen gequält – auch die Rastatter Bevölkerung soll bestraft werden. Es sei ja nicht auszuschließen, heißt es, dass sie mit den Aufständischen kooperiert, wenn nicht sogar Sympathie für sie empfindet. Wie Besatzer benehmen sich die preußischen Truppen im deutschen Südwesten, was in Rastatt schnell zu gegenseitiger Abneigung führt – und sogar die Besatzer in Angst vor dieser kapitulierten, badischen Kleinstadt versetzt. Untrügliches Zeichen: Die Preußen schlagen ihre Nachtlager draußen auf den Straßen auf. Nur ein paar Offiziere wagen es, sich in den Bürgerhäusern einzuquartieren.

Prinz Wilhelm, den Oberbefehlshaber, kümmert das alles wenig. Er will, dass Baden eine Art Militärprovinz unter den Fittichen des preußischen Adlers wird: Die Monarchie bleibe gottgewollt und alle demokratischen Ideen seien Teufelswerk.

Zu dieser Vision passt, dass die Spitze der Rastatter Stadtverwaltung ausgetauscht und eine politische Sonderpolizei gegründet wird. Die soll versteckte Revolutionsteilnehmer aufspüren. Dabei registriert die preußische Seite erfreut, dass das Denunziantentum in einigen Teilen der Bevölkerung allmählich zunimmt. Um den widerstandsfähigeren Rastattern zu demonstrieren, wer hier jetzt Herr in der Stadt ist, wird jedem, der es wagt, einen preußischen Offizier nicht zu grüßen, die Mütze vom Kopf geschlagen. Beschimpfungen der Einheimischen als »Revoluzzer« oder »Hunde« sind gang und gäbe. Hausdurchsuchungen geschehen willkürlich. Solche Schikanen schüchtern ein.

In den Kasematten, Illustration von Otto Lau, in:
Wilhelm Blos, Die Deutsche Revolution, Stuttgart 1893

Schurz: »Ich sehe sie noch vor mir – eine Frau von etwa dreißig Jahren, mit blassem Gesicht und weit geöffneten, angstvollen Augen.« Das ist die Cousine von Adam, dem Burschen von Carl. Sie fleht die drei Untergetauchten an, sofort aus ihrer Scheune zu verschwinden:

»Um Gotteswillen, was macht ihr hier? Hier könnt ihr nicht bleiben. Heute morgen kommen preußische Kavalleristen als Einquartierung. Die werden gewiss in der Scheune nach Futter und Streu für ihre Pferde suchen. Dann finden sie euch und wir sind allesamt verloren.«

Adam protestiert: »Wo können wir denn jetzt hin? Du wirst uns doch nicht ausliefern?«

Doch die Cousine, der Panik nahe, lässt sich nicht erweichen: »Wenn ihr nicht geht, muss ich den Soldaten sagen, dass ihr da seid. Ihr könnt nicht verlangen, dass ich mich und meine Kinder für euch ins Unglück stürze.«

Es kommt zu einer abstrusen Diskussion: Man redet und redet – aber ständig aneinander vorbei. Carl spürt, wie sich die Situation zuspitzt, wie eine Lähmung alle zu erfassen droht. Sowohl die aus Furcht unnachgiebige Frau als auch die ratlosen drei Männer.

»Unsere Lage wurde verzweifelt. Da standen wir alle drei in badischer Uniform, sofort als Soldaten der Revolutionsarmee zu erkennen. Und nun sollten wir keinen anderen Zufluchtsort haben als ein Gebüsch mitten in einer Stadt, die von feindlichen Truppen wimmelte!«

Dieses Gebüsch am Ende eines Grabens ist das einzige Versteck, das Adams Cousine schließlich doch noch anbietet, bevor sie in ihrem Haus verschwindet, um die Ankunft der Preußen zu erwarten.

Eine halbe Stunde vergeht. Bei Schurz, Neustädter und Adam wächst die Resignation. Der – zumindest für Carl tödliche – Ausweg »Kapitulation« gewinnt an Konturen.

Endlich taucht Adams Cousine wieder auf: Die Kavalleristen seien nun da und säßen gerade beim Frühstück. Jetzt könnten die drei es wagen, ungesehen zu verschwinden.

»Sie bestand mit solcher Entschiedenheit darauf, dass wir uns in unser Schicksal ergeben mussten. So liefen wir denn über den Hof nach dem überwachsenen Graben, der an der entgegengesetzten Seite durch einen hohen Bretterzaun von einer Straße geschieden war.«

Der neue Zufluchtsort ist ein Viereck aus gestapeltem Brennholz am Ende des Grabens, wo sich die Flüchtlinge, vor Blicken geschützt, auf

Holzblöcken niederlassen: »So saßen wir denn, eine Stunde nach der anderen auf das Schicksal wartend, im beständig herabströmenden Regen, wahre Jammergestalten. Was sollte nun aus uns werden?«

Adam, sonst die personifizierte Gutmütigkeit, kann nicht aufhören, über seine Cousine zu schimpfen. Neustädter hat jede Hoffnung verloren, ist bereit, sich zu ergeben. Und auch Carl, der geborene Optimist, der bisher so bedenkenlos neugierig auf seine Zukunft war, ihn quälen jetzt Gedanken an den Tod. An die Vergangenheit. An den Tag, als es in ihm ausbrach, das rebellische Fieber – das er selbst in dieser ausweglosen Lage noch immer zu spüren glaubt.

BONN, ENDE FEBRUAR 1848

Ein Sonntagmorgen in der Universitätsstadt Bonn. Der Student Carl Schurz sitzt in seinem Dachzimmer an einer Arbeit über Ulrich von Hutten. Der Humanist und Rebell aus dem frühen 16. Jahrhundert fasziniert ihn mit seinem leidenschaftlichen Wunsch nach nationaler Einheit. Obwohl Carls materielle Lage alles andere als rosig ist, studiert er mit großer Freude. Und die Gunst, häufig Gast im Hause Kinkel sein zu dürfen, die interessanten, intellektuellen Freunde, die er in der progressiven Burschenschaft »Frankonia« kennen gelernt hat – all das beflügelt sein ohnehin heiteres rheinisches Temperament.

Ein Schauspiel soll aus seinen Studien über Ulrich von Hutten werden. Und an diesem Sonntagmorgen schreibt er schon an den ersten Szenen. Aber während er noch über dem 16. Jahrhundert brütet, wird er jäh von der Gegenwart eingeholt. Ein Kommilitone stürzt atemlos in den Raum.

»Weißt du, was passiert ist, Carl?«

»Nein, was denn?«

»Die Franzosen haben den Louis Philippe fortgejagt und die Republik ausgerufen.«

Schurz wirft die Feder hin – und hat »Ulrich von Hutten« seitdem nie wieder angesehen.

»Wir sprangen die Treppe hinunter, auf die Straße. Wohin? Zum Marktplatz.«

Dort bietet sich Carl ein Bild, das man so in Deutschland bis dahin nicht erleben konnte: Der Marktplatz wimmelt von Studenten, die erregt miteinander diskutieren. Wildfremde Menschen umarmen einander.

»Man war von einem vagen Gefühl beherrscht, als habe ein großer Ausbruch elementarer Kräfte begonnen, als sei ein Erdbeben im Gange, von dem man soeben den ersten Stoß gespürt habe, und man fühlte das instinktive Bedürfnis, sich mit anderen zusammenzuscharen.«

Auch die folgenden Tage in Bonn vergehen rheinisch euphorisch. Man trinkt viel Wein. Es gibt laufend Verbrüderungen. In den Kneipen wird die »Marseillaise« gesungen: »Während dies lustig genug aussah, gestalteten sich sonst die Dinge sehr ernsthaft – so ernsthaft, wie es im Grunde des Herzens auch uns zumute war.«

Am 18. März 1848 kommt es zu Massendemonstrationen in der Universitätsstadt, an denen sich neben den angesehensten Bürgern und Professoren mit ihren Studenten auch Handwerker und Arbeiter beteiligen. An der Spitze läuft Gottfried Kinkel mit einer schwarz-rot-goldenen Fahne. Vor dem Rathaus hält er eine flammende Rede. Er spricht mit seiner »wunderbaren Beredsamkeit von der wiedererstehenden deutschen Einheit, die von den Fürsten bewilligt oder vom Volke erkämpft werden müsste. Man klatschte in die Hände, man schrie, man umarmte sich, man weinte.«

Doch mitten im Taumel der Erregung ein schreckliches Gerücht aus Berlin: Wilhelm, Prinz von Preußen, habe seinen Soldaten befohlen, mit Kartätschen auf das dort ebenfalls revoltierende Volk zu schießen. Das Wort »Kartätschenprinz« ist geboren.

Schurz ist jetzt neunzehn Jahre alt: »Ich erinnere mich, von dem, was vorging, so gänzlich erfüllt gewesen zu sein, dass ich meine Gedanken kaum etwas anderem zuwenden konnte. Ich war wie manche meiner Freunde von dem Gefühl beherrscht, dass endlich die große Gelegenheit gekommen sei, dem deutschen Volke seine Freiheit und dem Vaterlande seine Einheit und Größe wiederzugewinnen, und dass es nun die erste Pflicht eines jeden Deutschen sei, alles zu tun und alles zu opfern für diesen heiligen Zweck.«

Das rebellische Fieber ist also in Schurz entfacht. Ein Revolutionär ist er damit im Frühjahr 1848 noch nicht. Doch er riskiert, trotz seiner Schüchternheit, schon eine eigene Meinung. Eine Gabe, die ihm wohl angeboren ist. Die aber auch von seinen Lehrern und vor allem seinen Eltern gefördert wurde, die ihn und die drei Geschwister zu offenen, selbstbewussten Menschen erzogen haben.

Das jedoch war ziemlich ungewöhnlich in einer Zeit, in der Befehlen und Gehorchen das Leben der meisten Deutschen bestimmte. Eine Zeit des Stillstandes, die wir heute gern als biedermeierliche Idylle verklären, in der die Gesellschaft in Wahrheit bereits in eine Schieflage geraten war. Gegen diese Lähmung haben Autoren wie Ferdinand Freiligrath, Georg Herwegh oder Heinrich Heine heftig polemisiert. Besonders von Heine war Schurz hingerissen. Wie Heine seinen Spott über das biedermeierlich kraftlose Land schüttete, das kam ihm »wie eine neue Offenbarung« vor:

»Wir schlafen ganz, wie Brutus schlief –
Doch jener erwachte und bohrte tief
In Caesars Brust das kalte Messer!
Die Römer waren Tyrannenfresser.

Wir sind Germanen, gemütlich und brav,
Wir schlafen gesunden Pflanzenschlaf.
Und wenn wir erwachen, pflegt uns zu dürsten,
Doch nicht nach dem Blute unserer Fürsten.

Wir haben sechsunddreißig Herrn
(Ist nicht zuviel!) und einen Stern
Trägt jeder schützend auf seinem Herzen,
Und er braucht nicht zu fürchten die Iden des Märzen.

Wenn unser Vater spazieren geht,
Ziehn wir den Hut mit Pietät;
Deutschland, die fromme Kinderstube,
Ist keine römische Mördergrube.«

Aber der industrielle und der gesellschaftliche Aufbruch sind nicht mehr zu stoppen. Im Königreich Preußen dagegen, zu dem ja auch große Teile des Rheinlandes gehörten, vollzog sich dieser Prozess viel langsamer als beispielsweise in England, »... weil die politische Herrschaft eines Staatsapparates, der noch feudale Interessen vertrat, sich von wirtschaftlicher Vernunft nicht leiten ließ«.

Gleichzeitig gab es an den Universitäten viele Studenten, die von der autoritären Muffigkeit des Biedermeiers genug hatten, die hungrig auf Veränderungen waren. Die mehr als den vorgeschriebenen Lernstoff wussten, die sich nicht länger von bürokratischen Strukturen bevormunden lassen wollten. Es gab Professoren wie Gottfried Kinkel in Bonn, die sich mit ihren Studenten solidarisierten und die alten Zöpfe abschneiden wollten. Doch wie – das wussten selbst sie nicht so richtig.

In Bonn wurde in unzähligen Versammlungen endlos debattiert. Oft mit Schurz als staunendem Beobachter – bis zu jenem Abend in der Aula der Universität, an dem er aktiv werden sollte.

»Der Saal war gedrängt voll, und ich stand mitten in der Menge. Über den Gegenstand, der zur Verhandlung kam, hatte ich viel nachgedacht und mir eine Meinung gebildet; aber ich war nicht zur Versammlung gegangen mit dem Vorsatz, an der Debatte teilzunehmen.«

Da hört Schurz einen Redner etwas sagen, das seiner Ansicht stark widerspricht, das ihn aufregt: »Einem plötzlichen Impuls folgend, verlangte ich das Wort und fand mich im nächsten Augenblick zur Versammlung sprechend. Ich habe mir später nie wieder das zurückrufen können, was ich sagte. Ich erinnere mich nur, dass ich mich in einem mir bis dahin unbekannten nervösen Zustande befunden, dass ich am ganzen Leibe gebebt, dass mir Gedanken und Worte in einem ununterbrochenen Strome zuflossen, dass ich mit ungestümer Schnelligkeit gesprochen und dass der darauf folgende Beifall mich fast aus einem Traum aufgeweckt hatte. Das war meine erste öffentliche Rede.«

Nach dieser Premiere kommt der Dekan der Philosophischen Fakultät auf Carl zu und legt ihm die Hand auf die Schulter:

»Wie alt sind Sie?«

»Neunzehn Jahre.«

»Das ist schade. Man wird nun bald eine Nationalversammlung wählen – aber Sie sind zu jung, um dort Mitglied zu werden.«

Schurz wird rot bis über beide Ohren. Er ist zwar nicht ohne Ehrgeiz, aber an Selbstüberschätzung leidet er nun wirklich nicht: »Ich fürchtete, der Professor habe sich einen Spaß mit mir erlaubt.«

Doch das ist kein Spaß mehr. Carl, der sich bisher noch in einem Kokon politischer Unschuld ausruhen durfte, wird jetzt wie ein Schmetterling fliegen lernen müssen. Wird seine Ansichten vertreten, wird agitieren und für seine Überzeugungen kämpfen müssen. Er muss durchdacht haben, was er hinterher aussprechen wird. Das bedeutet: Er muss sich über seine moralischen Standpunkte klar sein, wenn er sie künftig vertreten will.

Da ist, zum Beispiel, das Schießen, das er so liebt. Schon als Gymnasiast war er Schützenkönig in Liblar: »Ich setzte die Büchse an die Schulter mit dem Gefühl, als ob dieser Schuss das ganze Schicksal meiner Zukunft enthalte. Mit mächtiger Anstrengung zwang ich mich zur Kaltblütigkeit.«

Das Duell jedoch – ob mit Pistole oder Degen – lehnt Carl als »Überbleibsel der Barbarei vergangener Zeitalter« konsequent ab. Und obwohl er persönlich als vorzüglicher Fechter gilt, verurteilt er die Schmisse bei den Mitgliedern schlagender Verbindungen: »Der Student, der auf diese Weise sein Gesicht mit einem Netz von garstigen Schmarren verunstaltet, will als Held gelten. Doch man hat zu oft die Erfahrung gemacht, dass die kampflustigsten Studenten im späteren Leben die servilsten Augendiener wurden.«

Auch die Saufabende in den Burschenschaften sind dem jungen Schurz zuwider. Er »kneipt« lieber maßvoll – auch in seiner »Frankonia«. Das kommt von einem Erlebnis in der Kindheit. Ein leichtsinniger Onkel hatte Carl und seinen Bruder Heribert bei einem mehr als fröhlichen Leichenschmaus mit derart viel Wein abgefüllt, dass die Geschwister schließlich besinnungslos unterm Tisch lagen.

»Ich nahm von da an einen tiefen Ekel vor der Betrunkenheit mit mir ins Leben, und obgleich ich seitdem Wein oder Bier getrunken habe, wann es mir gefiel, so ist doch in der Tat jener Rausch mein einziger geblieben.«

Ein Genießer, der einen Rheinwein oder guten Bordeaux zu schätzen weiß, ist er trotz dieser Erfahrung geblieben. Was er, der Katholik, aber sein Leben lang verachten wird, ist Intoleranz gegenüber anderen Religionen oder Weltanschauungen: »Was mir nach wie vor am meisten widerstrebte, war der Glaubenssatz, dass die römische Kirche nicht allein die einzig wahre, sondern auch die allein seligmachende sei und dass es außerhalb derselben absolut kein Heil, sondern nur ewige Verdammnis gebe.«

Auch hierzu gibt es prägende Begegnungen in der Kindheit: Der Metzger in Carls Geburtsort Liblar war ein Jude, der, wenn auch mit gewisser Distanz, von den Dorfbewohnern akzeptiert wurde. Und Carls Vater, ein Mensch ohne Berührungsängste, war sogar mit Aaron, einem Juden aus dem Nachbardorf, befreundet.

»Mein Vater sagte mir, der alte Aaron, dessen Gesicht mir in der Tat immer besonders ernst und würdevoll vorgekommen war, sei nicht allein ein guter und rechtschaffener, sondern auch ein sehr kluger und aufgeklärter, ja weiser Mann – rechtlicher, tugendhafter und weiser als mancher Christ.«

Die Erkenntnis, die Carl aus den väterlichen Worten zog, fördert seine Toleranz, die nicht allein Juden oder Protestanten, sondern selbst »tugendhaften Heiden« zugute kommt: »Dabei blieb in mir ein starkes religiöses Bedürfnis tätig, eine tiefe Achtung vor dem religiösen Gedanken, und ich habe nie einem leichtfertigen Spötter über religiöse Dinge ohne Widerwillen zuhören können.«

Eine für jene Zeit ebenso ungewöhnliche Einstellung hat Schurz zur Todesstrafe. Er lehnt sie rundweg ab. Auch hier hat ein Erlebnis in der frühen Jugend seine Einstellung bekräftigt. In Köln gab es damals noch öffentliche Hinrichtungen. Ausgeführt durch das Fallbeil der Guillotine. Jenes Tötungsinstrument, das während der Französischen Revolution zum ersten Mal ausprobiert und dann unter Napoleon in vielen besetzten deutschen Provinzen angewandt wurde.

In Köln, wo Schurz das Gymnasium besuchte, war ein junger Mann, der seine Geliebte – vermutlich aus Eifersucht – erstochen hatte, zum Tod durch die Guillotine verurteilt worden. Carls Vermieter, ein Schlossermeister, bestand darauf, dass man sich dieses seltene Spektakel nicht entgehen lassen dürfe. So fand sich Carl mit dem Schlossermeister im Morgengrauen zwischen gierigen Gaffern, als das schreckliche Schauspiel auf einem Platz nahe dem Dom begann.

»Es herrschte tiefe Stille. Nur ein leises Summen schwebte über der Menge, das, als der Verurteilte ankam, ein wenig anschwoll, um dann für eine Weile ganz zu verstummen. So sah ich denn den Unglücklichen auf das Gerüst des Schafottes treten. Sofort schnallten ihm die Gehilfen des Scharfrichters ein Brett vor den Körper, das von den Füßen bis zu den Schultern reichte, den Hals frei lassend. Er blickte hinauf zu dem Fallbeil, das vor ihm zwischen zwei durch einen Querbalken verbundenen Pfosten hing. Rasch wurde er vornüber gestürzt und vorgeschoben, so dass sein Hals zwischen den beiden Pfosten lag. Im nächsten Augenblick schoss wie ein Blitz das Beil herab, den Kopf von den Schultern trennend.«

Schweigend zerstreute sich die Menschenmenge, während das Schafott wieder abgebrochen und die Lache von Menschenblut auf der Erde mit Sand bedeckt wurde. Und die Morgensonne schien heiter von der Höhe des Doms auf den Richtplatz hinunter ...

Schurz: »Ich erinnere mich, dass ich ein inneres Beben und Schaudern mit mir nach Hause trug und dass ich mein Frühstück nicht genießen konnte. Um keinen Preis hätte ich seither wieder eine Hinrichtung sehen mögen.«

RASTATT, 24. JULI 1849

Noch immer verbergen sich Schurz, Neustädter und Adam im strömenden Regen hinter dem Holzstapel am Ende des Grabens. Bis auf gelegentliche, mutwillige Gewehrsalven der siegreichen Preußen liegt eine bedrohliche Ruhe über der aufgegebenen Stadt.

Achtzig Bürger hat Prinz Wilhelm bisher von seinen Soldaten verhaften lassen. Im Ahnensaal des prunkvollen, von Versailles inspirierten Barockschlosses tagt bereits ein Standgericht, um die Todesurteile für die Aufmüpfigsten der Revolutionäre vorzubereiten. Etwa 5 500 Gefangene befinden sich jetzt in den Kasematten und rufen vergebens nach Wasser und Brot. Ähnlich prekär – zumindest in dieser Hinsicht – ist die Lage der drei jungen Männer hinter dem Holzstapel:

»Wir fingen an, durstig und hungrig zu werden und hatten weder einen Bissen noch einen Schluck. Der Rest unseres Branntweins war auf dem eiligen Lauf von dem Kanal zum Haus der Base verloren gegangen.«

Gegen Mittag Schritte im Garten. Schurz blickt vorsichtig aus dem Versteck und entdeckt einen Mann mit einer Säge in der Hand. Ein Arbeiter offensichtlich und damit hoffentlich ein Sympathisant der Revolution. Carl wirft einen Holzspan in seine Richtung und hustet leise. Der Mann wird aufmerksam und kommt näher.

»In aller Schnelligkeit erklärte ich ihm unsere Lage und bat ihn, uns ein sicheres Unterkommen zu schaffen und auch etwas zu essen, da unser letzter Bissen verzehrt sei.«

Schon nach einer halben Stunde ist der Mann wieder zurück. Leider ohne Vorräte. Dafür hat er ein Versteck anzubieten. Es ist ein Verschlag am Schuppen nebenan, durch den man, nachdem einige Bretter entfernt seien, in einen winzigen Raum unter dem Scheunendach gelangen könne. Auch für Proviant werde gesorgt.

»Unser Gemach war gerade groß genug, dass wir drei mit unseren nassen Kleidern bequem darin liegen konnten. Aber wir fühlten uns, vorläufig wenigstens, sicher. Wir warteten, hörten die Turmuhr zwei Uhr schlagen, und drei, und vier, aber unser Mann kam noch immer nicht zurück.«

Und als sei ihr Martyrium – Hunger, Durst und Enge – noch nicht groß genug, wird es im Schuppen unter ihnen jetzt sehr lebhaft. Preußische Kavalleristen, die hier mit ihren Pferden übernachten sollen, sind eingetroffen.

»Unsere Lage wurde nun wieder äußerst kritisch. Wäre es einem der Soldaten eingefallen nachzusehen, was es in dem Dachraum geben möchte, wäre unsere Entdeckung unvermeidlich. Irgend ein Geräusch, ein Husten oder Niesen unsererseits würde uns verraten haben.«

So liegen sie also still »wie Tote«. Und bald wird es auch ruhiger unten. Sie hören Schnarchen und von Zeit zu Zeit Schritte. Wahrscheinlich die Stallwache.

»Wir fürchteten uns, selbst zu schlafen, obgleich wir sehr erschöpft waren. Schließlich aber verständigten wir uns mit leisem Geflüster, abwechselnd zu schlafen und zu wachen und den jeweiligen Schläfer zu wecken, wenn er zu laut atmete.«

So geht die Nacht vorüber und der Morgen bricht an: »Aber unser Helfer kam noch immer nicht. Mittag, Nachmittag, Abend – der ganze zweite Tag dahin – aber von unserem Freunde keine Spur. Da lagen wir still und steif, von feindlichen Soldaten umgeben, und mit jedem Augenblick schien die Aussicht auf Hilfe immer mehr zu schwinden.«

Noch quälender als der Hunger wird nun der Durst. Draußen regnet es wieder in Strömen. Doch das ist diesmal ein Glück, weil der Regen durch ein winziges Loch im Dach auf die drei Liegenden herabtröpfelt. Carl kommt auf die Idee, das Wasser mit der hohlen Hand aufzufangen. Das stillt ein wenig den Durst, ändert aber nichts an der trostlosen Situation. Drei Tage und zwei Nächte sind sie jetzt ohne jede Nahrung: »Ein ungewohntes Gefühl der Schwäche trat ein. Wir erkannten die Notwendigkeit, selbst einen Versuch zu unserer Rettung zu machen, ehe unsere Kräfte gänzlich schwanden.«

Und wieder hat Carl, der auch in scheinbar aussichtslosen Minuten das Wort »aufgeben« nicht akzeptieren will, eine Idee: »Neustädter, haben Sie nicht, als wir über das Brennholz kletterten, ein kleines Häuschen bemerkt, das etwa fünfzig Schritt von hier steht? Da muss ein armer Mann wohnen, wahrscheinlich ein Arbeiter. Einer von uns muss zu ihm ins Haus gehen und zusehen, ob er uns helfen kann. Ich würde gern selbst hingehen, aber ich müsste über Sie klettern – und das könnte ein Geräusch geben. Wollen Sie es versuchen?«

»Ja«, flüstert Neustädter.

Carl, der vom letzten Sold noch etwas übrig behalten hat, steckt ihm seinen Geldbeutel zu.

»Geben Sie dem Mann, soviel er will. Sagen Sie ihm, er soll uns etwas Brot und Wein oder auch nur Wasser beschaffen und sich erkundigen, ob die preußische Postenkette noch um die Festung herum steht. Sind die Posten abgezogen, so können wir morgen Nacht noch einmal den Versuch machen, durch den Kanal fort zu kommen.«

Neustädters riskantes Unternehmen gelingt. Schon nach einer halben Stunde ist er zurück. Mit Brot und einem vom Baum gepflückten, noch grünen Apfel. Das Erstaunliche aber ist: Der Mann in dem kleinen Haus nebenan will tatsächlich helfen.

Doch wieder vergehen unruhige Stunden. Erst am nächsten Mittag rumort es plötzlich unter dem Versteck im Schuppendach. Ein leises Husten – und gleich danach taucht ein Kopf in der Öffnung der Bretterwand auf. Der Retter mit zwei Flaschen Wein, ein paar Würsten, einem großen Laib Brot und einer guten Nachricht: »Die preußischen Wachtposten sind nicht mehr draußen. Sagt mir, was ich tun soll.«

Längst ist Carl klar, dass es nur diesen einen Fluchtweg gibt: Mit dem Boot über den nahe gelegenen Rhein nach Frankreich. Der Mann muss ihnen also einen Kahn besorgen. Um Mitternacht soll er dann am Kanalausgang am Steinmauerner Tor warten, bis ein kurzer Pfiff ertönt, der die Ankunft der drei Flüchtenden signalisiert.

Carl gibt dem Mann noch etwas Geld. Der verspricht sein Möglichstes zu tun – bevor er so lautlos verschwindet, wie er gekommen ist.

»Nun hielten wir ein königliches Mahl, währenddessen unsere gute Laune es uns sehr schwer machte, die nötige Stille zu bewahren. Umso länger schienen uns die folgenden Stunden. Sie waren voll Hoffnung und Besorgnis.«

BONN, MAI 1848

Schon seit Ausbruch der Revolution im Frühjahr 1848 kennt Schurz diese zwiespältige Stimmung zwischen Hoffen und Bangen. Und auch das hat er mehr als einmal erlebt: Immer wenn die Hoffnung am größten war, ist es prompt zur Gegenreaktion gekommen. War aus Erwartung Enttäuschung geworden. Denn wie hoffnungsvoll hatte doch alles begonnen – mit Carl und seinem »hoch verehrten« Professor Kinkel, dem Mitbegründer der demokratischen *Bonner Zeitung*.

Der Neunzehnjährige ist keineswegs nur Kinkels Redakteur, sondern bereits der Kopf der Bonner Studentenbewegung. Mit »draufgängerischem Elan« kämpft er für eine Universitätsreform, von der er nichts weniger erwartet als die Bildung einer großen deutschen Studentenschaft und die vollständige Abschaffung der staatlichen Kontrollen. Im Laufe dieses Kampfes entwickelt sich der junge Mann im »Studentengewand, dem schwarzen Sammetrock und den hohen Stiefeln« zu einem brillanten Redner. Sein Freund und Kommilitone, der spätere Romancier Friedrich Spielhagen, hat ihn dabei bewundernd beobachtet:

»Es war in seiner Rede ein geradezu himmlisches Feuer, im Vergleich zu welchem das Pathos der anderen hohl und nichtssagend erschien. Denn das war das Charakteristische seiner Art zu reden, dass darin so gar nichts Gemachtes war, so absolut nichts, was auf einen Effekt berechnet schien, selbst in den Augenblicken nicht, wo er, die langen Locken nach hinten schüttelnd, einen Moment schwieg, bevor er dem Gegner einen besonders gewichtigen Satz entgegenschleuderte. Man fühlte, es war keine Kunstpause gewesen, nur das Niederducken des Löwen vor einem gewaltigen Sprunge.«

Um so unverständlicher dagegen Carls verschämtes Verstummen beim Anblick seiner ersten großen Liebe. »Wir wollen sie Betty nennen«, hat er, ihren richtigen Namen verschweigend, in seinen Lebenserinnerungen geschrieben. Was aber ist damals passiert zwischen Betty und Schurz?

Seit Wochen schon schwärmt Carl für ein Mädchen, das ihm unerreichbar scheint. Nur wenn sie am Fenster sitzt, diese »Betty«, wagt er es, sie zu bewundern. Schon weil sie weit häufiger als eine Stickerei ein Buch in der Hand hat. Von Freunden erfährt er, dass sie die Tochter eines kleinen Kaufmannes ist und – man staune – Shakespeare sogar auf Englisch liest.

»Ich hielt sie für sehr schön ... und nach allem, was ich später über sie erfuhr, war sie wirklich ein für ihren Stand ungewöhnlich gebildetes und in jeder Hinsicht vortreffliches Mädchen.«

Der junge Schurz, der keine Hemmungen kennt, seine politischen Ansichten rhetorisch glänzend zu vertreten, ist als Verliebter grenzenlos schüchtern. So wird der erste Kontakt zu der Angebeteten zu einer Begegnung der sonderbarsten Art. Für Kinkels *Bonner Zeitung* darf Carl auch Theater- und Opernkritiken verfassen. Eines Abends sitzt er in seiner Theaterloge – Flotows »Martha« wird aufgeführt –, als er zwei Damen in der vorderen Reihe der Loge nebenan Platz nehmen sieht:

»Ich traute meinen Augen kaum – mein Herz machte einen großen Sprung –, als ich Betty erkannte, nur durch die niedrige Scheidewand der Logenfront wie durch den Arm eines Lehnsessels von mir getrennt.«

Er bekommt mit, dass Betty kein Opernglas dabei hat. Natürlich ist das die Gelegenheit, sie endlich mal anzusprechen – indem er ihr sein Opernglas offeriert: »Ich hatte mich schon halb umgewendet, als ich fühlte, wie eine glühende Röte mein Gesicht übergoss und das Herz mir bis in die Kehle schlug. Ich hätte kein Wort hervorbringen können. Männern gegenüber hatte ich meine kindische Schüchternheit einigermaßen überwunden; aber die Gegenwart dieses Mädchens machte mich hilflos. Nein, ich konnte sie nicht anblicken und meine Zunge versagte den Dienst. Ich wandte mich wieder zurück, und dann saß ich da die ganze ›Martha‹ hindurch in brennender Seelenqual.«

Schließlich ist die Vorstellung zu Ende. Betty und ihre Mutter erheben sich und Carl stürzt, mit einer Riesenwut auf seine Schüchternheit, hinaus in die Nacht: »Wie oft sagte ich mir die Worte vor, die ich hätte an Betty richten sollen! Aber schon bald traten Ereignisse ein, die mich aus all meinen bisherigen Lebensverhältnissen für immer herausrissen.«

Tatsächlich: Die Ereignisse überstürzen sich. Im September 1848 bricht Carl zu seiner ersten großen Reise auf. Als Vertreter der Bonner Studentenschaft will er im thüringischen Eisenach an einem Studentenkongress teilnehmen. Mit dem Schiff fährt er bis Mainz. Es ist ein herrlicher, sonniger Spätsommertag. Noch ahnt Schurz nicht, was er in Frankfurt am Main, seiner Zwischenstation, erleben wird. Nur einen Besuch des Nationalparlaments in der Paulskirche hatte er dort eingeplant. Doch in Frankfurt ist der Teufel los. Zwei Abgeordnete sind gerade ermordet worden. Aus Wut über das Parlament, das nach dem ruhmlosen schleswig-holsteinischen Krieg nun doch einen Waffenstillstand zwischen Preußen und Dänemark abgesegnet hat. Durch eine unselige Allianz aus Mob und Rebellen war die Auseinandersetzung auf die Straße geraten. Jetzt hat das Militär eingegriffen, um den Aufstand niederzuschlagen.

»Die Barrikaden waren noch nicht ganz weggeräumt; das Pflaster war noch mit Blutspuren bedeckt; überall hörte man den schweren Tritt von Patrouillen.«

Irritiert reist Schurz weiter nach Eisenach – und dort ist die Stimmung überraschend heiter. Studenten von deutschen, aber auch österreichischen Universitäten sind hier zusammengetroffen, um eine Organisation zu gründen, die endlich eine Hochschulreform durchsetzen soll. Es wird viel diskutiert und noch mehr gefeiert. Im Mittelpunkt stehen die Studenten aus Wien mit ihrer extravaganten Kleidung. Schurz, der einfallsreiche Kostümierung ebenfalls schätzt, hat sich genau gemerkt, was die »Wiener« tragen: »Schwarze Filzhüte mit Straußenfedern; dunkelblaue Röcke mit einer Reihe schwarzer glänzender Knöpfe; schwarz-rot-goldene Schärpen; hellgraue Hosen; Schleppsäbel mit stählernem durchbrochenem Korbgriff; silbergraue Radmäntel, mit Rot gefüttert.«

Doch nicht nur das attraktive Äußere der Wiener – auch ihre Geschichte betört die übrigen Studenten. Denn die Wiener haben ja bereits aktiv revoltiert. Ihnen ist es gelungen, den verhassten Fürsten Metternich zu stürzen und sich mit Bürgern und Bauern zu solidarisieren. Die schmucken Wiener sind – auch für die Eisenacher Mädchen – die Sensation.

Erfolgreich geht der Kongress zu Ende. Eines Nachmittags ziehen alle gemeinsam – die Studenten und große Teile der Eisenacher Bevölkerung – zur nahen Wartburg hinauf, die schon seit den Freiheitskriegen Schauplatz eindrucksvoller Studentendemonstrationen gewesen ist. Mit dabei sind auch Soldaten aus Weimar, die zur Zeit hier stationiert sind. Reichlich Bier wird getrunken. Politische Reden werden gehalten. Vor allem gegen den König von Preußen: »Allmählich erhitzten sich die Köpfe, und ehe wir's uns versahen, warfen mehrere der Soldaten ihre Mützen in die Luft und erklärten, dass sie sich unter den Befehl der Studenten stellen wollten.«

Schurz geht besorgt zu Bett. Er fürchtet, dass die Soldaten von ihren Vorgesetzten gemaßregelt werden könnten. Am nächsten Morgen erfährt er, wie das ausgelassene Fest nachts noch weiter gegangen ist. In einem Vergnügungslokal war weiter getrunken und fraternisiert worden. Immer wieder hatten immer mehr Soldaten die Republik hochleben lassen. Und das, obwohl inzwischen einige Offiziere erschienen waren und auf sofortige Rückkehr in die Kasernen pochten. Doch die Soldaten weigerten sich. Das grenzte an Meuterei. Und jetzt am Morgen verlangen die Soldaten sogar, dass sich die Studenten an ihrem Widerstand beteiligen sollen. Gleichzeitig kommt der telegrafische Befehl, dass das Militär sofort per Eisenbahn nach Weimar zurücktransportiert werden soll.

»Aber die Soldaten weigerten sich standhaft, zu gehen. Nun wurde die Bürgerwehr von Eisenach aufgeboten, um die Soldaten zum Abmarsch zu zwingen. Aber als die Bürgerwehr in Reih und Glied auf dem Markt aufgestellt war, zeigte sie nicht die geringste Lust, einen solchen Auftrag zu übernehmen. Auch sie amüsierte sich damit, den Studenten Hochrufe zu bringen.«

Das ist die Sekunde, in der aus Sorglosigkeit bitterer Ernst werden kann. Schurz und ein paar Kommilitonen versuchen den Offizieren einzureden, dass alles nur ein Studentenstreich gewesen sei. Schließlich gelingt ihre Überzeugungsarbeit. Und wie durch ein Wunder kommen die Soldaten ohne Bestrafung davon: »Glücklicherweise war es damals in deutschen Kleinstaaten noch möglich, derartige Dinge auf so gemütliche Weise beizulegen.«

In Wien dagegen holt die Reaktion gerade zum Gegenschlag aus. Überstürzt reisen die österreichischen Studenten ab. Ihre Abschiedsworte klingen düster: »In wenigen Tagen werden wir in Wien eine Schlacht zu schlagen haben. Und dann könnt ihr auf den Totenlisten nach unseren Namen suchen.«

RASTATT, 28. JULI 1849

Zwei Uhr nachmittags! Eine Gewehrsalve schreckt Schurz und seine beiden Gefährten in ihrem engen Versteck unterm Dach auf.

»Was ist das?«, flüstert Neustädter. »Da erschießen sie wohl einen?«

Eine Stunde später Tumult unten im Schuppen. Die preußischen Reiter ziehen endlich ab. Aber schon kann man hören, wie neue Husaren in den Hof preschen, unten Quartier nehmen und wild zu feiern beginnen.

»Gegen Abend schien sich eine große Menge zu versammeln, und wir unterschieden auch weibliche Stimmen darunter. Dann erklang eine Trompete, die Walzerweisen spielte, wozu die lustige Gesellschaft tanzte. Dies war uns nicht unlieb, denn wir erwarteten, dass nach einem solchen Vergnügen, bei dem es nicht ohne tapferes Trinken abging, die Husaren nur umso tiefer schlafen würden. Gegen neun Uhr zerstreute sich die Menge, und es würde alles still geworden sein, hätte nicht einer der Husaren eine Rastatter Maid zurückgehalten.«

Was Schurz nicht wissen kann: Das Husarenliebchen stammt nicht aus Rastatt. Denn es ist verbürgt, dass die Rastatterinnen mit den brutal gegen die Bevölkerung vorgehenden Besatzungstruppen nichts im Sinn hatten. Wie auch viele andere Einwohner der Stadt, den die Preußen vorwarfen, zu einseitig Partei für die gefangenen Revolutionäre zu nehmen.

Was aber die amouröse Seite betraf, sah der neue preußische Kommandant von Gansauge nur einen Ausweg: Ein Bordell musste her – mit »Damen« aus Mannheim. Doch das empörte wiederum so manchen badischen Kirchenvertreter, was die Antipathie weiter hochschaukelte. Von der Kanzel wetterte Kaplan Theodor Rößler aus Baden-Baden gegen das Bordell, und die Gemeinde spendete Beifall. Was den preußischen Kommandanten derartig erboste, dass er den Priester zu sich befahl und ihm lapidar erklärte: Soldaten brauchten nun mal einen »Abtritt«.

21 Uhr! Endlich wird es ruhiger im Schuppen. Nur ein einzelnes Mädchen kichert noch unten mit ihrem Husaren – bis nach einer Stunde auch sie mit ihm hinaus in die Nacht verschwindet. Das wurde auch Zeit, wenn die Flucht aus Rastatt gelingen sollte.

Glockenschlag elf kriecht Neustädter vorsichtig aus der Öffnung in der Plankenwand, tritt auf das aufgeschichtete Brennholz und erreicht mit einem Sprung den Boden.

Schurz folgt ihm: »Meine Beine waren durch das viertägige, bewegungslose Liegen steif geworden, und als ich meinen Fuß auf den Holzhaufen setzte, fielen mehrere Scheite mit großem Geräusch zur Erde.«

Ausgerechnet in diesem Augenblick naht eine Patrouille. Carl kann gerade noch Adam warnen. Dann verbirgt er sich, bis die Wache vorbei ist und er hinter Neustädter zum Haus ihres Fluchthelfers spurten kann. Wenige Minuten danach trifft auch Adam ein.

»Die Frau unseres Freundes hatte eine köstliche Rindfleischsuppe mit Reis für uns zubereitet. Nachdem die Suppe, das gesottene Fleisch und gebratene Kartoffeln unsere Kräfte gestärkt hatten, machten wir uns auf den Weg.«

Vor dem Eingang zum Kanal jedoch ein neues Problem. Nur ein paar Schritte davon entfernt marschiert ein Wachtposten auf und ab. Was tun? Carls Vorschlag: Jedes Mal, wenn der Mann ihnen den Rücken zudreht, soll einer von den dreien blitzschnell im Kanal verschwinden.

Das gelingt. Nach wenigen Minuten sind alle in der Röhre, kriechen bis zu ihrer »Bank« und ruhen dort auf dem Brett kurz aus. Weiter geht es bis zum Gitter. Wie schon vor ein paar Tagen robben sie darunter durch und erreichen den Ausgang.

»Wir standen nochmals still, um unsere Pistolen fertig zu machen – ob sie nach der Durchnässung hätten abgefeuert werden können, ist fraglich –, denn nach allem, was wir gelitten, waren wir nun zum Äußersten entschlossen, um uns den Weg zu bahnen.«

Der Ausgang aber ist frei, die Postenkette tatsächlich verschwunden. Schurz pfeift leise, wie vereinbart, und schon ist ihr Helfer zur Stelle. Nun beginnt ihr Fußweg zum Rhein, an dessen Ufer ein Boot auf sie wartet. Nach einer Stunde ist das Dorf Steinmauern erreicht. Von dort aus geht es durch urwaldähnliche Auen hinunter zum Fluss. Nach dem großen Regen in den letzten Tagen schwirren in dieser Nacht hier Millionen Mücken, die unbarmherzig stechen. Es handelt sich um eine besonders gefährliche Mückenart, die sogar Malaria auslösen kann – eine Erkrankung, die im 19. Jahrhundert noch häufig in dieser sumpfigen Gegend auftritt. Nur mühsam kommen die vier voran. Umgestürzte Baumstämme und abgestorbene, wie Lianen hängende Äste versperren ihnen immer wieder den Weg.

Der Rhein ist an dieser Stelle im Sommer 1849 noch nicht reguliert. Das wird erst 1862 passieren – nach Plänen des Karlsruher Ingenieurs

Gottfried Tulla. Jetzt ist der Strom noch ein heimtückisches, für die Schifffahrt gefährliches Gewässer mit zahllosen Haupt- und Nebenarmen.

Eine fast tropische Schwüle hängt über dem nächtlichen Fluss. Als Schurz und seine Gefährten das Ufer erreichen, entdecken sie den angeheuerten Kahn, der sie hinüber nach Frankreich bringen soll. Es ist ein in dieser Gegend übliches extrem flaches Boot, das kaum auf Grund laufen kann. Ein schlafender Mann liegt darin, der sich nur ungern wecken lässt.

»Fünf Gulden kostet die Überfahrt«, sagt er gähnend.

Der Abschied von ihrem Retter, der nun seinen Namen – Augustin Löffler – nennt, fällt schwer.

Es ist eine helle Mondnacht. Trotzdem kann man nichts vom Ufer gegenüber sehen. Nach kurzer Fahrt setzt der Bootsmann die drei Flüchtlinge in einem dichten Weidengestrüpp gegen drei Uhr morgens an Land. Weil kein Weg zu erkennen ist, wird beschlossen, auf alten Baumstümpfen sitzend, den Tag abzuwarten.

»In der Morgendämmerung brachen wir auf, um das nächste elsässische Dorf zu suchen. Bald aber entdeckten wir, dass wir auf einer Insel gelandet waren. Wir fanden ein kleines Haus, das ungefähr in der Mitte der Insel stand und das Häuschen eines badischen Zollwächters zu sein schien. So waren wir also noch in ›Feindesland‹, und der Bootsmann hatte uns getäuscht.«

Glücklicherweise aber ist das elsässische Ufer näher als gedacht. Bei Sonnenaufgang entdecken die Flüchtlinge drüben zwei französische Zöllner, winken ihnen zu und rufen, dass sie aus Rastatt geflohen seien. Sofort springt einer der beiden Elsässer in ein Boot und holt sie hinüber. In Münchhausen, dem nächsten Dorf, erfahren sie, dass im Städtchen Selz, nur ein paar Kilometer entfernt, weitere Flüchtlinge aus Baden gestrandet sind.

Schurz: »Als ich mich nun wirklich in Freiheit und Sicherheit wusste, war mein erster Impuls, nach dem viertägigen Schweigen oder Flüstern einmal laut zu schreien. Meinen Schicksalsgenossen war es ebenso zu Mute. Und so schrien wir denn nach Herzenslust.«

Vier Tage und Nächte hatten sie mit durchnässten Kleidern in Wasser, Schlamm und Staub gewatet und gelegen. Ihre Haare sind von Schmutz aneinander geklebt und ihre Gesichter kaum zu erkennen: »Am nächsten Bach genossen wir dann den unbeschreiblichen Luxus einer Wäsche, und so, zu menschlicher Erscheinung hergestellt, erreichten wir bald das Wirtshaus in Selz.«

Dort, in der kleinen elsässischen Stadt am Flüsschen Sauer, das hier in den Rhein mündet, treffen Schurz und seine beiden Gefährten jene Flüchtlinge, die ebenfalls aus Baden entkommen konnten. Aus Rastatt allerdings ist niemand dabei. Um so neugieriger ist man deshalb auf die Geschichte der gelungenen Flucht von Neustädter, Schurz und Adam. Doch jetzt wollen die drei nur einen Zuber mit warmem Wasser, Frühstück und für jeden ein Bett, in dem sie dann 24 Stunden lang schlafen. Erst danach beginnen die Flüchtlinge ihre Abenteuer miteinander auszutauschen – und Schurz erfährt entsetzt, wie es Kinkel ergangen ist:

»Er hatte sich einem Volkswehrbataillon angeschlossen und als gemeiner Soldat die Muskete in die Hand genommen. Als Kämpfender wollte er das Schicksal des Revolutionsheeres teilen. In einem Gefechte an der Murglinie wurde er durch eine feindliche Kugel am Kopfe verwundet, stürzte zu Boden und fiel den angreifenden Preußen in die Hände. Nun, hieß es, habe man ihn mit der gefangenen Besatzung in eine der Rastatter Kasematten gesteckt, um ihn von einem Kriegsgericht aburteilen und dann erschießen zu lassen.«

Es gibt Augenblicke im Leben eines Menschen, in denen er zurückblickt, zurückblicken muss, weil das bis dahin Erlebte in einem so rasenden Tempo abgelaufen ist, dass keine Pause des Nachdenkens möglich war. In diesem Zustand befindet sich hier im elsässischen Selz auch Carl Schurz. Und vieles, was er bisher an der Seite Kinkels erfahren, erkannt und gelernt hat, steht jetzt vor seinem inneren Auge: Wie sich der Student Schurz und der Professor Kinkel seit Ausbruch der Revolution menschlich immer näher gekommen waren. Wie im Laufe gemeinsamer Tätigkeiten das steifere Verhältnis zwischen Lehrer und Schüler immer kameradschaftlicher geworden, wie das formelle »Sie« in der Anrede schließlich dem vertraulichen »Du« gewichen war.

Und allmählich ist daraus eine Freundschaft geworden. Gemeinsam hatten Schurz und Kinkel in Bonn den »Demokratischen Club« gegründet, der aus Bürgern und Studenten bestand. Gemeinsam waren sie in die umliegenden Dörfer gewandert, um der dortigen Bevölkerung »das politische Evangelium der neuen Zeit zu predigen«. Gemeinsam hatten sie in der *Neuen Bonner Zeitung* gearbeitet. Und wie viel Vertrauen hatte

Kinkel dabei zu Carl gehabt, als er dem erst neunzehnjährigen Studenten im Februar 1849 die ganze Last der Redaktion aufbürdete, weil der Professor kurzfristig als Abgeordneter der Zweiten Preußischen Kammer nach Berlin übergesiedelt war.

Eine schwierige Zeit ist das für den jungen Schurz gewesen – auch in finanzieller Hinsicht. Carls Vater hat damals so gut wie nichts verdient. Die Familie baute auf die Unterstützung des Sohnes. Sein Redakteursgehalt aber war mehr als kläglich. Und so war er, was ihm schwer gefallen sein muss, Kinkel in einem Brief um mehr Geld angegangen.

»Ich gestehe«, hatte er geschrieben, »dass die unangenehme Einsicht in meine Vermögensverhältnisse für mich etwas sehr Unbehagliches hat. Man spricht zwar mit vieler Ruhe von dem notwendigen Ruin der Mittelklasse, aber selbst ein Opfer dieses allgemeinen Ruins zu sein, scheint uns doch etwas unbequem. ...

Gar mancher Weg, auf dem andere Studenten sich einen Erwerb eröffnen können, ist mir durch meine Parteistellung versperrt; wenn ich z. B. Privatstunden geben wollte, so würde mir keiner der vermögenden Bourgeois seinen Sohn anvertrauen wollen. ... Was nun die journalistische Tätigkeit angeht, so leben wir an einem ziemlich ungünstigen Punkte: Denn Korrespondenzen, von einem so unbedeutenden Orte wie Bonn aus geschrieben, werden wohl schwerlich klingender Münze wert erachtet.«

Es ist nicht bekannt, wie Carls Finanzprobleme damals gelöst worden sind. Ob sie einfach untergingen in den Wirren der wieder aufgeflammten Revolution? Kinkel jedenfalls ist Wochen später schon wieder zurück aus Berlin. Der König hat das preußische Parlament kurzerhand aufgelöst und seine Mitglieder nach Hause geschickt. Jetzt – so meinen Kinkel und seine Anhänger – bleibt nur noch der bewaffnete Widerstand. Mit Schurz hofft er, eine kampfkräftige Truppe gegen die Preußen aufzubauen. Aber eine Truppe ohne Waffen? Da erinnert man sich: Die Landwehren lagern ihre Waffen in so genannten »Zeughäusern«. Und das nächste Zeughaus befindet sich nur ein paar Stunden von Bonn entfernt in Siegburg.

Carl sieht noch die Bilder: Immer mehr kampfbereite Männer waren an jenem 10. Mai 1849 nach Kinkels glühendem Aufruf zusammengeströmt. Nachts wollen sie über den Rhein setzen und das Zeughaus in Siegburg stürmen.

Zuvor hatte Carl ein letztes Mal seine Eltern besucht. Noch einmal ist er in sein Zimmer gegangen: »Da waren meine Bücher und Manuskripte, alle von Plänen, Bestrebungen und Hoffnungen zeugend, die ich nun vielleicht auf immer hinter mir lassen sollte. Ich ließ alles liegen, wie es eben lag, kehrte der Vergangenheit den Rücken und ging meinem Schicksal entgegen.«

Aber wie erbärmlich sollte sie enden, diese erste revolutionäre Aktion, an der Carl beteiligt war! Unter dem Kommando des ehemaligen Artillerieleutnants Fritz Anneke ist er mit vielen anderen losmarschiert. Doch schon nach wenigen Kilometern hatten sich die ersten davongeschlichen. Und als kurz vor der Rheinübersetzung ein Trupp preußischer Dragoner gesichtet wird, verkrümeln sich immer mehr der revolutionären Aufrechten. Schließlich sind es nur noch zwanzig Aufständische. So wenige, dass die Dragoner, nachdem sie das Häuflein eingeholt haben, einfach daran vorbei reiten.

»Unser Unternehmen hatte also nicht nur einen unglücklichen, sondern einen lächerlichen, schmachvollen Ausgang genommen.«

Das sollte in Siegburg nicht wieder passieren. Auf dem Marktplatz fordert Schurz die wenigen, noch verbliebenen Aufständischen auf, das Zeughaus zu stürmen: »Meine Reden wurden immer heftiger, aber umsonst. Der Abend kam, die Menge verlief sich, und ich musste mir endlich gestehen, dass die Leute, die wir vor uns hatten, nicht zu einer entschlossenen Tat angefeuert werden konnten.«

Trotzdem ließ Carl sich nicht entmutigen. Mit seinem Freund Kinkel zog er weiter. Immer dorthin, wo die Revolution eine Chance hatte – oder auch nicht. Durch die Pfalz kämpften sie sich hinunter bis nach Baden, wo sich ihre Wege schließlich trennten. Und nun hat Schurz, der sich nach Frankreich retten konnte, in Selz erfahren, dass Kinkel zum Tode verurteilt werden soll: »Diese Nachricht erschütterte mich tief, dass ich der wieder gewonnenen Freiheit kaum froh werden konnte.«

Am nächsten Tag wandern Carl, Neustädter und Adam – ausgestattet mit provisorischen Reisepapieren – nach Straßburg. Dort müssen sie sich sofort auf der Präfektur melden. Adam, erfahren sie, kann zurück in seine pfälzische Heimat, weil er als Dienstbursche nicht aktiv am revolutionären Kampf teilgenommen hat. Neustädter und Carl dagegen müssen weiter. Sie nehmen den Zug bis kurz vor Basel. Die Schweizer Grenze wollen sie zu Fuß überwinden, um später in Zürich Asyl zu erbitten. Schurz weiß, dass er nun ein Heimatloser, ein Flüchtling ist, der polizeilich überwacht wird: »Ein drückendes Gefühl kam über mich.«

Das Wort »Angst« hat er vermieden.

BONN, ENDE JULI 1849

Angst, das ist sicher, werden Carls Eltern gehabt haben, als sie diese Zeilen im Abschiedsbrief ihres Sohnes lasen: »Alle Preußen sind standrechtlicher Behandlung unterworfen und verfallen dem Tode. Unter diesen bin auch ich ...«

Doch schon der nächste Gedanke von Marianne und Christian Schurz wird gewesen sein: Wenn unserem Sohn der Tod droht – wie können wir ihn retten? Erst dann werden sie sich gefragt haben: Waren wir nicht zu sorglos, als Carl sich der Revolution verschrieb? Hätten wir nicht auch an die Gefahren denken müssen? Trotz unserer Überzeugung, dass dieser Aufstand richtig gewesen ist?

Obwohl die Eltern von Carl Schurz ständig mit Geldproblemen kämpften, gehörten auch sie zum aufgeklärten Bürgertum. Auch bei ihnen zu Hause wurde viel gelesen, diskutiert, politisiert. Nicht nur im engeren Familienkreis. Man lud auch Gleichgesinnte ein oder ging mit ihnen in politische Versammlungen. In solchen Familien wurde die Bildung zum höchsten Gut. Es war selbstverständlich, dass man die Klassiker kannte und sie zitieren konnte. Dieses Bürgertum zeichnete sich durch einen freien Geist aus. Man pflegte Toleranz, war bereit, gemeinsam Konflikte zu lösen und war sich einig, den Begriff »Freiheitsliebe« mit Leben zu erfüllen. Familien wie die von Marianne und Christian Schurz waren Keimzellen eines demokratischen Bewusstseins und des Kampfes gegen die Vorherrschaft des Adels.

»Seit dem Ausbruch der Revolution hatten meine Eltern an der Entwicklung der Dinge das wärmste Interesse genommen«, schrieb Schurz in seinen Erinnerungen. »Sie waren immer für die Sache des einigen Deutschlands und einer volkstümlichen Regierung aufrichtig begeistert gewesen. Ihre politischen Gesinnungen stimmten daher mit den meinigen aufs innigste überein. Mein Vater war Mitglied des demokratischen Vereins und freute sich, mich unter den Führern zu sehen und

Carl Schurz

zu hören. Die edle Natur meiner Mutter hatte immer dem, was sie für recht hielt, mit tief enthusiastischem Eifer angehangen. Beide hatten den Gang der Ereignisse hinreichend beobachtet, um die Katastrophe kommen zu sehen.«

Eine Entwicklung jedoch, in der ihr Sohn nicht überleben würde, hatten Carls Eltern nicht erwartet. Und nun war er vielleicht schon tot. Christian Schurz zögerte keine Sekunde: Er machte sich auf den Weg nach Rastatt, um seinen Sohn zu suchen. Viel später erzählte er Carl, wie es ihm dort erging: »In Rastatt meldete ich mich bei dem preußischen Festungskommandanten, von dem ich hoffte, über dein Schicksal Näheres zu erfahren. Der Kommandant empfing mich freundlich ...«

Zweifellos hat Christian Schurz damals mit Major von Weltzien gesprochen. Hat aufatmend von ihm erfahren, dass Carl nicht auf der Gefangenenliste steht. Trotzdem darf er, mit einem preußischen Offizier an der Seite, nach seinem Sohn in den Kasematten forschen. Über Weltzien, den »freundlichen« Kommandanten, gibt es die unterschiedlichsten Beurteilungen: Einerseits galt der Pietist als »frömmelnder«, andererseits als »fürsorglicher Gefängnisdirektor mit sadistischen Neigungen«. Dokumentiert ist, dass er sich nicht scheute, Gefangene zu schlagen und als »gottverdammtes Gesindel« zu beschimpfen, während er für sie gleichzeitig Bibeln auslegen ließ. Weltzien war ein zwiespältiger Mensch, der mit weit über 5 000 Gefangenen bis an die Grenze seiner Leistungsfähigkeit gefordert wurde.

Ironie der Geschichte: Am 28. Juli 1852 – ein Datum also, an dem Carl Schurz bereits auf dem Atlantik seiner neuen Heimat USA entgegensegeln sollte – wurde dieser Major von Weltzien wegen »seines menschenfreundlichen Benehmens« zum Rastatter Ehrenbürger ernannt.

Aber war er denn wirklich »menschenfreundlich« gewesen, als er dem verzweifelten Christian Schurz die Suche nach seinem Sohn erlaubte? Wollte er ihn nicht vielleicht auch als Köder benutzen, um Carl, der ja auf der Fahndungsliste stand, zu identifizieren und ihm später den Prozess zu machen?

In der Festung hatte sich ein System der Demütigung entwickelt, das den Gefangenen die letzte Würde rauben sollte. Um ihren Willen zu brechen, gab es viele Methoden. Es wurde geprügelt und, bei Übertretung von Verboten, scharf geschossen – wenn auch bewusst vorbei. Bekleidung, Schmuck und Geld wurden den Inhaftierten weggenommen.

Ohne Verurteilung mussten sie in zerlumpten Sachen zur Zwangsarbeit antreten.

»Mit Gewehrkolben, sogar Bajonetten wurden sie zur Arbeit getrieben. Männer aus den besseren Ständen hantierten mit Schubkarren, Pickeln und Schaufeln. Die Furcht vor dem Kolben des Aufsehers auf dem Rücken spornte zu unausgesetzter Tätigkeit an. Schäden am Leib waren häufig die Folge. ... Ohne einen Schluck Wasser wich vielen rasch die Kraft. Mancher erhoffte, dem Elend durch Flucht zu entgehen – vielleicht sogar auf der Flucht umzukommen, denn die Preußen kannten gegenüber Flüchtlingen kein Pardon.«

Manchen Gefangenen gelingt die Flucht, nicht zuletzt durch die Unterstützung einzelner Rastatter. Die »Mitleidswelle katholischer Prägung«, wie sie ein Zeitzeuge nannte, »wirkte auf die Gefangenen außerordentlich ermutigend.« Sie wollten sich nicht widerspruchslos in ihr Schicksal fügen. Sogar eine Art organisierter Widerstand zeigte sich während der pompösen Siegesfeier der Preußen am 18. August. Ausgerechnet, als das Tedeum erklang, tönte aus den Kasematten provozierend das »Hecker-Lied«:

»Schmiert die Guillotine
Mit der Pfaffen Fett,
schmeißt die Konkubine
aus des Fürsten Bett.
An dem Darm des Pfaffen
hängt den Edelmann,
lasst ihn dran erschlaffen,
bis er nicht mehr kann.«

Auf diese Atmosphäre aus Furcht und neu erwachtem Widerstand traf Christian Schurz, als er drei Tage lang die Kasematten nach seinem Sohn durchstreifte. Viele Gefangene wurden von ihm ausgefragt. Einige erinnerten sich zwar an Carl. Doch keiner wusste, was aus ihm geworden war.

Und dann erkennt Carls Vater in einem der verwundeten Insassen Gottfried Kinkel. Ein bedrückendes Wiedersehen. Kinkel ist entsetzt, dass auch Carl in Gefangenschaft geraten sein soll.

»Ich habe gehofft, er ist längst sicher in der Schweiz«, sagt er zu Christian Schurz.

Allmählich dämmert dem Vater, dass seinem Sohn vielleicht die Flucht gelungen sein könnte. Er verlässt die Festung, irrt unruhig durch die Straßen von Rastatt und kommt schließlich mit einigen Bürgern ins Gespräch. Von ihnen erfährt er: »Drüben im Elsass, in Selz, sollen mehrere Flüchtlinge aus Baden eingetroffen sein.«

Ohne zu zögern fährt Christian Schurz nach Selz, erhält dort die Nachricht, dass sein Sohn gerettet, wahrscheinlich schon in der Schweiz ist – und jubelt: »Der Schwerenotsjunge! Nun muss ich schnell heim, um es der Mutter zu erzählen.«

AN BORD DER »CITY OF LONDON«, ANFANG SEPTEMBER 1852

Sekundenlang sitzen die Zuhörer regungslos, nachdem Schurz den Bericht über seine gelungene Flucht aus Rastatt beendet hat. Dann aber springt der amerikanische Professor auf.

»Bravo, Carl!« Er hebt sein Weinglas.

»Ich kann nur wiederholen: Sie sind ein Schwere... Wie hat Sie Ihr Vater doch gleich genannt?«

»Ein Schwe-re-nots-junge«, lacht Margarethe Schurz und streichelt Carls Arm. Sie sitzt heute zwischen ihrem Mann und dem Yale-Professor. Ihr Lachen ist so ansteckend, dass die kleine Gesellschaft auf dem Oberdeck einstimmen muss. Es ist der zweite Abend nach Tagen stürmischer See, den man nach dem Dinner hier draußen heiter ausklingen lassen kann.

Nur der Kapitän der »City of London« ist beunruhigt: Sein Dreimaster steckt nun schon einen Tag lang in der Flaute, die die Fahrzeit gewaltig zu verlängern droht. Vielleicht sollte er mit der verbliebenen winzigen Brise nach Süden segeln, um sich von dort aus mit dem Passatwind Richtung New York treiben zu lassen ...

»Ich muss gestehen«, lacht Margarethe, »dass selbst für mich manches neu ist, was Carl uns bisher erzählt hat. Schließlich sind wir ja noch kein gelangweiltes, altes Ehepaar, das alles voneinander weiß.« Wieder lacht sie so hinreißend. Die Seekrankheit, die sie wochenlang gequält hat, scheint überwunden.

Schon vor einer Weile ist die Sonne untergegangen, der Horizont von der Dunkelheit verschluckt. Der Steward hat die Öllampen an Deck angezündet und ein Windlicht auf den Tisch gestellt, um den sich der Yale-Professor, die drei New Yorker Kaufleute und das Ehepaar Schurz gruppiert haben, die zu einer verschworenen, kleinen Gemeinschaft geworden sind.

Margarethe, deren schönes Gesicht im Kerzenschein weich und geheimnisvoll wirkt, liebt und unterstützt diese Gesprächsrunden. Auch weil sie glaubt, dass Carl ein Ventil für die vielen Erlebnisse braucht, die sich in ihm angestaut haben. Zwar sträubt er sich weiter gegen manche, allzu neugierige Fragen seiner Zuhörer, aber man sieht ihm an, wie wohl es ihm tut, wenigstens einen Teil seiner Erinnerungen erzählend zu bewältigen. Danach war es an den vergangenen Abenden oft zu hitzigen Diskussionen gekommen. Und gestern, als es um die Rechte der Ärmsten der Armen ging, war man sich fast in die Haare geraten, als einer der New Yorker Kaufleute eine Lanze für eine ungezügelte Industrialisierung zu brechen versuchte.

»Ich bin für Kinderarbeit«, hatte er provozierend erklärt. »Ohne die Hilfe der Kinder könnte man gar nicht so viel produzieren, wie der Markt fordert. In manchen Baumwollfabriken in England und wohl auch bei uns in den USA sollen über die Hälfte der Beschäftigten Frauen und Kinder sein. Ohne sie würde dieser Industriezweig überhaupt nicht funktionieren.«

Da war Margarethe das Lachen vergangen: »Ich wusste gar nicht, dass wir geradewegs in die Barbarei segeln!«

Bevor der Kaufmann antworten konnte, war der Professor eingeschritten und hatte zur Mäßigung aufgerufen. In einer Demokratie wie der in den Vereinigten Staaten, so hatte er, ganz Pädagoge, doziert, dürfe zwar jeder sagen was er denke – aber nicht jeder Gedanke sei auch bedenkenswert. Der heutige Abend an Deck, das hat man sich vorgenommen, soll friedlicher verlaufen.

»Ihnen ist zwar die Flucht aus Rastatt gelungen«, sagt der Professor: »Aber was wurde schließlich aus den Gefangenen in den Kasematten?«

»Es gab zwanzig Todesurteile ...«, beginnt Carl und verstummt, weil auf dem Vorderdeck Musik einsetzt.

»Muss i denn, muss i denn zum Städtele hinaus«, wird dort plötzlich mehrstimmig gesungen. Offensichtlich Deutsche, die wie die übrigen

Auswanderer die stürmischen Tage eingepfercht in den unteren Decks verbringen mussten und diesen Abend in frischer Luft genießen. Eine Ziehharmonika begleitet den Gesang mit lang gezogenen, schwermütigen Akkorden.

Doch der Professor lässt sich von seinem Thema nicht abbringen: »Nach welchem Recht sind damals die Todesurteile gefällt worden?«

Schurz: »Nach Kriegsrecht. Das Standgericht war vorwiegend mit preußischem Militär besetzt. Und die Anklage lautete stereotyp entweder auf ›Hochverrat‹, ›Meuterei‹ oder ›Aufstand‹.«

Professor: »Oh, my God – da blieb den armen Leuten ja wirklich nur noch die Flucht! Oder am besten gleich die Auswanderung ...«

Sein Blick geht zu den Deutschen auf dem Vorderdeck, deren Gesang inzwischen leiser geworden ist.

»Gestern sind wieder vier Auswanderer an der Cholera gestorben«, sagt Margarethe, »darunter auch ein fünfjähriges Kind.«

»Und woher wissen Sie das?«, fragt der semmelblonde Kaufmann, der die Kinderarbeit gelobt hatte.

Margarethe antwortet nicht. Sie steht auf, macht ein paar Schritte Richtung Vordeck, zögert, läuft zur Reling und starrt hinunter auf den Ozean, der das Schiff beinahe geräuschlos umschließt. Schurz ahnt, was in seiner jungen Frau vorgeht: Sie schämt sich, wie auch er sich schämt, dass sie beide in bequemen Kabinen auf dem Oberdeck nach Amerika auswandern dürfen. Dass sie hier sitzen und den besten Wein trinken können, während es in den unteren Decks nicht einmal genug Trinkwasser für die Kranken gibt. Aber wenigstens das, denkt Carl, verbindet uns mit den übrigen Auswanderern: der Verlust der Heimat und die Unsicherheit vor der Zukunft.

Er beobachtet Margarethe, wie sie wieder zum Tisch zurückkehrt. Aber sie scheint nicht ansprechbar wie jetzt auch der Professor und die Kaufleute. Fast reglos sitzen sie in den weißen Korbsesseln, hängen ihren Gedanken nach, horchen in sich hinein. Die wachsende Schwüle lähmt alle, selbst das Schiff. Schwer, wie in Blei gegossen, liegt es in der See. Kein Luftzug bewegt die Segel.

Auch die Auswanderer auf dem Vorderdeck sind still geworden. Sie singen nicht mehr, selbst die Ziehharmonika schweigt. Bis dann unvermutet eine Geige aufschreit. Mit kurzen, immer wiederkehrenden, trotzigen Rhythmen, die die Füße der Zuhörer zum Zucken bringen.

»Das ist meine Musik«, sagt der Professor.

Aber woher kommt sie? Schurz, der sich zwischen Mozart und Beethoven einigermaßen auskennt, schüttelt ratlos den Kopf.

»Ist das vielleicht irische Musik?«, fragt Margarethe vorsichtig.

Der Professor nickt: »Das sind die Klänge, mit denen ich aufgewachsen bin. Der irische Teil meiner Familie hat sie aus Dublin mitgebracht. Wie Sie sicher gehört haben, zieht es nicht nur Deutsche, sondern auch viele Iren nach Amerika.«

»Die einen fliehen vor der Armut in ihrer Heimat und die anderen suchen in der Fremde die Freiheit«, sagt Schurz nachdenklich.

Der Professor applaudiert: »Wissen Sie, dass Sie von Tag zu Tag besser Englisch sprechen, Carl?«

Schurz freut sich: »Durch nichts lernt man eine Sprache so gut wie durchs Politisieren – und oft politisiert sich's hier ja mit Geschmack.«

»Dann bleiben wir doch gleich mal dabei, junger Mann! Sie haben ein drittes Motiv für die Auswanderung vergessen. Die Religion. In Irland, wo mein Vater geboren ist, kommen Katholiken und Protestanten überhaupt nicht miteinander aus. Doch in den Staaten kann ich Katholik zwischen lauter Protestanten sein.«

Er setzt sich aufrecht, und seine Stimme wird feierlich: »Denn in unserer Verfassung ist die freie Ausübung der Religion garantiert.«

Seine Worte werden von der Geigenmusik überstimmt, die nun so laut und aufreizend geworden ist, dass die Auswanderer auf dem Vorderschiff zu tanzen beginnen. Trotz der strapaziösen Überfahrt in den überfüllten unteren Decks, trotz der Cholera an Bord – ihre Lebensfreude haben sie noch nicht verloren.

So jäh wie das Geigenspiel begonnen hatte, so abrupt hört es auch wieder auf. Und auf dem Oberdeck trudelt man sachte trotz der anhaltenden Schwüle in eine unvermeidliche Diskussion.

»Es gibt ja zur Zeit mal wieder eine regelrechte Völkerwanderung, die von Europa nach Amerika stattfindet«, sagt einer der New Yorker Kaufleute in die ungewohnte Stille, »und es sollen nicht nur die Besten sein, die zu uns über den Atlantik kommen.«

Der Semmelblonde fährt ihm ins Wort: »Aber wir brauchen diese Auswanderer! Unser Land ist riesengroß, noch vielfach unbesiedelt. Wir haben Platz für alle!«

»Auch für die Kriminellen?«

Schurz ärgert sich: »Was heißt hier kriminell? In Europa gilt ja schon ein Revolutionär als kriminell!«

»Ich glaube«, sagt der Professor beruhigend, »es sind immer die Umstände, die einen Menschen formen. Denken wir an den typischen Bauern aus Europa. Sein Vater kannte noch die Leibeigenschaft. Sein Feudalherr bestimmte sein Leben. Eines Tages war er frei. Wirklich frei? Immerhin ist sein Sohn jetzt so frei, sein unwirtschaftliches Stück Land aufzugeben und mit seiner Familie in die Staaten auszuwandern. Und was passiert hier mit der Familie? Sie schließt sich vielleicht dem großen Treck nach Westen an, um dort zu siedeln. Das ist ihre freie Entscheidung – und damit der erste Schritt in die Selbständigkeit.«

Schurz: »Mein Vater, der uns übrigens schon in den nächsten Wochen nach Amerika folgen wird, hat mir als Kind viel von George Washington erzählt, den er den edelsten aller Menschen nannte. Washington hat sich, nachdem er die britische Kolonialarmee besiegt hatte, nämlich nicht zum König gemacht, sondern er hat sich von seinem Volk zum Präsidenten wählen lassen ...«

Professor: »... und das nicht lebenslang. Nur acht Jahre wollte er Präsident sein. So funktioniert Demokratie.«

Schurz: »Aber für viele Deutsche ist es nicht allein eure Demokratie, die die Neue Welt so anziehend macht. Es ist auch diese Blockhaus-Romantik.«

Professor: »Blockhaus-Romantik! Was für ein schönes Wort! Aber was bedeutet das?«

Schurz: »Das Leben auf dem alten Kontinent ist ja so kompliziert geworden. Deshalb sehnen sich viele Europäer nach einem einfacheren Leben. Eben nach einer Blockhütte, weit ab von der Zivilisation. Mitten im Wald. Der Mensch ganz auf sich allein gestellt. Er ernährt sich von den Früchten der Natur. Ich muss gestehen, das hat auch für mich einen gewissen Reiz ...«

»Nonsense«, widerspricht der semmelblonde Kaufmann. »Romantik gibt es bei uns nicht. Ich werde Ihnen mal erzählen, wie unromantisch das mit der Besiedlung funktioniert: Zuerst kommen die Pioniere mit ihren Familien. Das Land wird abgemessen und blockweise an sie vergeben. Die Indianer müssen dafür ihre Jagdgründe verlassen. Doch die Pioniere bleiben nicht lange, weil sie bald weiter nach Westen wollen. Deshalb verkaufen sie ihr Land jetzt an die Kolonisten. Nun werden

Straßen und Kanäle angelegt. Es entstehen Ortschaften mit Läden, einem Rathaus ...«

»Und einer Schule«, unterbricht Margarethe, »ich hoffe doch sehr, es wird dort auch eine Schule geben.«

»Bei den Kolonisten schon eher«, wirft der Professor ein, »aber bei den ersten Siedlern sieht es damit noch schlecht aus. Ihre Kinder wachsen ohne Unterricht auf, sind oft Analphabeten. Folglich werden auch keine Bücher gelesen. Der Kampf gegen die Wildnis zermürbt die Menschen. Whiskey ist wichtiger als Bildung. Und je weniger die Leute wissen, desto mehr kommen sie auf dumme Gedanken. Der Glaube an Hexerei und Aberglaube blüht ...«

»Sie sehen das zu negativ«, widerspricht der Semmelblonde. »Natürlich gibt es für die Kolonisten auch eine Schule. Und nun wird ihr Ort interessant für Investoren. Die kommen, errichten Steinhäuser, Banken, Hotels, Vergnügungsstätten. Man kann Karriere machen. Aufstieg und Gewinn locken immer mehr Menschen an. Für Romantik bleibt da keine Zeit.«

Professor: »Tocqueville hat gesagt ... Sie kennen vielleicht den französischen Historiker Charles Alexis de Tocqueville, der um 1831 die USA bereist hat?«

Schurz: »Natürlich! Als ich vor drei Jahren in Paris als Flüchtling gelebt habe, war Tocqueville französischer Außenminister.«

Professor: »Also, Tocqueville hat gesagt, so ungefähr jedenfalls: Wir Amerikaner seien unempfindlich für die Schönheiten der unbeseelten Natur. Und er behauptete, dass wir unsere wunderbaren, gewaltigen Wälder erst dann bemerken, wenn sie unseren Äxten zum Opfer fallen. Viel wichtiger sei uns der Vormarsch in diese Wildnis, unser Sieg über die Natur. Deshalb könne man sich nichts Banaleres, Geschmackloseres, nichts stärker mit niedrigen Interessen Verbundenes, kurz nichts Unpoetischeres vorstellen als das Leben eines Menschen in den Vereinigten Staaten. Ziemlich desillusionierend, nicht wahr?«

Der Professor grinst: »Aber zum Schluss hat Tocqueville für uns Amerikaner dann doch eine tröstliche Erkenntnis. Die kann ich sogar wörtlich zitieren: ›Inmitten der Regungen, die all dies bewirken, findet sich immer ein rein poetischer Zug, und das ist vielleicht der verborgene Nerv, der dem ganzen Bau die Lebenskraft verleiht‹.«

Der Professor lehnt sich zurück. Er genießt sichtlich die provozierende Wirkung seines kleinen Vortrags. Auf dem Vorderschiff stehen jetzt nur noch wenige Auswanderer und reden leise miteinander. Die meisten haben sich wieder in ihre engen Kojen verzogen. Die Ziehharmonika verabschiedet sich mit einer traurigen Melodie. Carl kennt sie. Aber sich ihr hingeben, das will er nicht.

In dieser Nacht schwirren die wildesten Träume durch das Schiff.

Der semmelblonde Kaufmann träumt von Baumwollballen bester Qualität, die er nach Liverpool bringt. Aber ein Sturm lässt seinen Segler nicht in den Hafen hinein, wo die Fracht schnellstens für die Tag und Nacht arbeitenden Spinnereien gelöscht werden müsste. Immer wieder wird das Schiff vom Wind aus dem Hafen gedrängt. Der Semmelblonde stöhnt im Schlaf.

Der Kaufmann, der mit Schurz am besten französisch parlieren kann, träumt, wie der Wein, den er in Frankreich eingekauft hat, in New York entladen wird. Viele Flaschen, gefüllt mit Bordeaux und Burgunder, aber auch einige mit Champagner, der von den Südstaatlern, die sich gern aristokratisch geben, neuerdings wie nichts weggetrunken wird. Plötzlich aber sieht sich der Kaufmann selbst als Winzer. Allerdings nicht in Frankreich, sondern – merkwürdig – weit im amerikanischen Westen.

Der dritte Kaufmann ist einer, der Schiffsreisen hasst. Er träumt, dass er mit dem Zug über Land reist, während seine frisch erworbenen Eisenbahn-Aktien Schwindel erregende Gewinne abwerfen. Nonstop fährt er von der Ostküste bis zum Pazifik. In seinem eigenen, mahagonigetäfelten Waggon. Diener bringen ihm eisgekühlte Getränke, doch er schwitzt weiter – ganz schrecklich! Kein Wunder, auch in seiner Kabine ist es heute Nacht drückend heiß.

Margarethe träumt, dass sie mit Carl auf einem großen Bett liegt. Vielleicht aber ist das Bett auch nur ein Laken, das auf dem Meer schwimmt. Denn darunter kräuseln sich winzige Wellen. Zwischen Margarethe und Carl liegt ein Kind, ein Baby, das lacht und mit seinen kleinen Beinen strampelt. Margarethe spürt eine große Freude und möchte, dass auch Carl sich freut. Doch der zeigt besorgt auf das Kind, und nun sieht Margarethe, dass es nicht lacht, sondern weint. Es hat Schmerzen, fürchtet sie. Vielleicht hat es Cholera.

»Nein!«, schreit Margarethe. »Nein!« – Sie erwacht ...

»Keine Angst, ich bin ja hier«, sagt Carl und nimmt sie in die Arme.

Schurz ist traumlos in dieser Nacht. So kommt es ihm jedenfalls vor.

Der Professor dagegen schläft erst gar nicht ein. Er sitzt noch an dem festgeschraubten Kabinentisch und liest beim Schein zweier Kerzen in dem Buch, das er sich jüngst in Paris gekauft hat: »Die Demokratie in Amerika« von Charles Alexis Henri Clérel de Tocqueville.

Besonders kurz sind die Träume im Unterdeck, weil man dort ständig durch Schreie der Kranken aus dem Schlaf gerissen wird. Und wieder sterben Auswanderer an der Cholera. Diesmal sind es vier. Der Ziehharmonika-Spieler gehört zu den wenigen, die sich davon nicht beunruhigen lassen. Er träumt von einem prächtigen, weißen Haus zwischen großen Baumwollfeldern im Süden der Neuen Welt und von vielen Sklaven, die nur ihm gehören.

Voller Sorge wegen der anhaltenden Flaute ist der Kapitän der »City of London« zu Bett gegangen. Doch dann träumt er, wie sein Schiff mit prallen Segeln volle Fahrt aufnimmt. Sanft schwankt es von Backbord nach Steuerbord und von Steuerbord wieder nach Backbord, wie eine Wiege ...

Beglückt erwacht der Kapitän und stellt fest, dass das leichte Rollen seines Dreimasters gar kein Traum ist. Sofort steht er auf, zieht sich an, eilt auf die Brücke und – tatsächlich – in den Masten ächzt die Takelage. Wind ist im Anzug. Schon morgen früh können die Segel gesetzt werden, um doch noch planmäßig New York zu erreichen.

RASTATT, 20. OKTOBER 1849

Gelegt hat sich der starke Wind,
Und wieder stille wird's daheime:
Germania, das große Kind,
erfreut sich wieder seiner Weihnachtsbäume.

Wir treiben jetzt Familienglück –
Was höher lockt, das ist von Übel –
Die Friedensschwalbe kehrt zurück,
Die einst genistet in des Hauses Giebel.

Gemütlich ruhen Wald und Fluss,
Von sanftem Mondlicht übergossen;

Nur manchmal knallts – Ist das ein Schuss? –
Es ist vielleicht ein Freund, den man erschossen ...

Heinrich Heine

An diesem Dienstagmorgen schrecken die Rastatter zum letzten Mal hoch, als gegen vier Uhr früh die Gewehrsalven vom Festungsgraben zu hören sind. Drei bereits im August zum Tode verurteilte Revolutionäre sind die Letzten, die erschossen werden. Ihre »Verbrechen«: Als überzeugte Republikaner waren sie aus der preußischen Armee desertiert und hatten sich den aufständischen Truppen angeschlossen.

Am längsten hatte der ehemalige preußische Leutnant Friedrich Wilhelm Schrader, der schon am 10. August verurteilt worden war, auf seine Exekution warten müssen. Ein Zeitzeuge: »Fast über acht Wochen lässt das christliche Regiment von Gottesgnaden einen zum Tode Verurteilten mit diesem Urteile in seiner geängsteten Brust einsam leben in der elenden Zelle eines düsteren Gefängnisses. Das heißt nicht mehr verurteilen zum Tode, das ist morden.«

Wenigstens dieses unmenschliche Warten ist dem ersten der insgesamt zwanzig in Rastatt Exekutierten erspart geblieben. Schon am 7. August, nur vier Tage nach seiner Verurteilung, ist er standrechtlich erschossen worden: Ernst Elsenhans, kein Soldat, sondern Journalist. Er, der während der Belagerung in Rastatt die Zeitung *Der Festungsbote* herausgegeben hatte, war Prinz Wilhelm ein besonderer Dorn im Auge. Mit feurigen, kämpferischen Artikeln hat dieser Elsenhans in vierzehn Ausgaben die Eingeschlossenen von Rastatt zum Durchhalten ermuntert: »Wir müssen alles opfern«, hatte er geschrieben, »was sich uns in den Weg stellt, im erbarmungslosen Fortschritt der großen Sache. Wir müssen alles setzen an das Gelingen derselben und um den Untergang fern von uns zu halten. Freiheit oder Ketten! Herrschaft oder Verbannung! Sieg oder Tod! Unsere Wahl kann nicht zweifelhaft sein!«

Gegen drei Uhr früh war der Todeskandidat Elsenhans am 7. August abgeholt und zum Trockengraben an der Bastion 21, dem dann üblichen Erschießungsplatz, gebracht worden. Was eine Stunde später geschah, ist schrecklich penibel dokumentiert: Elsenhans »wurde ›nach preußischer Manier‹ exekutiert. 12 Mann betrug das Erschießungskommando; davon zielten vier aufs Gesicht, vier auf die Brust, vier schossen ›ins

Blinde‹. Von vier Kugeln in den Kopf und vier in den Körper zerfetzt, stürzte er hin, zeigte noch Zeichen von Leben und wurde mit Bajonetten abgestochen, bis er leblos dalag. Der Anblick war scheußlich. ... Die Totengräber wollten ihn ohne Umstände in die Grube ablegen und mit Sand bedecken, doch Kommandant Weltzien, der den Vorgang überwachte, zwang sie, den toten Körper zu entkleiden und nackt in die Grube zu werfen. Die Offiziere fledderten selbst die Leiche nach Wertgegenständen, die sie an sich nahmen. ... War die Entehrung des Delinquenten während des Standgerichtsprozesses noch durch gewisse Regularien verschleiert, so war die entwürdigende Zurichtung des Hingerichteten die offene dramatische Zerstörung der Person in ihrem Körper.«

Bis heute stellt sich die Frage nach der Legitimierung dieser grausamen Vorgehensweise. Immerhin war die Rechtslage damals verwirrend, der badische Großherzog ins Exil nach Mainz geflohen und seine Justiz daraufhin in Agonie verfallen. Diese Lücke hat Prinz Wilhelm sofort genutzt, indem er preußische Kriegs- und Standgerichte aufstellen ließ. Und warum auch nicht? Die Gesetze der Frankfurter Nationalversammlung spielten ja zu diesem Zeitpunkt kaum mehr eine Rolle, so konnte sich Wilhelm sein eigenes Kriegsrecht zaubern. Schon die geringste Attacke gegen seine Armee galt als strafbare Handlung, als eine Tat, die nicht von revolutionären Soldaten, sondern von »Partisanen« oder »Freischärlern« verübt wurde.

Das bedeutete, dass auch der geflüchtete Revolutionär Carl Schurz als »Partisan« galt, der »in Abwesenheit« zum Tode verurteilt wurde.

Gottfried Kinkel dagegen ist anwesend, als über ihn am 4. August in Rastatt ein Militärgericht zu verhandeln beginnt. Auch Kinkel droht die Todesstrafe. Doch wieder einmal gelingt es »seiner wunderbaren Beredsamkeit«, wie Schurz später erfährt, die Stimmung zu seinen Gunsten zu beeinflussen. Die sonst unerbittlichen Militärrichter »begnadigen« Kinkel zu lebenslanger Festungshaft. Und wie gnadenlos diese »Begnadigung« war, hat er selbst geschildert:

»Man hat über das Maß der mir zuerkannten Strafe hinaus meine Haft gesteigert, durch die grauenvolle Einsamkeit der Isolierzelle, in deren öde Stille kein Trompetenton der kämpfenden Welt draußen, kein Liebesblick treuer Freunde dringt. Man hat einen deutschen Schriftsteller und Lehrer, der in mehr als einer Brust die Flamme des Geistes und der Schönheit entzündet, man hat ein mitteilsames Herz dazu verdammt, in seelenloser Zwangsarbeit, in Versagung aller geistigen Hilfsmittel, langsam hinzusterben.«

Prozesse, Verurteilungen, Exekutionen – alles eher Racheakte als das Einhalten der mindesten juristischen Grundprinzipen. Besonders deutlich wird das am Fall eines polnischen Revolutionärs. Bereits am 21. Juni 1849 wird Theophil Mniewski, der Kommandant der »Polnischen Legion«, von seinen eigenen Leuten in Karlsruhe inhaftiert, weil er die Rheinübersetzung der preußischen Truppen nicht nur nicht verhindert, sondern den Angriff sogar schlicht »verschlafen« habe. Doch dann gerät die Revolution ins Wanken und der Pole, von flüchtenden Rebellen in seiner Karlsruher Zelle zurückgelassen, gerät in preußische Haft. So kommt er nach Rastatt in die Kasematten und schließlich am 25. August vors Standgericht. Dort wird ihm »Beteilung am Aufstand« vorgeworfen.

So diffus wie diese Anklage, so absonderlich ist der Prozessverlauf: Mniewski versteht davon kein Wort. Denn außer Polnisch spricht er nur Französisch – und der Dolmetscher ist erkrankt. Trotzdem wird Mniewski zum Tode verurteilt.

Um ihm wenigstens diese schreckliche Entscheidung verständlich zu machen, wird der Rastatter Bankier Franz Simon Meyer geholt. Der nämlich kann Französisch und soll deshalb auch bei der Exekution anwesend sein. Schon am gleichen Tag, gegen 19.30 Uhr, wird das Urteil wie üblich im Festungsgraben vollstreckt. Natürlich auch mit dem üblichen, das heißt, grausamen Procedere ...

Der badische Bankier Meyer ist geschockt und versucht das Erlebnis in seinem Tagebuch zu verarbeiten: »Folgenden Tags, einem Sonntag, musste ich in düsterer Stimmung für einige Stunden aus Rastatt heraus und fuhr nach dem heilen Baden-Baden, um in Gottes herrlicher, freier Natur Zerstreuung zu suchen.«

Dort ist ihm ein Anblick vergönnt, der sein Bild von Anstand und Ordnung wieder zurechtrückt: »Ich sah den Prinzen von Preußen mit vielen Offizieren vor der Kolonnade; er ist ein schöner Mann und echter preußischer Soldat.«

Ähnlich, wie der Bankier Meyer an jenem Wochenende von Wilhelms eindrucksvoller Erscheinung geblendet war, so werden sich bald noch mehr Deutsche von Preußens militärischem Prunk, von wieder hergestellter Macht und Herrlichkeit einwickeln lassen. Am 12. Oktober, nur anderthalb Monate später, zieht Wilhelm, der Sieger von Rastatt, unter Hochrufen der Berliner Bevölkerung – darunter vielleicht auch manche, die im Jahr zuvor gegen ihn und seinen königlichen Bruder auf die Barrikaden gegangen waren – durch die preußische Hauptstadt. Wilhelms Palais ist mit Eichenlaub und Lorbeer geschmückt, die Vertreter der Stadt begrüßen ihn enthusiastisch und der Prinz stellt fest: »Unsere Institutionen haben sich bewährt. Vor allem auf militärischem Felde.«

Nun könnte doch Wilhelm mit sich zufrieden sein! Aber erstaunlich, nur wenige Wochen später – als ahne er schon, dass er bald selber an die Spitze der preußischen Monarchie rücken sollte – eine ganz neue Erkenntnis: »Bajonette sind nur gut gegen die Bündnisse der Zeit, aber nicht gegen die Wahrheit, die in der Zeit liegt.«

SCHWEIZ, MITTE FEBRUAR 1850

Vor zehn Minuten sind Carls Freunde abgezogen. Maulend, wie so oft, weil Schurz nicht die geringste Lust verspürt, mit ihnen – Flüchtlinge wie er, die in der Schweiz gestrandet sind – ins biedere Zürcher Nachtleben einzutauchen, sich wieder und wieder in Illusionen über die nächste deutsche Revolution zu verlieren.

An manchen Abenden geht diese Groteske so weit, dass »mit tiefem Ernst« bereits erörtert wird, »wer bei der bevorstehenden Umwälzung Mitglied der provisorischen Regierung, Minister, politischer Führer werden soll und wer nicht. Kurz, man disponiert über die zukünftige Herrlichkeit, als hätte man das Heft der Macht tatsächlich in der Hand.«

Heute jedoch ist es nicht das Unbehagen an diesem politischen Mummenschanz, das Carl in seinem gemieteten Zimmer am Zürcher Schanzengraben zurückhält – es ist ein Brief von Johanna Kinkel. Ein Brief, der sein fast schon behagliches Emigrantendasein beenden, sein Leben mal wieder völlig umkrempeln sollte: »Die Nacht nach der Ankunft dieses Briefes lag ich lange wach.«

Soll er wirklich seine gerade gewonnene Freiheit so rasch wieder aufs Spiel setzen? Für ein riskantes Unternehmen, dessen Gelingen ihm mehr als aussichtslos erscheint? Wie glatt war doch alles gegangen, nachdem er mit Neustädter zu Fuß illegal die Grenze zur Schweiz überquert hatte: »Es war ein sonniger Tag. Die Straße führte uns zuerst durch fruchtbare Talgründe. Die Felder wimmelten von Bauern, die mit der Ernte beschäftigt waren. Ich freute mich an dem Bild heiteren Friedens.« Doch dann kamen ihm traurige Gedanken: »Sie haben eine Heimat; du hast keine mehr.«

Danach die Trennung von Neustädter, der nach Bern wollte, dem er erst Jahre später, in Amerika, wieder begegnen sollte. Carl landete im Dorf Dornachbrugg. Und hier stellte er erschrocken fest, dass er kaum noch Geld hatte. In einem Brief an seine Familie in Bonn schilderte er seine verzweifelte Lage:

»Teure, geliebte Eltern! Endlich find' ich einen Augenblick Ruhe, um Euch anzukündigen, dass ich gerettet und frei bin. Das Schicksal hat es anders gewendet, und ich bin dem Leben wiedergegeben, nachdem ich dem Tode schon fest ins Auge sah.

Ich wohne hier auf einem Schweizer Dorfe nahe bei Basel. Meine Geldmittel sind, da ich nur wenig aus Rastatt retten konnte, so gering, dass ich nicht drei Tage mehr mein Leben werde fristen können. Zwar besitze ich mein Tagebuch, welches ich sehr regelmäßig und in ausgedehnter Weise geführt habe und welches ich drucken lassen will. Doch werden, bis ich es bei einem Verleger angebracht habe, mindestens acht bis vierzehn Tage vergehen, und selbst dann ist es sehr fraglich, ob ich sogleich werde Geld in die Hände bekommen können.

Ich sitze hier, noch todmatt von den übermenschlichen Anstrengungen in Rastatt. Ich habe das Leben von neuen Seiten kennen gelernt und werde mir das wohl zunutze machen. Nur ein wenig Hilfe, und ich bin ganz gerettet. Ich weiß, dass ich nicht untergehen werde in dem Schlamm fauler Untätigkeit, in dem die meisten Flüchtlinge hier versinken. ...

Schreibt mir nicht unter meinem Namen, sondern unter folgender Adresse: Gustav Stahl, im »Gasthaus zur Krone« zu Dornachbrugg bei Basel, Kanton Solothurn.«

Zehn Tage vergehen ohne Antwort von den Eltern. Jetzt holen Schurz, vor allem psychisch, die Strapazen der letzten Wochen ein: »Meine Schwermut wurde immer düsterer. Die Zukunft lag wie eine dunkle Wolke vor mir.«

Ein Trost ist die Wirtstochter. Eine »kräftige Jungfrau von etwa fünfundzwanzig Jahren«, die den für den Gast allerdings nur schwer verständlichen, alemannischen Dialekt der Gegend spricht. Sie ist die »einzige menschliche Seele«, die Carls »krankhafte Stimmung« zu bemerken scheint. Um ihn aufzumuntern, bekocht sie ihn und überrascht ihn mit Literaturkenntnissen. Sie borgt ihm ihr Lieblingsbuch mit den neuen Geschichten des österreichischen Erzählers Adalbert Stifter. Leider jedoch verstärkt die verborgene Melancholie in Stifters »Studien« noch Carls Schwermut. Je intensiver er in die Welt des österreichischen Autors eintaucht, desto stärker hat er das Gefühl, in einer Art Zeitlosigkeit angekommen zu sein. Sein Bedürfnis, sich fallen zu lassen, sich ganz dem Leben auf diesem Schweizer Dorf hinzugeben, wird heftiger. Reicht denn nicht, was er hier gefunden hat, für immer und ewig?

»Ich bildete mir zuletzt ein, ich sei ernstlich krank, und brachte den größten Teil des Tages in halb träumendem Zustand auf dem Bett liegend zu.«

Doch wie so oft im Leben des Carl Schurz passiert auch jetzt wieder einmal etwas Unvorhergesehenes. Ein kleines Wunder, das ihn aus seinem Pessimismus reißt: Adolf Strodtmann, der immer prompt zur Stelle ist, wenn die Not am größten scheint, steht unten im Wirtshausflur. Mitgebracht aus Bonn hat der Pfarrerssohn Briefe von Carls Eltern, von den Universitätsfreunden. Und vor allem Geld, das von Sympathisanten aufgebracht worden ist.

Schurz: »Ich fühlte mich plötzlich wieder vollkommen wohl. Und nachdem wir unser Wiedersehen mit der besten Mahlzeit, die das Gasthaus in Dornachbrugg leisten konnte – Strodtmann war nämlich ein Feinschmecker – passend gefeiert hatten, beschlossen wir, am nächsten Tag unsere Reise nach Zürich anzutreten.«

Hier in Zürich treffen sich viele Flüchtlinge wieder, die sich schon aus den Augen verloren glaubten. Darunter auch Fritz Anneke, Carls Kommandant, der mit seiner Frau Mathilde noch kurz vor der Belagerung aus Rastatt entkommen konnte. Aber auch der sechsunddreißigjährige Richard Wagner, der schon Opern wie »Tannhäuser« und »Lohengrin« komponiert hat, lebt jetzt als Emigrant in Zürich, weil er am Maiaufstand in Dresden beteiligt war. Wagner gilt als anmaßend und herrisch und ist deshalb unbeliebt. Schurz: »Wer uns damals seine großartige Laufbahn prophezeit hätte, würde wenig Glauben gefunden haben. Obgleich ich mehrmals mit ihm gesprochen habe, hat er mich schwerlich jemals hinreichend bemerkt, um sich später meiner zu erinnern.«

1849 ist die kleine Schweiz neben Großbritannien einer der wenigen sicheren Zufluchtsorte für verfolgte Revolutionäre. Wieso ausgerechnet die Schweiz, eingekreist von europäischen Monarchien, die gerade ihre alten Rechte wieder zementiert haben?

Schon seit Jahrhunderten ist das Alpenland ein Sonderfall. Erst »Eidgenossenschaft«, dann »Helvetische Republik«. Seit 1815 wird ihre strikte Neutralität respektiert. Eine demokratische Verfassung mit indirekten Wahlen kann eingeführt werden. Vorerst allerdings nur in den protestantischen Kantonen. Die katholischen Kantone Luzern, Schwyz, Uri, Unterwalden, Zug, Freiburg und Wallis sperren sich und gründen einen »Sonderbund«. Gegen den kommt es zum Kampf, den die Protestanten gewinnen. 1848, im ersten Jahr der deutschen Revolution, wird die Schweiz zu einem demokratischen Bundesstaat. Was Schiller in seinem Schauspiel »Wilhelm Tell« schrieb, hatte sich für die Eidgenossen erfüllt:

»Wir sind *ein* Volk, und einig wollen wir handeln.
Die andern Völker tragen fremdes Joch,
sie haben sich dem Sieger unterworfen ...«

Natürlich kennt Carl Schurz diese Zeilen aus dem Rütli-Schwur. Schiller ist einer der Helden seines literaturbesessenen Vaters. Zwar war Tell ein Schweizer Rebell – aber hat ihn Schiller nicht als Appell für die von Fürsten gegängelten, sich nach einem Nationalstaat sehnenden Deutschen benutzt?

»Nein, eine Grenze hat Tyrannenmacht:
Wenn der Gedrückte nirgends Recht kann finden,
wenn unerträglich wird die Last – greift er
hinauf getrosten Mutes in den Himmel
und holt herunter seine ew'gen Rechte ...«

Ja, Schillers »Tell« taugt noch immer, das schon fast erloschene, revolutionäre Feuer wieder zu entfachen. In solch euphorischer Stimmung kommt Schurz mit seinem Freund Adolf Strodtmann im August 1849 in Zürich an. Noch glauben beide an einen neuen Aufstand.

»Niemand«, wird Carl jedoch schon nach wenigen Wochen in der

Schweiz ernüchtert feststellen, »übt die Kunst, sich selbst mit den windigsten Illusionen zu täuschen, so geschickt, so geschäftsmäßig und unverdrossen aus wie der politische Flüchtling.« Und pragmatisch, wie der Zwanzigjährige bei allem Idealismus nun einmal ist, beschließt er, in die eigene Zukunft realistischer zu blicken: »In der Tat kam mir schon damals der Gedanke, die Revolution möchte etwas länger, als wir geglaubt, auf sich warten lassen, und ich fing an, für mich selbst Zukunftspläne zu machen. Es ging das Gerücht, dass die schweizerische Bundesregierung beabsichtige, in Zürich eine große, eidgenössische Universität zu errichten. An dieser Universität dachte ich im Laufe der Zeit, wenn die neue deutsche Revolution gar zu lange auf sich warten lassen sollte, mich als Privatdozent der Geschichte zu etablieren und mir dann nach und nach eine Professur erobern zu können.«

Und nun ist in diese beruflich nicht gerade anspruchslose Vision Mitte Februar 1849 der Brief von Johanna Kinkel geplatzt. Darin schreibt sie, dass Gottfried Kinkel in wenigen Wochen in Köln ein weiterer Prozess wegen des Aufrufs zur Erstürmung des Siegburger Zeughauses gemacht werden wird. Was diesmal tatsächlich mit einem Todesurteil enden könnte.

Carl ist erschüttert: »Ich sah Kinkel in seiner Zuchthausjacke beständig vor mir, und ich konnte den Anblick kaum ertragen.«

Vielleicht würde man den Freund ein Leben lang einsperren. Oder gäbe es nach zehn oder zwanzig Jahren so etwas wie eine Amnestie? Doch selbst dann wären wohl Wille und Geist dieses Mannes für immer zerstört. Wie sollte ein begnadigter Kinkel nach so vielen Jahren Gefangenschaft überhaupt wieder in ein normales Leben zurückfinden, wenn einem freien Menschen schon schwindlig werden könnte, wie rasch sich alles verändert?

Noch kann sich Carl erinnern, wie er als Kind zum ersten Mal ein Dampfschiff rheinaufwärts fahren sah. Und nun ist die Dampfschifffahrt längst Routine. Oder die Entwicklung der Eisenbahn! Wie wurde sie anfangs verteufelt, besonders von den Menschen auf dem Lande! Jetzt stampfen die Züge kreuz und quer durch Europa, als habe man schon immer sehnsüchtig auf sie gewartet. Alles wandelt sich so rasend schnell – und Kinkel würde, bliebe er denn für Jahrzehnte im Zuchthaus, bei der Suche nach seiner verlorenen Zeit keinen Anschluss mehr finden.

Aber dann schöpft Schurz wieder Hoffnung: Es gäbe Befreiungspläne für ihren Mann, hatte Johanna Kinkel geschrieben. Auch Geld habe man schon gesammelt. Aber was Not tue, sei ein Freund, der Mut, Ausdauer und Geschick habe, der seine ganze Kraft in die Befreiungsaktion werfen würde. Ein Freund? Welcher Freund?

Zwischen den Zeilen liest Carl die Frage: »Ob ich nicht selbst das Wagnis unternehmen wolle?«

BONN, ENDE MÄRZ 1850

Drei Uhr nachts. Carls Eltern schlafen tief. Sie ahnen nicht, dass ihr Sohn in ihrem Schlafzimmer steht. Sein Atem geht hastig, seine Erschöpfung ist groß. Nachdem er die Postkutsche in Godesberg verlassen hatte, war er zu Fuß in nur einer Stunde bis Bonn gelaufen. Hatte vor dem Haus in der Koblenzer Straße nach dem richtigen Schlüssel gesucht. War durch die Hintertür hineingelangt und über die Treppe hoch ins Schlafzimmer gekommen. Ein vertrauter Weg, den er mit geschlossenen Augen hätte gehen können.

Schurz blickt auf die schlafenden Eltern, lächelt, setzt sich auf einen Stuhl und wartet, »bis das Frühlicht durch das Fenster dämmert«. Und so, wie neuerdings auf den Jahrmärkten bewegte Bilder mit Hilfe einer Apparatur, »Lebensrad« genannt, vorgeführt werden, so laufen jetzt Bilder aus den vergangenen Tagen durch Carls Kopf: der Morgen in Zürich, nachdem er den Brief von Johanna Kinkel gelesen hatte. Begeisterung und Skepsis hatten sich die Waage gehalten. Natürlich wollte er an der Befreiung Kinkels mitwirken! Aber ob man sie einem so »blutjungen Menschen« wie ihm überhaupt anvertrauen konnte?

Und dann ist da noch das Problem mit seinen Eltern: »Konnte ich es ihnen gegenüber verantworten, nachdem ich soeben einem furchtbaren Schicksal entgangen war, Leben und Freiheit nochmals aufs Spiel zu setzen?« Eins allerdings ist sicher: Christian und Marianne Schurz sind große Bewunderer von Gottfried Kinkel. Und schon stellt Carl sich vor, wie seine Mutter ihm den Säbel reicht und sagt: »Geh und rette deinen Freund!«

Aber vielleicht bedurfte es der Zustimmung seiner Eltern gar nicht.

Weil der Entschluss, Kinkel aus dem Zuchthaus zu holen und dafür aus der sicheren Schweiz in die gefährliche Heimat zu gehen, ja schon in Zürich festgestanden hatte. Auch aus dem erregenden Gefühl heraus, wieder gebraucht zu werden. Außerdem ist da noch dieser kämpferische, stark risikofreudige Zug in Carls Charakter: »Es reizte ihn jedes Mal die absolute Übermacht, gegen die er zu Felde zog. Die Minorität war es, mit der und für die er kämpfte, und zuweilen nahm sein Kampf das groteskheroische Gesicht einer Ein-Mann-Revolution an.«

Und so ist Schurz in der Tat die Befreiung seines Freundes Kinkel angegangen: als Ein-Mann-Unternehmen. Dabei war ihm von Anfang an klar: Als der gesuchte und auch noch in Abwesenheit zum Tode verurteilte Revolutionär kann er nicht zurück nach Deutschland. Was er braucht, ist eine neue Identität. Heribert Jüssen, sein Vetter in Köln, fällt ihm ein. Jüssen, der gleichaltrig ist und ihm ähnlich sieht. In einem Brief bittet er den Vetter, sich so schnell wie möglich einen Reisepass für das In- und Ausland zu besorgen und nach Zürich zu schicken.

»Wenige Tage darauf war der Pass in meinen Händen, und ich konnte nun wie ein gewöhnliches unverdächtiges Menschenskind ohne Schwierigkeiten reisen.«

Seinen Freunden im Zürcher Exilanten-Klub »Demokratischer Verein« teilte er mit, dass er in Deutschland versuchen wolle, neue revolutionäre Geheimbünde zu organisieren. Die Freunde waren entzückt und gaben ihm eine Liste zuverlässiger Kontaktpersonen mit. Einen Befreiungsplan für Kinkel hatte der »Ein-Mann-Revolutionär« Schurz aber damit noch nicht. Klar war ihm allerdings: »Sollte das Unternehmen gelingen, so musste es ein tiefes Geheimnis bleiben, von dem nur die Mitwirkenden wissen durften, und auch diese womöglich nur teilweise. Selbst den Meinigen durfte ich es nicht einmal mündlich anvertrauen, denn ein Gespräch unter ihnen, zufällig von Unberufenen gehört, könnte es verraten.«

Doch solche Verschwiegenheit ist alles andere als einfach. Bisher nämlich hat die Familie Schurz kaum Geheimnisse voreinander gehabt. Und jetzt sitzt Carl, der von nun an als »Heribert Jüssen« durch halb Europa ziehen wird, am Bett seiner ahnungslos schlafenden Eltern und weiß, dass er künftig ohne ihren Rat und Zuspruch auskommen muss. Das ist eine zwiespältige Empfindung zwischen Bedauern und Neugier: Bedauern über den wohl endgültigen Abschied von der Kindheit und

Neugier auf eine Zukunft, die er jetzt selbst gestalten will. Als der Morgen anbricht, weckt er Vater und Mutter.

»Ihr Erstaunen, mich zu sehen, war unbeschreiblich. Einige Augenblicke konnten sie sich nur schwer überzeugen, dass ich es auch wirklich sei. Meine Mutter fand, dass ich zwar etwas ermüdet, aber sonst doch vortrefflich aussah und wollte sogleich für ein Frühstück sorgen. Mein Vater wollte von mir wissen, wen ich denn im Laufe des Tages sehen möchte. Ich hatte Mühe, ihn zu überzeugen, dass meine Gegenwart mit der größten Sorgfalt geheim gehalten werden müsse.«

Davon ausgenommen, sagt Carl, seien nur die besten Freunde und Johanna Kinkel. Und da trifft es sich gut, dass Frau Kinkel, wie so oft, auch an diesem Vormittag die Eltern besucht. Johanna und Carl beschließen, in den nächsten Wochen ständig miteinander zu korrespondieren. Und zwar mit Hilfe einer von Schurz persönlich erfundenen »Zaubertinte«, eine chemische Lösung, mit der wichtige Informationen »unsichtbar« geschrieben werden können. Darüber kritzelt man mit normaler, sichtbarer Tinte unverfängliche Mitteilungen. Die wiederum löscht der Empfänger des Briefes mit einem Schwamm, der mit einer anderen chemischen Lösung getränkt ist. Anschließend wird das Blatt Papier an einer Lampe oder einem Ofen erwärmt und – siehe da – die wichtigen Informationen sind lesbar.

Carl muss stolz gewesen sein auf diese perfekte Tarnung. Ein bisschen Spaß an den zauberhaften Geheimpapieren wird er sich darüber hinaus noch gegönnt haben. Und mit seiner »angeborenen rheinländischen Pfiffigkeit und Lebensschläue« werden ihn auch die Berichte der Leute amüsiert haben, wie er damals durch die Lande geirrlichtert sei.

»Es ist erzählt worden, ich habe Deutschland in einer mich unkenntlich machenden Verkleidung durchreist. Dies war keineswegs der Fall. Ich suchte und fand meine Sicherheit darin, dass ich in der Gestalt erschien, die mir natürlich war, und dass ich mich in Gesellschaft anderer Menschen möglichst unbefangen bewegen konnte.«

So unverkleidet hatte er sich auch einen Tag lang in Koblenz aufgehalten, bevor er die Nachtkutsche nach Bonn zu seinen Eltern bestieg. Ausgerechnet in Koblenz war er so kaltblütig gewesen – dort, wo Prinz Wilhelm, der Feind aller Revolutionäre, gerade sein Hauptquartier aufgeschlagen hatte. Seit Oktober 1849 ist der Prinz Oberkommandeur der preußischen Truppen in Baden und Frankfurt sowie Militärgouverneur am Rhein und in Westfalen. Mit seiner Gattin Augusta und den zwei Kindern residiert er prächtig im klassizistischen Koblenzer Schloss.

Augusta genießt das unkomplizierte, südlich heitere Leben. Wilhelm aber beklagt sich bei der Schwiegermutter, dass seine Frau noch um elf Uhr vormittags im Bett läge. Angeblich, weil sie sich am Vorabend bei der preußischen Ordensfeier erkältet habe.

Richtig unwohl fühlt sich dagegen anfangs der Gatte in der besetzten Provinz, die von ihm »zur preußischen Raison gebracht werden« müsse. Beliebt macht er sich damit in Koblenz nicht. Genau das aber führt zu einer kuriosen Situation. Während der von den Preußen gesuchte Carl Schurz unverkleidet und ungeschützt durch die Stadt läuft, empfiehlt der Koblenzer Bürgermeister seinem ungeliebten, neuen Herrn: Wilhelm möge doch besser in »Schutz-Begleitung« ausgehen.

Allmählich jedoch beginnt selbst der dreiundfünfzigjährige Prinz dem Reiz der lauen, rheinischen Luft zu erliegen. Seine starre, konservative Haltung kommt ins Wanken. Daran ist auch seine liberal denkende Frau schuld, unter deren Einfluss er hier mehr und mehr gerät. Immer häufiger kritisiert er nun den reaktionären Geist des Berliner Hofes und macht damit die preußische »Kamarilla« nervös. Besorgt fordert General Theodor von Rochow, Wilhelm aus »der mit Liberalismus verpesteten Atmosphäre« zu holen »und ihn wieder in die gesunde Potsdamer Luft zu bringen«.

Carl weiß natürlich nichts von Wilhelms wundersamer Wandlung. Und noch funktioniert ja der preußische Apparat mit alter Härte, die für den in wenigen Wochen in Köln beginnenden Prozess gegen Kinkel keinerlei Gnade erwarten lässt. Fest steht bereits, dass der Staatsanwalt für die zehn Angeklagten – darunter Kinkel und »in Abwesenheit« auch Schurz – die Todesstrafe fordern würde. Deshalb spricht sehr viel dafür, Kinkel so schnell wie möglich zu befreien. Aber wie?

Zu diesem Zeitpunkt sitzt der zu lebenslanger Haft Verurteilte noch im Zuchthaus Naugard bei Stettin. Das ist mit dem Zug eine Tagesreise entfernt vom Prozess-Ort Köln. Eine Befreiung könnte also nur während des Transports nach Köln gewagt werden. Dagegen jedoch spricht die extrem scharfe Bewachung Kinkels während der Fahrt – und die Gefahr für Schurz, dabei entdeckt zu werden. Wie ein Lauffeuer hat sich ja schon seine Anwesenheit in Bonn herumgesprochen. Jeder will ihn sehen – aber keiner darf ihn »gesehen« haben. Bei einem dieser »konspirativen« Treffen lernt Carl den jungen Mediziner Abraham Jacobi kennen. Beide ahnen nicht, wie intensiv ihre Freundschaft später einmal werden soll ...

Von Tag zu Tag wird für Schurz die Gefahr größer, seinen preußischen Verfolgern in die Hände zu fallen. Nur in der Dunkelheit riskiert er es inzwischen noch, seine gewohnten Streifzüge durch Bonn zu unternehmen: »Und auf einer solchen nächtlichen Gespensterfahrt konnte ich es nicht unterlassen, auch an Bettys Fenster vorüberzuwandern, um vielleicht einen Lichtschein zu erhaschen.«

Als ihm aber am nächsten Morgen durch einen Freund ein Blumenstrauß von eben dieser Betty überreicht wird – »den schickt dir ein Mädchen, dem ich mit voller Sicherheit sagen durfte, dass du hier bist, Carl« – ist er zwar einerseits gerührt und geschmeichelt. Anderseits aber weiß er, dass er jetzt so rasch wie möglich aus Bonn verschwinden muss. Im Pferdewagen seines Cousins Heribert Jüssen flüchtet er zunächst nach Köln. Aber auch dort wird das Geheimnis seiner Anwesenheit von den nächsten Freunden »mit echt kölnischer Gemütlichkeit« herausposaunt, so dass er schon bald das Weite suchen muss: »Ich reiste mit einem Nachtzug über Aachen nach Brüssel und von dort nach Paris.«

In der Zwischenzeit beginnt am 29. April 1850 in Köln der zweite Prozess gegen Gottfried Kinkel. Insgeheim hatte Johanna Kinkel gehofft, Schurz würde ihr in diesen schweren Tagen zur Seite stehen. Aber er ist weggetaucht. Sie weiß nicht einmal, ob er überhaupt noch realistische Chancen für eine Befreiung ihres Mannes sieht. Dazu kommt das erneut drohende Todesurteil für Kinkel, das schon über dem Beginn der Verhandlung schwebt. Und so schwankt die sonst so couragierte Frau beim Anblick ihres Mannes im Gerichtssaal zwischen Resignation und Entsetzen: »Die Anklagebank ist mit einem Geländer umgeben. Kinkel winkte, ich sollte einmal heraufkommen. Als ich aber kam, wollten die Gendarmen keinen Kuss gestatten. Nach einigen Debatten gestatteten sie eine ›Hand‹. Kinkel bog sich ganz weit herüber, und ich reckte mich von der anderen Seite ebenfalls, so lang ich konnte. Vier Polizisten stellten sich zu beiden Seiten und sahen, ob ich auch kein beschriebenes Papier in der Hand hätte. Apfelsinen zerquetschten sie ebenfalls vorher, ehe ich sie ihm hinlegen durfte, um zu sehen, ob nichts darin versteckt sei. Es war nur mit Lebensgefahr in den Sitzungssaal zu kommen, denn bis auf den Speicher starrte alles von Soldaten.«

Auf dem Weg zum Justizgebäude hatte Kinkel anfangs noch apathisch gewirkt. Doch je mehr Menschen ihm während der Fahrt zujubelten, desto straffer und entschlossener wurde sein Gesicht. »Infanterie und Kavallerie begleiteten den Wagen«, schilderte Johanna Kinkel diesen »Triumphzug« ihres Mannes durch Köln in einem Brief an ihre Freundin Margarete Blessing, »und dazwischen schrien Tausende von Menschen: ›Kinkel, hoch!‹ Schwenkten Mützen und warfen Blumen. Dann arretierten die Soldaten wieder ein paar Demokraten, und endlich regnete es Steine auf die Pickelhauben. Vor dem Regierungsgebäude waren zwei Kanonen und ein Pulverwagen aufgefahren. Die ganze Stadt war in Alarm.«

Im Gerichtsaal kam es dann zur Verlesung der Anklage. Reichlich diffus formuliert wurde Kinkel und den anderen Beschuldigten vorgeworfen, »ein Attentat verübt zu haben, dessen Zweck es war, die bestehende Verfassung umzustürzen, die Bürger und Einwohner des Staates aufzureizen, sich gegen die königliche Gewalt zu bewaffnen sowie einen Bürgerkrieg dadurch zu erregen, dass man die Bürger und Einwohner des Staates gegeneinander bewaffnete oder verleitete, sich gegeneinander zu bewaffnen«.

Am 2. Mai erhebt sich Kinkel von der Anklagebank und kündigt an, sich selbst verteidigen zu wollen. Die Spannung im Saal ist gewaltig: Er würde doch nicht einknicken und demütig-reuevoll um Gnade bitten?

Kinkel beginnt zu sprechen. Er schildert die politische Lage in den Revolutionsjahren 1848/49. Ruft mit seiner glänzenden Rhetorik in Erinnerung, dass damals viele Deutsche souverän ihre Volksvertretungen hätten wählen dürfen. Und nun stellt Kinkel in der atemlosen Stille den Gerichtsvertretern die provokante Frage: »Bei Ihrem Gewissen, meine Herren, sind wir es also gewesen, die Attentate auf die Verfassung gemacht haben?«

Danach schildert er, wie er sich entschloss, persönlich für die Revolution zur Waffe zu greifen und seine Familie zu verlassen. Und er schließt mit den Worten an die Geschworenen: »Ich will Ihr Mitleid nicht; aber mein Recht verlange ich von Ihnen; mein Recht wälze ich auf Ihr Gewissen, und weil ich weiß, dass Sie, Bürger Geschworene, Ihrem rheinischen Mitbürger sein Recht nicht versagen können, darum erwarte ich mit der ruhigsten Zuversicht aus Ihrem Munde das ›Nicht schuldig‹. Ich habe gesprochen; nun richten Sie!«

Johanna Kinkel im Brief an Ihre Freundin: »Alle behaupten, eine solche Szene nie erlebt zu haben. Während Kinkel sprach, schluchzte der ganze Saal, der Staatsanwalt und die Gendarmen mit.« Und auch Schurz, obwohl fern in Paris, muss durch Augenzeugenberichte genau über den Prozess unterrichtet gewesen sein. Denn erstaunlich detailliert beschreibt er in seinen Erinnerungen, was geschah, nachdem die Geschworenen auf »Nicht schuldig« entschieden hatten: »Da erhob sich im Saal ein donnernder Jubelruf, der, von der draußen versammelten Volksmenge aufgenommen, in den Straßen der Stadt widerhallte.

Frau Johanna drängte sich auf ihren Mann zu, um ihn zu umarmen. Ein Polizeibeamter befahl den Gendarmen, sie zurückzuhalten. Aber Kinkel, sich hoch aufrichtend, rief mit gebietender Stimme: ›Komm, Johanna! Gib deinem Mann einen Kuss! Das soll dir niemand wehren!‹ Wie von einer höheren Macht überwältigt, traten die Gendarmen zurück und öffneten eine Gasse für die Frau, die sich in die Arme ihres Mannes warf.«

Die übrigen Angeklagten waren nun auf freiem Fuß. Kinkel dagegen musste wieder zurück ins Zuchthaus, um seine erste Strafe abzubüßen. Und die lautete bekanntlich »lebenslänglich«. Am 11. Mai 1850 wurde er nach Spandau bei Berlin überführt. Johanna Kinkel hatte auf eine Befreiung während des Transportes gehofft. Vergebens. Schurz rührte sich nicht. War noch immer in Paris. Und seine Vertrauten rätselten, was er wohl vorhat ...

AN BORD DER »CITY OF LONDON«, 13. SEPTEMBER 1852

Schurz sitzt mit seiner jungen Frau in der Schiffsbibliothek. Heute Abend sind sie allein in dem kleinen, getäfelten Raum, der wie die behagliche Miniaturausgabe eines britischen Herrenclubs wirkt. Der Buchbestand allerdings ist hier beschämend gering: meist gängige Reiselektüre oder Werke halbvergessener Autoren. Trotzdem sind die Bücher zerlesen, von gelangweilten Passagieren wieder und wieder durchblättert.

Margarethe Schurz ist besser dran. Ihre Schwester Bertha, geschieden und wieder verheiratet, hat ihr in letzter Minute in London Jane Austens Roman »Stolz und Vorurteil« zugesteckt. »Glück in der Ehe ist eine zufällige Erscheinung«, hatte sie lächelnd daraus zitiert – und hinzugefügt: »Vielleicht macht dich dieser Satz neugierig auf das Buch.«

Etwa hundert Seiten hat Margarethe bisher gelesen. Ihr Interesse ist schwankend. Dass das Liebespaar zueinander finden würde, scheint bereits festzustehen. Nur der Weg zum glücklichen Ende ist etwas quälend. Margarethe erwischt sich dabei, wie sie immer häufiger über die Zeilen hinweg liest, weil sie ihren eigenen Gedanken nachhängt. Dann aber springt ihr doch ein Satz in die Augen, den die Heldin zu dem Mann, den sie heimlich liebt, spricht: »Ich höre über Sie so viel Widersprüchliches, dass ich überhaupt kein klares Bild mehr habe.«

Spricht sie nicht aus, was auch Margarethe gerade empfindet? Sie blickt hoch und betrachtet Carl, der ihre Anwesenheit offenbar vergessen hat. Schon seit einer Weile schreibt er hochkonzentriert, fast besessen, ein Blatt nach dem anderen voll. Er arbeitet an einem Manuskript über die Französische Revolution von 1789, für das er in Deutschland einen Verlag zu finden hofft.

»Wie ich sehe«, sagt Margarethe leise, »kommst du mit dem Schreiben gut voran.«

Er legt die Feder beiseite, starrt auf das Papier:

»Ich probiere etwas aus: Es ist nicht mehr ganz die Ausführung meines alten Plans einer Darstellung der Französischen Revolution. Ich habe das Thema jetzt weiter gefasst ...«

Er verstummt. Sie möchte aufstehen, ihm über das zerzauste, rötliche Haar streichen. Doch sie bleibt sitzen, um ihn nicht zu irritieren. Wie gut, dass er sie überhaupt an seinem Problem teilnehmen lässt. Aber was heißt an »seinem« Problem? Sind seine Schwierigkeiten nicht auch ihre? Und umgekehrt?

An der Hamburger »Hochschule für das weibliche Geschlecht« ist sie zwar als Erzieherin ausgebildet worden – aber wohl nur deshalb, um das Erlernte in einer Ehe praktizieren zu dürfen. Immer wieder wurde ihr eingetrichtert, dass die »Berufung« einer Frau allein in dem »natürlichen« Beruf als »Hausfrau, Gattin und Mutter« zu liegen habe. Es sei ganz und gar »natürlich«, dass sie in einer Ehe ihre rechtliche Selbständigkeit aufgeben müsse, auf ein eigenes Berufsleben zu verzichten habe. dass sie dem Ehemann Politik und öffentliche Ämter zu überlassen und vor allem: dass sie dieses Opfer freiwillig zu erbringen habe – aus Liebe.

Wenn da nicht gleichzeitig an dieser nur drei Jahre bestehenden, als fortschrittlich geltenden Frauen-Hochschule überzeugende pädagogische Konzepte zur Kindererziehung gelehrt worden wären, hätte Margarethe diese Lehrjahre eines Mädchens als Alptraum empfinden können. Denn sie hatte sich ihren »Ritter« ja ganz anders vorgestellt. Heiraten wollte sie nur einen Mann, der auch Freund und Partner sein sollte. Einen Mann wie Carl.

Doch im Trubel der letzten Wochen hatten die jungen Eheleute kaum Gelegenheit gehabt, miteinander über sich, über ihre gemeinsame Zukunft zu sprechen. Über ihre Ängste vor einem fremden Land, einem ungewohnten Klima, das Margarethes ohnehin labiler Gesundheit zusetzen könnte. Kein Wort auch, was Carl für berufliche Pläne hat. Ohne abgeschlossenes Studium. Würde ihm das Bücherschreiben reichen, selbst wenn er damit erfolglos bliebe? Carl solle Advokat werden, hatte einer der New Yorker Kaufleute geraten. Aber wie stellt sich Margarethe ihr künftiges Leben in der Neuen Welt vor? Was sollte sie tun?

Natürlich sehnt sie sich, genau wie Carl, nach eigenen Kindern. Aber auch um fremde Kinder möchte sie sich kümmern. Als der Professor kürzlich von dem verwahrlosten Nachwuchs der amerikanischen Siedler erzählte, da hat sie plötzlich eine Vision gehabt: Sie sah sich zwischen vielen Kindern, eigenen und fremden, mit denen sie spielte, tanzte, sang, bastelte, hinaus in die Natur ging und sie ihnen erklärte. Einen solchen »Kindergarten« hat Margarethes Schwester Bertha gerade in England eröffnet. Warum sollte nicht auch sie, Margarethe, eine derartige Einrichtung in Amerika auf die Beine stellen können? Schließlich haben beide Schwestern an der Hamburger Frauenhochschule die Methoden von Friedrich Fröbel, der den ersten Kindergarten gegründet hatte, studiert. Und gerade erst kürzlich hat sich Margarethe in London mit Johanna Kinkel, der geplagten, vierfachen Mutter, die auch noch mit Klavierunterricht Geld verdienen muss, über ihren Plan einer derartigen Kinderbetreuung unterhalten.

»Ich möchte«, sagt Carl unvermittelt in Margarethes Kindergarten-Träume hinein, »auch die neueste Geschichte in meinem Buch berücksichtigen. Die Wirkung der Französischen Revolution von 1789 auf die von 1848/49 hineinarbeiten.«

»Dann können auch alle lesen, wie du Gottfried Kinkel befreit hast?«

Er antwortet nicht, greift zur Feder und starrt auf das Papier. Keine weiteren Fragen, meine Liebe, bedeutet das wohl. Margarethe wendet sich wieder ihrem Roman zu und liest, was Jane Austen ihren Helden antworten lässt:

»Ich will gern glauben, dass Berichte über mich einander sehr widersprechen mögen, und ich könnte nur wünschen, dass Sie Ihre Skizze von meinem Charakter nicht gerade im gegenwärtigen Augenblick entwerfen, da dann zur Befürchtung Anlass besteht, dass das Bild weder für den Maler noch für sein Modell schmeichelhaft ausfallen würde.«

Zur gleichen Zeit schreibt der Kapitän der »City of London« in sein Logbuch: »Heute ist wieder ein Passagier im Zwischendeck an Cholera gestorben. Nun sind es 38 Tote.«

SPANDAU, 11. MAI 1850

Mitteilung

Der zufolge Annahme-Ordre des Königl. Hohen Ministeriums des Innern vom 6. Mai zur Strafe hier selbst aufzunehmende ehemalige Professor Kinkel ist durch den Herrn Hauptmann Patzke richtig eingeliefert worden, welches hierdurch bescheinigt wird.

Königl. Direction der Strafanstalt
Stempel gez. Unterschrift

Nach seiner Einlieferung in das Zuchthaus Spandau bei Berlin wird Gottfried Kinkel nicht besser behandelt als die übrigen Insassen. Dem harten, monotonen Alltag fügt er sich mit bemerkenswertem Durchhaltewillen: »Der Triumph sollte meinen Feinden nicht werden, dass sie draußen mit höllischer Schadenfreude hätten erzählen können: ›Wissen Sie schon, der Professor Kinkel hat sich in Spandau so aufsässig betragen, dass er nach dem Zuchthaus-Reglement mit Rohrhieben hatte gezüchtigt werden müssen!‹«

Wie alle anderen Häftlinge muss auch Kinkel hier Wolle aufspulen. Wer sein Pensum nicht schafft, wird bestraft. Zuerst mit Entziehung der warmen Kost, dann mit Schlägen. Kinkel: »Ich nahm meine ganze

Gottfried Kinkel im Gefängnis, Holzstich, 1850

Kraft zusammen. Meine Hände rieben sich wund und bluteten. Trotz der wütendsten Schmerzen spulte ich fort. Meine Energie siegte. Als der Herr Direktor meine Arbeit am Ende der Woche nachsah, war er erstaunt über meine Leistung. Ich hatte, was wenigen Zuchthaus-Sträflingen im Anfang gelingt, das volle Pensum fertig gebracht. Ich erlangte eine solche Fertigkeit im Spulen, dass ich mehr als das Pensum zu leisten vermochte. Dafür empfing ich reglementsmäßig eine kleine bare Vergütung, und mit dieser verschaffte ich mir wöchentlich etwas Butter, so dass ich an Sonntagen mein Brot nicht trocken zu essen brauchte. Außer der Bibel hatte ich kein Buch. Und bei dem gänzlichen Mangel geistiger Tätigkeit war die körperliche Arbeit eine wahre Barmherzigkeit. Ohne diese hätte mich die Isolierhaft zum Wahnsinn geführt.«

PARIS / BERLIN, MAI BIS OKTOBER 1850

Ein junger Mann in der Stadt seiner Träume von Revolution und Freiheit!

»Mit Begierde las ich die Straßennamen an den Ecken. Da waren sie denn, diese Schlachtfelder der neuen Ära, die meine erregte Phantasie sofort mit den historischen Gestalten bevölkerte: hier der Platz der Bastille, wo das Volk seinen ersten Sieg erfocht; da das Karree St. Martin, wo die ersten Barrikaden des Februar gestanden; da das Hotel de Ville, wo die Kommune gesessen und Robespierre mit blutendem Kopf auf einem Tisch gelegen; da das Palais Royal, wo Camille Desmoulins, auf einem Stuhl stehend, seine feurige Rede gehalten; da der Karussell-Platz, wo an dem berühmten 10. August das Königtum Ludwigs XVI. fiel.«

Mit dem Nachtzug war Carl am frühen Morgen in Paris angelangt. Hat keinen Schlaf im nächsten, kleinen Hotel finden können und ist, mit einem Stadtplan in der Hand, durch die Straßen getaumelt.

»Mehrere Stunden war ich so, wie in einem Traum befangen, umhergewandert.«

Schurz ist aus zwei Gründen an die Seine geflüchtet: In Köln war ihm der Boden zu heiß geworden und in Paris kann er erste Informationen zu seinem Buch-Projekt über die Französische Revolution sammeln.

Doch was die Befreiung Kinkels betrifft, da hat er noch immer keine Lösung.

»In der Tat war es mir hauptsächlich darum zu tun, an einem sicheren Platz still zu sitzen, bis der Siegburger Prozess in Köln mit seinen Aufregungen vorüber und Kinkel nach Naugard oder einer anderen Strafanstalt transportiert sein würde, so dass ich dort die vielleicht langwierige Arbeit beginnen könnte.«

Eines allerdings ist Schurz schon länger klar: Mit Gewalt kann er Kinkel nicht befreien. Eher mit einer List. Doch auch diese Erkenntnis bringt ihn nicht weiter. Im Gegenteil – sie steigert noch seine Nervosität, seine Mutlosigkeit. Und Carl, in schwierigen Zeiten fast verwegen, entdeckt, dass er sogar feige sein kann. Der Anlass scheint simpel. Aber dass er ihn nie vergessen sollte, beweist, wie stark er zu seiner Verunsicherung beitrug.

Nur noch mit ein paar Sous in der Tasche – Carls ohnehin chronischer Geldmangel hatte mal wieder einen Höhepunkt erreicht –, sitzt er eines Abends in einem Café im Quartier Latin. Schon seit mehreren Stunden wartet er vergeblich auf einen Freund, von dem er sich Geld borgen will. Um die Wartezeit zu dehnen, trinkt er die letzte Tasse Kaffee, die er sich gerade noch leisten kann, in winzigen Schlucken aus.

Er beschließt, mit seinen letzten Sous zu bezahlen und nach Hause zu gehen: »Aber als ich von meinem Stuhl aufstand, begegnete mir ein Unglück. Durch eine ungeschickte Bewegung stieß ich die Kaffeetasse von dem kleinen Tisch auf die Steinplatten des Fußbodens hinunter und sie zerbrach. Natürlich dachte ich, ich müsste für die zerbrochene Tasse auch zahlen.«

Statt nun zu dem »Unglück« zu stehen, bestellt er sich eine weitere Tasse Kaffee, für die er jedoch kein Geld mehr hat: »Ich litt die Qualen des bösen Gewissens. Mit angstvoller Erwartung blickte ich Elender jeden Augenblick von der Zeitung auf nach der Türe ...«

Das Café will schon schließen, da naht Rettung in letzter Minute. Carls Freund ist erschienen und leiht ihm das gewünschte Geld. Endlich kann er seine Zeche bezahlen. Aber als er wissen will, wie viel die zerbrochene Tasse kostet, da erwidert die Kassiererin mit huldvoll herablassendem Lächeln nur: »In diesem Café nehmen wir nie Bezahlung für zufällig zerbrochenes Geschirr.«

Carl ist wütend – auf sich selbst: »Es war eben ein Fall falscher Scham.

Jener falschen Scham, die schon so manchen sonst gut angelegten und ursprünglich ehrlichen Menschen auf die abschüssigsten Bahnen des Unheils gedrängt hat.« Nie mehr, schwört er sich nach dieser Schlappe, will er »auf die Chance des Zufalls« bauen.

Nach vier Wochen Paris reist Schurz zurück nach Köln und trifft dort Johanna Kinkel, die ihm eine größere Geldsumme anvertraut. Das Geld haben Sympathisanten, darunter Prominente wie der Schweizer Historiker Jacob Burckhardt, gespendet, um Kinkels Flucht zu unterstützen.

Mit dem Pass seines Vetters Heribert Jüssen fühlt sich Schurz in Deutschland keineswegs sicher. Die Furcht, erkannt zu werden, bleibt. Trotzdem entschließt er sich, nach Berlin zu fahren. Auf dem Bahnhof trifft er zufällig seinen Freund Abraham Jacobi, der nach Schleswig-Holstein will. Erfreut stellen beide fest, dass sie einen Teil des Weges zusammen fahren können. Dann aber der Schock: In ihrem Abteil sitzt der Orientalist Lassen, ein Professor aus Bonn, der Schurz kennt. Lassen fixiert ihn erstaunt. Doch Carl und Jacobi spielen die Unbefangenen. Lachen und albern herum. Lassen ist verwirrt und beschließt, dass dieser harmlose Spaßvogel, der dem gesuchten Schurz ähnelt, wohl nicht mit dem gesuchten »Übeltäter« in Verbindung zu bringen sei.

Am 11. August 1850 kommt Carl in Berlin an: »Da mein Pass in bester Ordnung schien, ließ mich die Polizei, die sonst alle Reisenden scharf beobachtete, ohne Schwierigkeiten in die Stadt ein.«

Was ist das für eine Stadt? Schurz schreibt einem Freund: »O dieses Berlin! Wie freue ich mich, dass ich hier einige Tage leben und beobachten kann. Dieses Berlin mit seinen prachtvollen, schnurgeraden Straßen, seinen großartigen Palästen, seinen wunderschönen Theatern und Museen.«

Dann aber urteilt der erst Einundzwanzigährige überraschend scharf: »In Berlin findet man nichts, was den ernsten Stempel einer gewaltigen Geschichte auf der Stirn trüge. Es ist fast unmöglich, hier eine Parallele mit Paris zu finden. Was rührt mich hier die Statue eines alten Ziethen oder Blüchers, Scharnhorsts oder Bülows, was rührt mich selbst ein Standbild Friedrichs des Großen? Sie stehen als Anekdoten in der Geschichte und an den Klang ihres Namens knüpft sich nichts als höchstens ein wenig kalte Bewunderung.«

Berlin im Jahre 1850. In der Tat besticht die Hauptstadt Preußens im Zentrum mit einer Reihe von Prachtbauten, die größtenteils schon

Jahrzehnte früher errichtet worden sind: Brandenburger Tor, Stadtschloss, Zeughaus, Kronprinzen-Palais – die üblichen Schmuckstücke einer machtbewussten Residenz. Woran es allerdings mangelt, das sind Wohnungen oder Häuser für die immer stärker wachsende Bevölkerung. Fast eine halbe Million Menschen lebt jetzt in Berlin. Das ist eine Zunahme von knapp dreißig Prozent in nur acht Jahren! Die Leute strömen in die Stadt, weil sie in der aufstrebenden Industrie Arbeit zu finden hoffen. Doch während Geld keine Rolle spielt, wenn es um Repräsentationsbauten geht, ist die Berliner Stadtregierung nicht in der Lage, genug Wohnraum für hinzugezogene Arbeiter zu schaffen.

Schurz kommt bei ehemaligen Kommilitonen, die er in der Bonner Burschenschaft »Frankonia« kennen gelernt hatte, in der Markgrafenstraße unter, nur ein paar Gehminuten von der Pracht- und Parade-Meile Unter den Linden entfernt. Hier wirken die Bürgerhäuser durchaus ansehnlich, fast aristokratisch. Aber wie auch manch andere Gebäude in Berlin stehen sie auf sumpfigem Boden und sind einsturzgefährdet. Weit provisorischer hausen die Arbeiter vor den Toren der Stadt: in Barackensiedlungen, zu denen es weder Bahnverbindungen noch ausgebaute Straßen gibt. Aber auch viele Straßen in Berlin sind in einem erbarmungswürdigen Zustand. Ihren Ausbau haben die Stadtväter und eine desinteressierte Bürgerschaft schlichtweg vergessen.

Gleich nach seiner Ankunft an der Spree setzt sich Schurz mit mehreren Personen in Verbindung, die ihm teils von Frau Kinkel, teils von demokratischen Gesinnungsgenossen als zuverlässig bezeichnet worden waren. Nur einem teilt er das Geheimnis seines Auftrages mit: »... dem Doktor Falkenthal, einem Arzt, der in der Vorstadt Moabit wohnte, der mir seinem Charakter nach am geeignetsten schien, an dem beabsichtigten Wagestück teilzunehmen.« Falkenthal bringt Carl mit dem Spandauer Gastwirt Krüger zusammen, der einer seiner wichtigsten Fluchthelfer bei der Befreiung Kinkels werden soll: »ein durchaus vertrauenswerter und tatkräftiger Mann«.

Was Carl da noch nicht weiß: Für Krüger ist das nicht die erste Flucht, die er erlebt. Was war das für eine Aufregung, als am 19. März vor zwei Jahren eine Droschke vor Krügers Spandauer Gasthof hielt! Ein stattlicher Herr stieg aus, der in seinem gewöhnlichen Mantel und der Mütze eines Lakaien ziemlich verkleidet aussah. Genau wie die ihn begleitenden Damen im schlichten Tuch der Kammerfrauen.

Der Gendarmenmarkt in Berlin um 1850

Krüger hatte damals sehr schnell gewusst, wer seine eigenartigen Gäste waren: Wilhelm, Prinz von Preußen, mit Gemahlin und Hofdamen auf der Flucht nach England. Geflohen vor der Wut der Revolutionäre, auf die Wilhelm ohne Vorwarnung mit Kartätschen hatte schießen lassen. Wie doch das Schicksal Kapriolen schlagen kann, hatte Krüger amüsiert gedacht, während er die verkleideten Herrschaften bewirtete.

Schurz: »Obgleich Krüger viel älter war als ich, so entwickelte sich doch zwischen ihm und mir bald ein Gefühl wahrhafter Freundschaft. Er bot mir sein Haus an zum Hauptquartier meines Unternehmens.«

Das jedoch muss Carl ablehnen, weil er befürchtet, in dem kleinen Spandau besonders leicht entdeckt zu werden: »Der Aufenthalt in dem großen Berlin schien mir weniger gefährlich. Auch konnte ich mich der Versuchung der von der Hauptstadt gebotenen Genüsse nicht ganz entziehen. Und unter diesen Genüssen war einer, der mir besonders kostbar, aber auch besonders gefährlich wurde.«

Etwa hundert Spiel- beziehungsweise Vergnügungsstätten kann man um 1850 in Berlin genießen: vom Opernhaus Unter den Linden bis zum Königlichen Theater am Gendarmenmarkt und dem Krollschen Etablissement im Tiergarten. Unterhaltung ist stärker gefragt als anspruchsvolles Theater. Spaßkultur in Zeiten politischer Stagnation. Um so Aufsehen erregender ist das Gastspiel der französischen, in ganz Europa gefeierten Schauspielerin Rachel. Die Tochter eines jüdischen Händlers begann als Straßensängerin in Paris. Jetzt wird sie in den Stücken der französischen Klassiker Corneille und Racine gefeiert. Sie tritt in der Originalsprache auf – und ist trotzdem die Sensation an der Spree.

Obwohl jeder Theaterbesuch die Gefahr einer Entdeckung birgt, kann Schurz der Rachel nicht widerstehen: »Ich nahm mir immer einen Sitz im Parterre möglichst nahe beim Ausgang. Bei offenem Vorhang durfte ich darauf rechnen, dass aller Augen auf die Szene geheftet blieben. In den Zwischenakten aber, wenn manche der Zuschauer sich umdrehten, um sich das Publikum anzusehen, hatte ich stets mein Opernglas vor den Augen, auf die Leute in den Logen gerichtet, und gelegentlich hielt ich mein Taschentuch vors Gesicht, als ob ich Zahnweh hätte.«

Carls grenzenlose Bewunderung für die Rachel hat wohl auch etwas mit seiner Unerfahrenheit Frauen gegenüber zu tun. Mit selbstquälerischer Lust stellt er sein Bühnen-Idol auf einen Sockel – unerreichbar – wie seine erste Liebe Betty am Fenster in Bonn, die er nur aus der Distanz anzuhimmeln wagte.

»Die Rachel war mir ein Dämon, ein übermenschliches Wesen, eine geheimnisvolle Naturkraft – nur kein Weib, mit dem man frühstücken oder über alltägliche Dinge sprechen oder im Park spazieren fahren könnte.«

Auch Theodor Fontane hat damals, vielleicht nur ein paar Sitze von Schurz entfernt, die Rachel bewundert: »Gleich der erste Moment ihres Auftretens, ehe sie noch ein Wort gesprochen hat, ist sechs deutsche Theaterabende wert.« Doch ganz konnte Fontane das Spotten nicht las-

Die französische Schauspielerin Rachel,
Fotografie von Nadar, ca. 1855

sen: »Im übrigen leidet sie alle fünf Akte durch an der Nymphomanie, was allerdings mehr in die Charité als auf die Bühne gehört.«

Schurz dagegen ist von der Rachel völlig hingerissen. So sehr, dass er ihre Vorstellungen wieder und wieder besucht. Und dieser Leichtsinn soll ihm eines Abends beim Verlassen des Theaters fast zum Verhängnis werden:

»Plötzlich wandte sich mir im Gedränge ein Gesicht zu, dessen Anblick mich erschreckte. Es war das eines Menschen, der nach der März-Revolution im Jahre 1848 in Bonn studiert und unserem demokratischen Verein angehört hatte, aber durch einige sonderbare Vorkommnisse unter den Verdacht gefallen war, der Polizei als Spion zu dienen.« Schurz sieht ihn fest an, als wundere er sich, von einem unbekannten Menschen so fixiert zu werden: »So standen wir einige Augenblicke Angesicht zu Angesicht, ohne uns bewegen zu können. Dann lockerte sich das Gedränge, und ich machte mich eiligst davon. Das war mein letzter Rachel-Abend in Berlin.«

Jetzt ist er also gewarnt. Leichtsinn und Kinkels Befreiung – das passt nicht zusammen. Mit Gastwirt Krüger, der früher Ratsherr in Spandau war, trifft er sich erneut, um das weitere Vorgehen zu besprechen. Mit Gewalt, weiß auch der gut informierte Krüger, kann man hier niemanden aus dem Zuchthaus holen. Und Kinkel, das weiß wiederum Schurz, kann ohnehin keine Gitterstäbe zersägen oder Mauern durchbrechen, weil er handwerklich viel zu ungeschickt ist. Die beste Lösung würde sein, Helfershelfer in der Strafanstalt selber zu gewinnen. Aber wie?

Gastwirt Krüger hat Kontakt zu den Wachmannschaften. In einem Hinterzimmer seines Gasthofes präsentiert er Carl einen ersten Aspiranten für die geplante Befreiungsaktion. Mit dem geht Carl strategisch vor: Zunächst wird in dem Zuchthauswärter Anteilnahme für die Familie Kinkel geweckt, für die verzweifelte Ehefrau, die vaterlosen Kinder und vor allem für den zu lebenslänglicher Haft verurteilten Ehemann. Carl, der vorgibt, als Kinkels Freund nur auf der Durchreise in Spandau zu sein, wirkt überzeugend. Als er den Wärter bittet, für eine Zehntalernote Brot und Wurst für den Häftling zu besorgen, willigt der ein.

Beim nächsten Treffen überreicht Carl dem Mann eine weitere Zehntalernote. Diesmal mit dem Wunsch, Kinkel eine Nachricht zuzustecken, die der Inhaftierte beantworten soll. Wieder willigt der Wärter ein. Damit hat Carl ein psychologisches Glanzstück abgeliefert. Jetzt ist der Mann nämlich bereits so stark in die Befreiung Kinkels verstrickt, dass man ihm die entscheidende Frage stellen kann: Will er bei Kinkels Befreiung mitmachen oder nicht?

Schurz: »Doch schon die bloße Andeutung hatte ihm offenbar einen Schrecken eingejagt, und ich erkannte deutlich, dass dies der Mann nicht sei, den ich brauchte. Jetzt galt es ihn loszuwerden und mich zugleich seines Schweigens zu versichern.«

Carl drückt sein Bedauern über die Ablehnung aus, lobt Mut und Mitgefühl des Mannes und sagt, dass, wenn jemand wie er die Sache für hoffnungslos halte, er wohl recht haben müsse. Deshalb werde auch Schurz die Befreiung aufgeben und sofort abreisen. Um sich das Stillschweigen des Wärters endgültig zu sichern, setzt Carl noch eins drauf und orakelt von einer geheimnisvollen Macht, die furchtbar gegen Verräter wüte ...

»Es gelang mir wirklich, den Wärter so sehr in Angst zu setzen, dass er mich inständig bat, ihm nicht übel zu wollen. ... Der erste Versuch war also missglückt.«

Doch auch ein zweiter und dritter Versuch mit anderen Wärtern misslingt. Langsam wird Schurz nervös: »Mein Aufenthalt in Berlin begann mir unbehaglich zu werden. Die Zahl der Freunde, die um meine Anwesenheit wussten, war etwas zu sehr angewachsen, und die Frage, was ich denn eigentlich dort vorhabe, begegnete mir zu häufig.«

Es wird aber nicht allein die Furcht vor dem Erkanntwerden gewesen sein, die Carls wachsende Abneigung gegen Berlin erklärt. Es ist auch die mittlerweile dumpfe Atmosphäre in einer Stadt, die gerade zwei Jahre zuvor noch den Aufstand gewagt hatte. Besonders in der Berliner Presse schlägt sich dieser neue konservative Geist jetzt nieder. Schurz, der schon seit längerem mit dem Beruf des Journalisten liebäugelt, der aus Paris bereits für eine demokratische Zeitung in Köln berichtet hat, ist schwer enttäuscht. Besonders über die im Juni 1848 gegründete *Kreuzzeitung*, die ihm wie ein Kampfblatt der Reaktion vorkommt. Darin gibt zum Beispiel ein gewisser Otto von Bismarck »die preußisch-junkerliche Sache nicht verloren«. Dieser Bismarck schreibt »für die Rechte der Rittergutsbesitzer« und gegen die »Frankfurterei«. Damit meint er das Nationalparlament. Solche Artikel liest Schurz mit wachsendem Entsetzen. Dass er mit demselben Bismarck viel später einmal hochinteressante Gespräche führen wird – auch das gehört zur Ironie der Geschichte.

Es ist aber nicht nur die Berliner *Kreuzzeitung*, die gegen jede liberale Veränderung anschreibt. Auch die bis zum Revolutionsjahr 1848 noch moderate *Vossische Zeitung* wird immer konservativer. Lesenswert findet Carl nur das Satireblatt *Kladderadatsch*, das, um der Zensur zu entgehen, allerdings nur heimlich vertrieben werden kann.

Schurz muss dringend raus aus der muffig gewordenen Berliner Luft: »Einer meiner Freunde erhielt nun den Auftrag, den anderen für mich Lebewohl zu sagen. Ich sei abgereist, um nicht wiederzukommen. Wohin, wusste niemand.«

Er reist nach Hamburg, um in dem freien Stadtstaat mit seiner selbstbewussten Bürgerschaft endlich wieder durchzuatmen. An der Alster genießt er die Gesellschaft seines alten, immer in der Not zur Verfügung stehenden Freundes Adolf Strodtmann. Aber schon Ende September ist Carl zurück in Berlin. Ein erneuter, vielleicht letzter Versuch, Kinkel zu befreien, muss riskiert werden. Carl quartiert sich diesmal in der Vorstadt Moabit bei dem Arzt Falkenthal ein. Hier gilt er als Medizinstudent »Heribert Jüssen«, der Dr. Falkenthal assistiert.

»Um diesen Glauben zu bestärken, trug ich eine kleine Tasche mit chirurgischen Werkzeugen, wie die Ärzte sie häufig bei sich führen, mit mir herum. Von Moabit machte ich meine nächtlichen Fahrten nach Spandau. Ich bediente mich nicht der Eisenbahn, da auf dem Berliner Bahnhofe die Passkarte eines jeden Reisenden, selbst auf den Lokalzügen, visitiert wurde. So nahm ich mir dann in Moabit ein Lohnfuhrwerk, aber jedes Mal ein anderes.«

Wieder wird ihm durch Spandauer Kontaktleute ein Zuchthausbeamter präsentiert. Und wieder ist es ein Misserfolg. Zwar will auch dieser Mann Briefe und Lebensmittel an Kinkel weiterreichen – aber mehr sei nicht drin. Nun beginnt Schurz ernsthaft zu zweifeln, ob man den Freund auf diesem Wege tatsächlich befreien kann. Ratlos durchstreift Carl das nächtliche Spandau. Die Ruhe in den dunklen Straßen täuscht. In der Garnisonsstadt, zwölf Kilometer von Berlin entfernt, wimmelt es tagsüber von Militär. Mehrere Bataillone sind hier kaserniert. Bis zum Zapfenstreich geht es deshalb oft hoch her in den Schenken. Besonders im Gasthof Krüger, wenn dort der Wirt seinen starken Punsch serviert.

Die militärische Präsenz beunruhigt Schurz. Vergessen kann er sie nur, wenn er nachts zum Havelufer hinunter geht, wo die kleinen Häuser der Fischer stehen. Aber der wuchtige Schatten der Zitadelle mit dem Juliusturm erinnert ihn dann wieder an die wohl uneinnehmbare Festung des Zuchthauses, in dem sich bisher kein einziger Wärter gefunden hat, der bereit gewesen wäre, das Risiko der Kinkel-Befreiung mitzutragen.

Immer wieder umkreist Carl bei seinen nächtlichen Streifzügen die Strafanstalt: »Ein großes, kasernenartiges Gebäude, dessen kahle Wände von einem Tor und einer Menge enger Fensterluken durchbrochen waren, auf allen vier Seiten von Straßen umgeben. Nach der Hauptstraße zu befand sich das Tor. Innerhalb des Torwegs gab es auf der

Die Zitadelle von Spandau, Bildpostkarte, ca. 1900

rechten Seite eine Tür, die in die Amtswohnung des Gefängnisdirektors, und auf der linken eine andere, die in die Soldatenwachstube führte.«

Im zweiten Stockwerk liegt Kinkels Zelle. Sie hat ein Fenster nach der Rückseite des Gebäudes: »Dieses Fenster war durch einen Blechkasten verwahrt, der, an der unteren Seite fest in die Mauer geschlossen, sich nach oben schief öffnete, so dass das Tageslicht von oben einfiel und von der Zelle aus nur ein kleines, quadratisch abgegrenztes Stückchen Firmament sichtbar war. Außerdem hatte das Fenster starke Eisenstäbe, ein enges Drahtgitter und einen hölzernen Laden, der nachts verschlossen wurde.«

Hier also soll Carls Freund sein Leben lang eingesperrt bleiben! Ein Gedanke, der so bedrückend ist, dass sich Schurz keine weitere Resignation mehr erlaubt. Und wie eine Art Belohnung findet er nun auch denjenigen, nach dem er so lange vergeblich gesucht hatte: »Meine Spandauer Freunde machten mich mit dem Gefangenenwärter Brune bekannt.«

Es gibt so etwas wie Sympathie auf den ersten Blick. Bei Brune weiß Schurz sofort, dass er dem vertrauen kann: »Brune trat fest auf wie ein Mann, der sich dessen nicht schämt, was er zu tun willig ist.«

Wie die meisten Wärter in der Strafanstalt ist auch Brune Unteroffizier. Und wie die meisten verdient er nur wenig, muss aber davon

Frau und Kinder ernähren. Sein mutiger Kommentar zu dem inhaftierten Kinkel: »Es ist eine Gottesschande, dass so ein gelehrter und tüchtiger Herr unter gemeinen Halunken im Zuchthaus sitzt.« Trotz seiner geringen Stellung hat Brune nichts Unterwürfiges an sich. Er macht nicht »das verlegen klägliche Gesicht eines Menschen, der zwischen seinem Pflichtgefühl und einer Zehn-Taler-Note mit sich unterhandelt«.

Carls Vertrauen wächst. Er geht einen Schritt weiter und spricht jetzt von seinem Plan, Kinkel die Flucht aus dem Zuchthaus zu ermöglichen. Falls Brune dabei mithelfen wolle, würde für ihn und seine Familie natürlich gesorgt werden.

»Nach Ihrer Sprache sind Sie Westfale«, sagt Schurz zu Brune.

»Ja, ich bin bei Soest zu Hause.«

»Und ich bin Rheinländer – dann sind wir ja Landsleute.«

Ja, er wolle Kinkel helfen, sagt Brune schließlich. Und wie es gelingen könne, wolle er sich überlegen: »Geben Sie mir drei Tage Bedenkzeit.«

SPANDAU, ANFANG NOVEMBER 1850

»Gegen sechs Uhr morgens erwacht d'Artagnan mit jenem unbehaglichen Gefühl, das fast immer auf eine schlecht verbrachte Nacht folgt. Seine Toilette war schnell besorgt; er tastete sich ab, ob man ihn nicht etwa im Schlaf bestohlen habe, und als er seine Diamanten am Finger, seine Börse in der Tasche und seine Pistolen im Gürtel fand, stand er auf, bezahlte seine Flasche Wein und ging hinaus ...«

Schurz klappt das Buch zu, in dem er gerade gelesen hatte. Seine Ungeduld wächst von Stunde zu Stunde. So wie d'Artagnan, der Held in Alexandre Dumas' Roman »Die drei Musketiere«, möchte auch er jetzt hinaus, um sofort mit Kinkels Befreiung zu beginnen.

Doch erst am Abend des dritten Tages ist es so weit. Wie verabredet fährt Carl von Moabit, wo er wohnt, hinaus nach Spandau. Brune erwartet ihn schon.

»Ich habe es mir überlegt«, sagt er. »Ich glaube, es wird gehen.« In der Nacht vom 5. auf den 6. November könne er sich die passenden Schlüssel besorgen, um Kinkel aus seiner Zelle zu holen und bis ans Zuchthaustor zu bringen.

Schurz möchte Brune um den Hals fallen vor Erleichterung. Doch er beherrscht sich. Der Plan scheint ausführbar: »Dann eröffnete ich Brune, was ich für seine Familie zu tun imstande sei. Es stand mir eine Summe Geldes zur Verfügung.«

Der Wärter ist damit zufrieden. Doch den Vorschlag, ihm und seiner Familie die Auswanderung nach Amerika zu ermöglichen, lehnt er ab. Er ziehe es vor, »im Falle der Entdeckung die Strafe zu erdulden und seine Familie im Vaterlande zu behalten«.

Auch das wäre geklärt. Nun geht es an die Umsetzung des Fluchtplanes. Brune gibt zu bedenken: »Es wird noch eine Weile dauern, bis alles in rechter Ordnung ist.«

»Gut«, antwortet Carl, »auch ich brauche noch Zeit für die Vorbereitungen.«

Denn noch ist nicht geklärt, wie Kinkel nach der Flucht aus dem Zuchthaus über die preußische Landesgrenze gelangen soll. Und vor allem – wohin?

Zu Carls Vorbereitungen gehört auch ein Besuch in einem Teil Berlins, der ihm bisher unbekannt gewesen ist. Hier lebt das Großbürgertum der Stadt nahezu unter sich. Schurz soll dort Geld entgegennehmen, das er für Kinkels Befreiung benötigt. Eine weitere große Summe, die von Demokraten in halb Europa und von Kinkels persönlichen Freunden und Bewunderern aufgebracht worden ist.

An einem herbstlich kühlen Abend steht Carl vor einer prächtigen Villa. Die Adresse hat er von Johanna Kinkel erhalten. Die Hausherrin ist eine Verwandte des vor drei Jahren verstorbenen Komponisten Felix Mendelssohn Bartholdy.

Schurz stellt sich als »Heribert Jüssen« vor: »Ich wurde von einem Diener in einen großen Salon gewiesen, in welchem alles, Möbel, Bilder, Bücher, musikalische Instrumente, ein elegantes Behagen atmete. Ich hatte eine Weile zu warten, und der Kontrast zwischen meinem wilden Geschäft und dieser Umgebung wurde mir recht fühlbar.«

Endlich tritt eine schwarz gekleidete Dame ein. Sie ist nicht mehr jung und auch nicht gerade schön, aber ihre Erscheinung strahlt Anmut aus. In ihrer Hand trägt sie eine große Brieftasche.

»Sie bringen mir Grüße von einer Freundin aus dem Rheinland?«

»Herzliche Grüße«, antwortet Carl.

»Ich wusste, dass Sie um diese Zeit kommen würden. In dieser Brieftasche finden Sie alles. Ich kenne Ihre Pläne nicht, aber sie müssen gut sein. Sie haben meine aufrichtigsten Wünsche!«

Erst auf der Straße kommt Carl wieder zu sich, so beeindruckt ist er von diesem Erlebnis. Und erst jetzt wird ihm bewusst, wie viel Geld nun in seiner Brusttasche steckt: »Niemals hatte ich für fremdes Eigentum eine solche Verantwortung getragen. Das Geld war mir für einen bestimmten Zweck anvertraut worden. Ging es verloren, ohne dass dieser Zweck erfüllt wurde, so war es um Kinkel geschehen. Denn eine solche Summe ließe sich schwerlich zum zweiten Mal für ihn aufbringen. Meine persönliche Ehre wäre auch verloren. Denn ich hätte dann den Verdacht der Unredlichkeit auf mir.«

Solche Skrupel treten jedoch hinter dem nächsten Problem erst einmal zurück. Noch immer ist ungeklärt, wohin der Weg in die Freiheit führen soll. Frankreich, Belgien und die Schweiz sind zu weit entfernt. Also bleibt nur die Küste, von der aus es dann mit dem Schiff nach England ginge. Aber von welchem Hafen aus? Zu stark bewacht sind Hamburg und Bremen. Carl entscheidet sich für Rostock. Schon weil ihm dort Moritz Wiggers, ein Advokat und demokratischer Politiker, weiterhelfen könnte.

»Auch war Rostock zu Wagen am schnellsten zu erreichen – den Eisenbahnen konnten wir uns ja nicht anvertrauen. Natürlich durften das nur Privatfuhrwerke sein, möglichst von den Eigentümern selbst kutschiert.«

Schurz macht sich auf die Reise, um die Fluchtroute genau festzulegen. Außer Wiggers gibt es noch weitere Helfer, die er einweihen muss. Überrascht stellt er fest, dass sich darunter auch ein Mann befindet, der sich als »Vollblutreaktionär« vorstellt.

»An eure Freiheit und Gleichheit glaube ich nicht«, erklärt er, »aber dass man den Kinkel, einen Dichter und Gelehrten, wegen seiner idealistischen Hirngespinste ins Zuchthaus gesteckt hat, das ist ein empörender Skandal. Und, obgleich ein gut konservativer Mecklenburger, bin ich jederzeit bereit, ihm fortzuhelfen.«

Carl ist verwirrt. Aber demokratische Freunde beruhigen ihn: »Er ist ein kurioser Heiliger und schwatzt wunderliches Zeug. Doch wenn es um eine gute Tat geht, ist er treu wie Gold.«

Schließlich sind alle Fluchthelfer informiert. In dreißig Stunden, hofft Carl, könne man von Spandau bis an die Küste gelangen. Aber schon droht ein neues Problem. Viele, vielleicht zu viele Menschen sind jetzt in das Unternehmen eingeweiht: »Was ich am meisten fürchtete, war nicht böswilliger Verrat, sondern übergroßer und indiskreter Eifer.«

Außerdem ist der Transport von Spandau bis zur ersten Zwischenstation noch nicht gelöst. Doch Gastwirt Krüger, der die halbe Gegend kennt, stellt den Kontakt zu einem Gutsbesitzer namens Hensel her. Der wohnt in der Nähe, hat schnelle Pferde und ist sogar bereit, Kinkel und Schurz persönlich zu kutschieren.

Am 4. November verlässt Carl seinen Unterschlupf in Moabit. Zum Abschied schenkt ihm Dr. Falkenthal zwei Pistolen: »Die sollten mir dienen, wenn ich ins Gedränge käme.«

Abends trifft Carl in Spandau mit Brune zusammen, um jede Einzelheit der Befreiung Kinkels noch einmal durchzusprechen. Alles scheint in Ordnung. Bis Brune sagt: »Da ist noch eine Sache, von der ich nicht gerne spreche.«

»Was ist es?«

»Ich vertraue Ihnen durchaus. Was Sie versprochen haben, für meine Familie zu tun, das werden Sie halten, wenn Sie können.«

»Ich habe das Geld für Sie.«

»Das meine ich nicht. Die Sache ist gefährlich. Ihnen kann etwas passieren und mir auch, uns beiden. Und was wird dann aus meiner Frau und meinen Kindern?«

Was er damit meine, fragt Schurz nach ein paar Sekunden Schweigen.

»Wenn Sie die Sache richtig bedenken«, sagt Brune zögernd, »werden Sie einsehen, dass das Geld in den Händen meiner Frau sein muss, ehe ich meinen Kopf wage.«

Carl verspricht, darüber nachzudenken. In seinem Zimmer im Gasthof Krüger – es ist die letzte Nacht vor der geplanten Befreiung – kann er nicht einschlafen. Er grübelt über Brunes Wunsch nach:

»Ist es nicht sträflicher Leichtsinn, einem mir unbekannten Menschen auf ein bloßes Versprechen hin, das mir anvertraute Geld auszuliefern? Was weiß ich von Brune? Sieht er aus wie ein Verräter? Kann ein Verräter mir so in die Augen blicken? Unmöglich! Und schließlich, wie kann ich hoffen zu gewinnen, wenn ich nicht wagen will?«

Carl steht noch einmal auf und schickt Krüger zu Brune. Obwohl schon Nacht ist, muss er Brune seine Entscheidung sofort mitteilen. Beide treffen sich mitten im Ort auf dem dunklen Heinrichsplatz.

»Ich wollte Sie nicht mit einem Zweifel zu Bett gehen lassen«, sagt Carl zu Brune. »Wir sprachen von dem Geld. Das Geld ist mir anvertrautes Gut. Meine Ehre hängt daran. Ich vertraue Ihnen ganz. Sie sind ein braver Mann. Ich wollte Ihnen heute noch sagen, dass ich morgen Nachmittag um fünf Uhr das Geld in Ihre Wohnung bringen werde.«

Wenn es nicht um seine Familie ginge, sagt Brune, wäre er auch ohne Geld dabei: »Morgen um Mitternacht ist Ihr Freund Kinkel ein freier Mann.«

Das Geld, das Carl am nächsten Tag zu Brune bringt, liegt in einer kleinen Zigarrenkiste.

»Hier ist es. Zählen Sie es nach!«

Brune nimmt die Zigarrenkiste: »Da kennen Sie mich schlecht. Was von Ihnen kommt, zähle ich nicht nach.«

»Ist irgend etwas an unserem Plan zu ändern?«

»Nichts.«

»Auf Wiedersehen also heute Nacht!«

»Auf Wiedersehen und gut Glück.«

Und so sieht der Plan für Kinkels Befreiung aus: Brune hatte sich mit Hilfe eines Wachsabdrucks einen Zweitschlüssel zur für ihn sonst unzugänglichen Revierstube verschafft. Dort nämlich liegt im Spind der Schlüssel zu Kinkels Zelle. In der für die Befreiung vorgesehenen Nacht vom 5. zum 6. November hat Brune die Wache auf Kinkels Korridor. Verabredet ist, dass er Kinkel an den anderen Wachen vorbei hinunter in den Torweg schmuggelt.

Carl wiederum hat sich einen Nachschlüssel für ein Pförtchen am Haupttor anfertigen lassen. Damit kann er in das Innere des Torwegs gelangen, dort Brune und Kinkel erwarten, Kinkel eine Hülle überwerfen, ihn durch das Pförtchen ins Freie führen und mit ihm nach Krügers Gasthaus eilen, »wo er die für ihn bereitgehaltenen Kleider anlegen und dann mit mir in Hensels zur Flucht fertig stehenden Wagen steigen sollte«.

Um Mitternacht ist es endlich so weit. Schurz steht im Torweg und zwei andere Helfer sind an den nächsten Straßenecken postiert: »Ich hatte Gummischuhe über die Stiefel gezogen, um meine Schritte unhörbar zu machen. Ein zweites Paar Gummischuhe für Kinkel führte ich bei mir. Im Gürtel unter dem Rock trug ich die Pistolen. In einer Tasche hatte ich ein scharfes Jagdmesser und in einer anderen einen so genannten Totschläger, um Kinkel für den Fall der Not damit zu bewaffnen.«

Und nun wartet Schurz. Minute um Minute vergeht. Nichts passiert. Hat er sich am Ende doch in Brune getäuscht? Vorsichtshalber nimmt er eine seiner Pistolen in die Hand: »Es mochte schon eine halbe Stunde vergangen sein. Plötzlich sah ich an dem Ende des Torwegs eine dunkle Gestalt. Im nächsten Augenblick erkannte ich im matten Licht Brune.«

Da ist er endlich. Aber allein.

»Es ist misslungen«, flüstert Brune. »Die Schlüssel waren nicht im Spind. Kommen Sie morgen zu mir und holen Sie sich Ihr Geld wieder.«

Was ist passiert?

»Das war eine verdammte Geschichte letzte Nacht«, erzählt Brune am nächsten Tag, »aber als ich das Spind in der Revierstube öffnete, fand ich die Schlüssel zur Zelle nicht. Heute morgen hörte ich, dass der Inspektor sie aus Vergesslichkeit mit nach Hause genommen hatte.«

Ein unvorhergesehener Zufall mit fatalen Folgen! Noch in der gleichen Nacht hatte Schurz mit Hensel bis zur ersten Station auf der Fluchtroute fahren müssen, um von dem Fehlschlag zu berichten. Auf dem Rückweg hatte sich Carl dann schwere Vorwürfe gemacht: Warum hatte er nicht vorher dafür gesorgt, dass ein Duplikatschlüssel zu Kinkels Zelle angefertigt wird?

»Mein war die Schuld an diesem entsetzlichen Fehlschlag. Mein die Verantwortung dafür, dass Kinkel jetzt kein freier Mann war.«

Aber wie soll es nun weitergehen? Muss man warten, bis Brune wieder die Nachtwache hat?

»Wir könnten warten«, sagt Brune, »aber ich habe mir heute die Sache bedacht. Der Beamte, der in der kommenden Nacht die Wache auf dem oberen Stockwerk hat, ist krank geworden. Ich kann seinen Dienst übernehmen und will versuchen, Kinkel herauszuhelfen – wenn er Mut zu einem halsbrecherischen Stück hat.«

Brunes Plan: Nachdem er Kinkel aus seiner Zelle geholt hat, bringt er ihn auf den Söller unter dem Dachstuhl, um ihn von dort aus kurz nach Mitternacht mit einem Seil durch eine Luke zur Straße hinunterzulassen. Und heute Nacht würden die Zellenschlüssel bestimmt wie üblich im Spind in der Revierstube liegen.

Carl hält das Unternehmen für gewagt. Aber gibt es eine andere Chance? Ein Problem kommt dazu: Die Eingeweihten auf der Fluchtroute zur Küste können über den neuen Befreiungsversuch nicht mehr informiert werden. Doch da wird wieder Hensel zum Helfer in der Not.

»Ich fahre Sie, so weit meine Pferde laufen können.«

»Unser nächster Freund wohnt in Neustrelitz«, gibt Schurz zu Bedenken. »Werden Ihre Pferde es bis dahin aushalten können?«

»Der Teufel hole sie, wenn sie es nicht tun.«

Wieder um Mitternacht wartet Schurz nun auf die Befreiung Kinkels. Diesmal steht er gegenüber vom Zuchthaus in einer tiefen, dunklen Türnische. Langsam nähert sich der Nachtwächter, ruft genau vor Carl die zwölfte Stunde aus und geht weiter. Wie praktisch, denkt Schurz, wäre jetzt ein Unwetter mit prasselndem Regen, das alle Geräusche schluckt.

Aber gerade heute Nacht ist es unheimlich still. Auch der geringste Laut wäre zu hören. Damit das gar nicht erst passiert, soll Hensel, um jeden Lärm zu übertönen, kurz nach Mitternacht am Zuchthaus vorbei mit seinem Wagen über das holprige Pflaster rollen.

Ungeduldig starrt Carl zum etwa zwanzig Meter hohen Gefängnisdach empor.

»Plötzlich oben ein heller Schein, der sich dreimal auf und ab bewegt. Das erhoffte Signal!« Rasch gibt Carl, »mit Stahl und Stein sprühende Funken schlagend«, das vereinbarte Zeichen.

»Dann gewahrte ich einen dunklen Körper, der sich langsam über die Mauerkante herunterbewegte – und da geschah, was ich befürchtet hatte: Dachschiefer und Mauerziegel, von dem rutschenden Seil gelöst, regneten mit lautem Geklapper auf das Pflaster.«

Doch glücklicherweise kommt, wie verabredet, genau in diesem Augenblick Hensels Wagen herangerasselt und übertönt das Geräusch der fallenden Ziegel.

Schurz: »Nun hatte der dunkle Körper beinahe den Boden erreicht. Mit wenigen Sprüngen war ich zur Stelle. Jetzt fasste ich ihn an. Es war mein Freund, und da stand er lebendig auf seinen Füßen.« Aber Zeit für Gefühle ist nicht eingeplant.

»Nun schnell das Seil ab«, flüstert Carl, »und nichts wie fort.«

Das Seil jedoch lässt sich nicht aufknüpfen.

Kinkel: »Ich kann dir nicht helfen, Carl. Das Seil hat meine Hände furchtbar zerschunden.«

Schurz nimmt sein Jagdmesser und schneidet das Seil durch, das von

Brune sofort wieder hochgezogen wird. Während Kinkel noch dabei ist, Carls Mantel und Gummischuhe überzustreifen, kehrt Hensel schon mit seinem Wagen zurück.

»Was ist das für ein Wagen?«, fragt Kinkel.

»Unser Wagen.«

»Und was sind das für dunkle Gestalten an den Straßenecken?«

»Unsere Freunde.«

Sie steigen ein. Wenige Minuten später hält Hensels Wagen vor Krügers Gasthof. Lauter Männergesang dröhnt heraus.

»Was ist denn hier los?«, fragt Kinkel.

»Da feiern heute ein paar Zuchthausbeamte«, antwortet Schurz, während er mit Kinkel durch eine Seitentür ins Wirtshaus schlüpft. In einem Hinterzimmer kann Kinkel endlich seine Zuchthauskleidung gegen einen schwarzen Tuchanzug und einen großen Bärenpelz tauschen. Die Kappe eines preußischen Forstbeamten wird seine Kopfbedeckung.

Krüger betritt mit einigen gefüllten Gläsern den Raum. Grinsend reicht er Kinkel ein Glas: »Herr Professor, nebenan sind einige Ihrer Gefängnisbeamten bei einer Bowle Punsch. Ich habe sie eben gefragt, ob sie mir nicht ein Glas erlauben wollten für ein paar Berliner Freunde, die gerade angekommen wären. Sie hatten nichts dagegen. Nun, Herr Professor, trinken wir auf Ihr erstes Wohl aus der Bowle Ihrer Kerkermeister.«

Zum Zuprosten bleibt kaum Zeit. Hensel drängt auf Abfahrt. Und schon sitzen Kinkel und Schurz wieder in seinem Wagen. Rasch verlassen sie Spandau durch das Potsdamer Tor, Richtung Hamburg – eine List!

»Ehe wir das Städtchen Nauen erreichten, bogen wir nach rechts in einen Landweg und dann in die Berlin-Strelitzer Chaussee. So scharf die Braunen traben konnten, ging es vorwärts.«

Kinkel spürt die kalte Nachtluft im Gesicht. Erst jetzt wird ihm bewusst, was eigentlich mit ihm passiert ist.

»Ich möchte gern deine Hand in der meinigen halten«, sagt er zu Schurz, »aber es geht nicht. Meine Hände sind zu arg geschunden.«

Er legt seinen Arm um Carls Schulter, drückt ihn an sich und erzählt, wie aus seiner Befreiung auch diesmal beinahe nichts geworden wäre: »Das war wohl die entsetzlichste Nacht meines Lebens. Ich konnte kaum meinen Augen und Ohren trauen, als Brune, mit einer Laterne in der

Hand, in meiner Zelle stand und mir zuflüsterte: ›Jetzt sollen Sie hier raus.‹«

Das aber war leichter gesagt als getan. Denn zwischen beiden befand sich ein äußerst stabiles Lattengitter, das Kinkels Zelle in zwei Teile trennte. In einen Schlafteil für den Häftling und einen Arbeitsteil, in dem er tagsüber Wolle spulen musste. Und dort stand nun Brune. Ratlos. Dass er auch für dieses Trenngitter einen Schlüssel benötigte, daran hatte er nicht gedacht. Dabei hing, was in der Aufregung übersehen wurde, dieser Schlüssel sogar mit an dem Bund, das sich Brune diesmal hatte aus der Revierstube holen können.

Wütend und verzweifelt schlugen Brune und Kinkel jetzt von beiden Seiten auf das Gitter ein. Umsonst. Schließlich holte Brune eine Axt, deren Hiebe durch die dicken Mauern von Kinkels Zelle nicht nach draußen dringen konnten. Schließlich ein Spalt im Gitter, durch den es Kinkel mit Mühe gelang, sich durchzuzwängen. Aber noch war er ja im Zuchthaus. Noch musste er mit Brune vorbei an den Wachen, um hoch ins Dachgeschoss zu gelangen.

Als beide dann tatsächlich oben vor der Luke standen, durch die sich der Gefangene abseilen sollte, da habe ihn, sagt Kinkel, doch »ein Grauen« vor der Tiefe gepackt. Und erst als Carls Lichtsignal unten auf der Straße aufgeblitzt sei, habe er wieder Mut gefasst und sich »über den Abgrund« geschwungen.

Man trinkt auf die »Wiedergeburt« Kinkels.

»Kutscher« Hensel hatte eine Flasche Rheinwein hervorgeholt, die ihm Krüger noch in letzter Minute zustecken konnte. In scharfem Trab geht es durch die Nacht Richtung Küste.

Schurz: »Es war ein begeisterter, glücklicher Augenblick, der uns fast vergessen ließ, dass, so lange wir uns auf deutschem Boden befanden, die Gefahr nicht vorüber war.«

BERLIN, 7. NOVEMBER 1850

Telegraphische Depesche nach Hamburg, nach Cöln-Aachen, nach Stettin, nach Breslau, nach Frankfurt am Main, nach Bremen

Der Polizei-Präsident von Hinckeldey an den Chef der Polizei Herrn Dr. Gossler in Hamburg:

Der ehemalige Professor Johann Gottfried Kinkel, 35 Jahre alt, 5 Fuß 11 Zoll groß, Haare schwarz, grau gemischt, Augen hellbraun, Nase lang und spitz, Mund klein, ist in verflossener Nacht aus dem Zuchthaus zu Spandau entwichen. Es wird um Anordnung einer Überwachung, insbesondere auf dem Bahnhofe, und Festnehmung gebeten. Auf der Oberlippe hat er eine schräge Narbe unter der Nase, spricht rheinländischen Dialekt.

BERLIN, 7. NOVEMBER 1850

Königl. Polizei-Präsidium:

Der in der vergangenen Nacht aus der Strafanstalt zu Spandau entwichene Professor Kinkel ist mutmaßlich in einem verdeckten mit zwei Pferden bespannten Wagen aus der Stadt Spandau hinausgefahren.

Die Herren Polizei-Kommissarien wollen schleunigst in ihren Revieren nachforschen, ob ein Fuhrhalter über Nacht ein Gespann außerhalb gehabt.

UNTERWEGS IN MECKLENBURG, 8. NOVEMBER 1850

»Es war schon heller Tag, als wir den mecklenburgischen Grenzpfahl begrüßten. Sicher fühlten wir uns da noch keineswegs, wenn auch ein wenig sicherer als auf preußischem Gebiet, denn in Mecklenburg war die Polizei harmloser. In dem Städtchen Fürstenberg mussten wir zu längerer Ruhe ausspannen, weil die Braunen nicht mehr weiterkonnten. Erst nachmittags erreichten wir Strelitz, wo wir an dem Stadtrichter Petermann einen begeisterten Freund und Beschützer hatten. Bald gab's ein heiteres Mahl mit reichlichem Gläserklang. Dann nahmen wir von dem braven Hensel einen herzlichen Abschied. Petermann begleitete uns auf der weiteren Fahrt, die nun mit ununterbrochener Schnelligkeit vonstatten ging. Kurz nach sieben Uhr am nächsten Morgen erreichten wir das ›Gasthaus zum weißen Kreuz‹ an der Neubrandenburger Chaussee bei Rostock.«

14. NOVEMBER 1850

An das königl. Polizei-Präsidium zu Berlin:

Bei den mir aufgetragenen Commissaria, behufs der Verfolgung des aus dem Zuchthause zu Spandau entsprungenen ehemaligen Professor Kinkel habe ich auf der Tour von hier über Braunschweig, Hannover nach Bremerhaven mannigfaltig Gelegenheit gehabt, Beobachtungen über die dortige vorherrschende politische Stimmung, namentlich aber über den Stand der Demokratie zu machen. ...

Mein kurzes Verweilen in Bremerhaven brachte mich alsbald zu der Überzeugung, dass selbst, wenn es mir gelungen wäre, Kinkel zu entdecken, es fast unausführbar gewesen wäre, seine Verhaftung zu bewerkstelligen, weil, wie mir die Polizeibeamten selbst gestanden, es ihren bei der vollständigen und in der ganzen Bevölkerung durchgreifenden demokratischen Organisation an allen Mitteln fehle, mich behufs Erledigung meines Auftrages zu unterstützen. ...

Hiernach erkannte ich alsbald, dass Bremen mit Bremerhaven als ein Herd der Conspiration betrachtet werden kann und der günstigen Lage wegen als Verbindungspunkt zwischen Amerika – London nach Deutschland benutzt wird. ...

gez.: Goldmann, Criminal-Commissarius

ROSTOCK, 17. NOVEMBER 1850

»Nun begannen für uns einige Tage der Ruhe und des Schlaraffenlebens, Der Fabrikherr Ernst Brockelmann, seine Gattin und der kleine Kreis, der ins Vertrauen gezogen war, überschütteten uns in Rostock mit den liebenswürdigsten Aufmerksamkeiten. Wie könnte ich die Sorge beschreiben, mit der die Hausfrau Kinkels verwundete Hände wusch, verband und pflegte. ...

Freilich wurde dabei die sehr ernste Seite unserer Lage nicht vergessen. Brockelmann ließ eines seiner eigenen Fahrzeuge, einen Schoner, der sich als guter Segler erprobt hatte, für uns bereitmachen. Die ›Kleine Anna‹, so hieß der Schoner, empfing eine Ladung Weizen für England, die man möglichst schnell an Bord schaffte. Und Sonntag wurde als Tag der Abfahrt bestimmt.«

SPANDAU, 19. NOVEMBER 1850

An den Kgl. Polizeipräsidenten Herrn von Hinckeldey zu Berlin:

Nach einer mir neuerdings von Bonn zugegangenen Mitteilung soll der Student Carl Schurz, welcher sich flüchtig in der Schweiz und Paris aufgehalten, die Flucht Kinkels bewerkstelligt haben. ...

In der Nacht der Flucht soll Kinkel in Begleitung des Schurz direkt dem Bremer Hafen zugefahren sein, von wo eine Schaluppe sie auf das in See bereits gelegene Schiff und dieses sie nach Helgoland gebracht haben soll.

Ein vom 9. des Monats aus Helgoland datierter Brief soll ihre glückliche Ankunft daselbst nach Bonn gemeldet haben und die Eröffnung enthalten, dass Kinkel nicht nach London, sondern direkt nach New York sich begeben werde.

Der Staatsanwalt i.V.: gez. Raffel

BERLIN, 22. NOVEMBER 1850

An die Polizeibehörde der Stadt Bonn:

In einer hier schwebenden Untersuchungssache ist es von Wichtigkeit, möglichst genaue Mitteilungen über den Wohnort, die Familienverhältnisse und den Aufenthalt des Studiosus Carls Schurz aus Bonn zu erhalten. ...

König. Polizeipräsidium, gez.: von Hinckeldey

Carl Schurz erfuhr später, dass seit dem Tag der Kinkel-Befreiung seine Familie fast ununterbrochenen Schikanen der preußischen Regierung ausgesetzt gewesen war: »Dies ging so weit, dass eines Abends Soldaten der dortigen Garnison in mein Elternhaus gingen und mit blanker Waffe in der Hand die furchtbarste Verwüstung anrichteten und am anderen Tag von ihrem Vorgesetzten laut belobt wurden. Dies alles um meinetwillen.«

Schurz und Kinkel amüsierten sich andererseits über die irregeleiteten preußischen Ermittler, die von ihren Freunden an den unterschiedlichsten Orten auf Trab gehalten wurden:

»Besonderes Vergnügen machten uns die Zeitungsberichte, die Kinkels Ankunft an den verschiedensten Orten zu gleicher Zeit anzeigten. Der freisinnige Pastor Dulon in Bremen, einem richtigen Instinkt folgend, beschrieb in seinem Blatt mit großer Umständlichkeit, wann und wie Kinkel durch Bremen passiert und zu Schiff nach England gefahren sei. Einige meiner Freunde berichteten von seinem Eintreffen in Zürich und Paris. Eine Zeitung brachte sogar einen ausführlichen Bericht über ein Bankett, das Kinkel von deutschen Flüchtlingen in Paris gegeben worden sei, und von der Rede, die er dabei gehalten habe. So blieb nichts unversucht, um die preußische Polizei zu verwirren und irrezuleiten.«

AN BORD DER »CITY OF LONDON«, MITTE SEPTEMBER 1852

Schon seit ein paar Stunden hat sich der Himmel verändert. Zuerst unmerklich, dann immer intensiver ist aus dem blassen Grau über der eintönigen Wasserwüste des Atlantiks ein »weiter Horizont mit einem tiefen und doch durchsichtigen Himmelblau« geworden. Eine »ungewöhnlich glänzende Luft« kündigt die Nähe der nordamerikanischen Ostküste an.

Eine erwartungsvolle Unruhe hat sich unter den Reisenden und der Schiffsbesatzung ausgebreitet. Viele suchen jetzt das Oberdeck auf, um erste Umrisse der ersehnten, künftigen Heimat zu erspähen.

Auch Schurz, der mit seiner jungen Frau zwischen den anderen Passagieren steht, ist von der neugierigen Spannung erfasst: Wie wird es ihm und seiner Frau in der Neuen Welt ergehen? Wird ihn das »wüste Amerika«, wie Margarethe manchmal ängstlich spottet, enttäuschen oder begeistern?

Carl blickt auf die ruhige See, durch die die »City of London« gemessen dahin gleitet. Und ihm fällt wieder ein, wie ähnlich friedlich das Meer auch damals im November 1850 anfangs gewesen war, als Kinkel und er auf der »Kleinen Anna« in die Freiheit segelten. Aber dann war der Wind immer heftiger, das Meer immer wilder geworden – und Kinkel hatte die Seekrankheit erwischt. Eine »unerträgliche Marter! War er dem Gefängnis entronnen, um hier jetzt elend zu verenden?«

Carl dagegen, der nie zuvor das Meer gesehen hatte, war auf der stürmischen See in seinem Element gewesen: »Je mehr die ›Kleine Anna‹ sich in dem Wellenschlag hin und her und auf und nieder schwang, um so heiterer war mir zu Mute.«

Lange noch hatte damals die Gefahr bestanden, zurück an die deutsche Küste geworfen zu werden. Was jedoch Schurz und Kinkel nicht ahnten, der Kapitän der »Kleinen Anna« war von seinem Chef Brockelmann angewiesen worden: »Bei ungünstigem Wind setzen Sie lieber das Schiff an der schwedischen Küste auf Strand, als dass Sie nach einem deutschen Hafen zurückkehren.«

Im Kattegat dann hatte es von allen Seiten gestürmt.

Schurz war gelassen geblieben: »Wie eine Nussschale hüpfte die ›Kleine Anna‹ auf den zornigen Gewässern. Das Schiff ächzte unter den furchtbaren Schlägen der darauf einstürzenden Wogen. Ich ließ mich an den hinteren Mast festbinden. So gewann ich einen lebhaften Eindruck von der gewaltigen, ewig wechselnden Großartigkeit des Meeres.«

Vierzehn Tage hatte im November vor zwei Jahren diese strapaziöse Überfahrt gedauert. Doch plötzlich ließ der Wind nach. Schlaff hingen die Segel herunter und das Schiff lag beinahe still – nur noch wenige

Meilen vom rettenden englischen Ufer entfernt. Kinkel, nicht mehr seekrank, und Carl zitierten zu ihrem Trost allerlei Verse aus dem Homer: »Wie die zornigen Götter den Odysseus von der Erreichung seines geliebten Ithaka abhielten, wie er aber zuletzt, während er schlief, durch sanfte Lüfte dem heimatlichen Gestade zugeführt wurde.«

So kam es schließlich auch für Kinkel und Schurz auf der »Kleinen Anna«: »Nachdem wir verdrießlich schlafen gegangen waren, erhob sich eine leichte Brise, die uns mit unmerklicher Bewegung dem ersehnten Hafen zutrieb.«

Nun, kurz vor der Ankunft in New York, erinnert sich Carl wieder, wie er mit Kinkel an einem kalten sonnigen Sonntagmorgen die Hauptstraße von Leith hinauf nach Edinburgh spaziert war. Wie die Leute sie angestarrt hatten: zwei Gestalten zum Fürchten. Kinkel in einem viel zu groß geratenen Bärenfellmantel und er, Schurz, in einem braunen Umhang, der einmal der Soldatenrock eines Revolutionärs gewesen war.

»Lachst du?«, fragt Margarethe, die neben Carl auf dem Vorderdeck der »City of London« steht.

Bevor Schurz antworten kann, brechen einige Passagiere in staunende Schreie aus – als hätten sie gerade ein Wunder gesehen. Das Wunder in der Abenddämmerung ist der wie hingetuschte Umriss des Hügellandes von New Jersey.

Margarethe sucht Carls Hand. Zum ersten Mal weicht ihre Furcht vor dem neuen Land einem Gefühl von Neugier. Hingerissen blickt sie auf die Leuchttürme, die in der wachsenden Dunkelheit ihre glänzenden Lichter über das Wasser streuen.

In dieser letzten Nacht nach einer Reise von 28 Tagen können nur die wenigsten Passagiere sofort einschlafen. Hoffnung und Angst halten sich bei den meisten die Waage. Die Bilder aus der aufgegebenen Heimat wollen nicht so schnell verblassen.

Obwohl Schurz, wie er sich selber charakterisiert, meist »alles von der günstigen Seite betrachtet«, plagt auch ihn jetzt die Erinnerung an diejenigen, die er zurückgelassen hat: an die Eltern und Geschwister, die aber bald nachkommen werden, an Kinkel und seine Familie, auf deren Auswanderung Carl ebenfalls hofft. An den ehemaligen Gefängniswärter Brune muss er denken, der nun selber im Zuchthaus eine dreijährige Strafe wegen seiner Beteiligung an Kinkels Befreiung absitzen muss. Und auch der hilfreiche Spandauer Gastwirt Krüger kommt

Der Hafen von New York, Stahlstich, 1860

Schurz in den Sinn. Krüger, dem die preußischen Behörden mit seinem Wirtshaus Schwierigkeiten machen. Wäre dieser tüchtige Mann nicht besser in Amerika aufgehoben?

Der nächste Tag startet früh für die immer ungeduldigeren Passagiere der »City of London«. Auch für das Ehepaar Schurz: »Das aufgehende Morgenlicht ruft uns aufs Verdeck. Der erste Anblick des Meerbusens von New York hat etwas Überraschendes. Das Wasser belebt mit unzähligen Schiffen und Booten, die sich in buntem Gewirre kreuzen. Prächtig erhebt sich die nahe Küste aus dem Meer, bedeckt mit üppigem Baumgrün und blinkenden Landhäusern.«

Schurz fragt einen der New Yorker Kaufleute: »Was für Leute leben dort?«

»Reiche New Yorker.«

»Und wie viel muss ein Mann besitzen, um ein reicher New Yorker genannt zu werden?«

»Wenn er so ungefähr 150 000 oder 200 000 Dollar besitzt. Oder ein festes Einkommen von 10 000 bis 12 000 Dollar hat. Natürlich gibt es Männer, die eine oder zwei Millionen oder noch mehr besitzen.«

»Gibt es viele davon in New York?«

»Nicht viele. Vielleicht ein Dutzend. Aber die Zahl der Leute, die wohlhabend genannt werden könnten, ist groß.«

»Und gibt es viele arme Leute in New York?«

»Ja, einige«, sagt der Kaufmann, »meistens Neuankömmlinge, glaube ich. Aber in vielen Fällen würde, was hier als Armut gilt, in London oder Paris kaum so genannt werden. Es gibt fast keine hoffnungslos Armen. Es wird angenommen, dass hier niemand arm zu sein braucht.«

Das ist eine Information, die Margarethe gefallen müsste. Wo ist sie überhaupt? »Margarethe läuft auf dem Deck zwischen den Passagieren herum und singt außer sich vor Vergnügen: ›Lalalala!‹«

AMERIKA

NEW YORK, 19. AUGUST 1898

Respektvoll wird er gegrüßt, dieser ältere Herr, wenn er den Broadway herunterspaziert. Viele New Yorker kennen »seine langgliedrige Gestalt, ein wenig vornüber gebeugt, die listig-lustigen Augen hinter der Brille verborgen, der Mund fest und wohl gebildet im dichten, aber sorgfältig gestutzten Bart«.

Doch nicht jeder, der ihn grüßt, liebt ihn. Manche hassen ihn sogar. Für die meisten aber ist er so etwas wie das »Gewissen der Nation«: Carl Schurz, neunundsechzig Jahre alt. Wer weiß noch, dass er einst ein Revolutionär in Deutschland war? Dagegen wird seine Karriere in den Vereinigten Staaten von Amerika bald reif sein für die Geschichtsbücher. Freund und Mitstreiter des Republikaners Abraham Lincoln ist er gewesen. General in den Sezessionskriegen. Senator. Und dann sogar Innenminister in Washington.

Nun hat er sich ins Privatleben zurückgezogen. Auf seine Art. Gestern erst hat er sich mit einer großen Rede wieder in die Politik eingemischt. Nach Schurz' Meinung steht es nicht gut um das große Land. Der Staat ist hoch verschuldet. Die bisher strikt eingehaltene Neutralität weicht langsam auf. Wegen Kuba ist es zum Krieg mit Spanien gekommen. Und dadurch ergibt sich die Frage: Soll Kuba nach dem voraussichtlichen Sieg eine freie Republik oder amerikanisches Interessengebiet werden?

Schurz wittert imperiale Gelüste. In seinen Reden wettert er: »Was man laut als einen Krieg der Befreiung und Menschlichkeit preist, das hat sich in einen Länderdiebstahl verwandelt.«

Damit hat er sich nicht nur mit Präsident William McKinley angelegt. Damit steht er auch gegen die Meinung vieler kriegsbegeisterter Amerikaner. Carls Leben ist wieder einmal unbequem geworden: »Alles scheint sich zu verschwören, mich für wahnsinnig zu erklären. Bin ich toll oder bin ich es nicht?«

Inzwischen ist Schurz am Union Square angelangt. Der Broadway macht hier eine kurze Pause, als wolle er die hastig dahineilenden New Yorker ermuntern, in dem kleinen Park einen Augenblick zu verweilen. Schurz überlegt, ob er sich eine Zeitung kaufen soll. Vielleicht hat der *New York Herald* schon auf seine gestrige Rede bei der »Nationalen Konferenz über die Außenpolitik der USA« reagiert. Aber hier ist kein Zeitungsjunge in der Nähe, der wie üblich die neuesten Nachrichten in die Menge schreit.

Doch ist das, was Schurz gestern gesagt hat, heutzutage überhaupt noch eine Schlagzeile wert? Will man sich mit seinen Moralpredigten noch auseinandersetzen? Denn wieder war es in seiner Rede um den populär gewordenen amerikanischen Imperialismus gegangen.

»Es mag ein wenig altmodisch sein, ein gegebenes Wort zu halten«, so hatte er gestern begonnen, »und nun frage ich diejenigen unter uns, die eine Annexionspolitik befürworten, ob die Regierung, falls sie unter irgendeinem Vorwande irgendeine der spanischen Kolonien annektiert, nicht tatsächlich diesen Krieg, den sie nach feierlicher Erklärung im Namen der Freiheit und Menschlichkeit unternommen hat, in einen Krieg zum Zwecke der Selbstbereicherung verwandelt?«

Und nach einer rhetorisch gut angelegten Pause: »Wer wird uns Glauben schenken, wenn wir wieder vor die Welt treten und die schönen Redensarten von selbstloser Freiheits- und Menschenliebe wiederholen? Ich frage Sie, ob Sie als Patrioten wirklich glauben, dass es unserer großen Republik würdig oder nützlich ist, vor aller Welt als eine Nation dazustehen, deren feierlichsten Beteuerungen man nicht trauen kann.«

Natürlich hatte es vor diesem antiimperialistischen Publikum viel Beifall für Schurz gegeben. Doch er macht sich keine Illusionen. Die meisten Amerikaner sind längst davon überzeugt, dass ihr Land nun eine Weltmission zu erfüllen habe.

Noch immer ist Schurz so tief in Gedanken, dass er erst jetzt registriert, wo er sich befindet – mitten im kleinen Union Square Park. Ein Ort der Erinnerung.

Wie sein Blick doch alles gespeichert hat: Dort, wo sich heute das »Fifth Avenue Hotel« prächtig erhebt – ja, genau dort war damals ein großes Maisfeld, von einem Holzzaun umgeben. Wanderzirkusse schlugen hier ihre Zelte auf. Zwar gab es oberhalb der 14. Straße schon Häuserblöcke – aber auch ebenso viele Lücken.

Schurz sieht sich suchend um. Die Bank, auf der er so mutlos an jenem 22. September 1852 in der Abenddämmerung gesessen hat – er findet diese Bank nach all den Jahren nicht mehr.

»Die Stunden damals gehörten zu den melancholischsten meines Lebens. Da war ich nun in der großen Republik, dem Ziel meiner Träume, und fühlte mich so gänzlich einsam und verlassen. Die Zukunft schien, wie in eine undurchdringliche Wolke gehüllt, vor mir zu liegen. Was ich gesehen hatte, war nicht so verschieden von Europa und doch war es fremd und geheimnisvoll. Würden meine Erfahrungen hier das Ideal verwirklichen, das ich mir vorgestellt hatte, oder würden sie es zerstören?«

Ja, verwirrende Eindrücke sind das gewesen, damals kurz nach der Ankunft von Carl und Margarethe in New York. Das »Astor House«, das ihnen so warm empfohlen worden war, hatte kein einziges Zimmer mehr frei. Lange hatte das müde junge Paar nach einer anderen Bleibe gesucht: »Unser Wagen musste sich mühsam seinen Weg bahnen durch das Gewühl der Omnibusse, Lastwagen und anderen Gefährte, von Hotel zu Hotel, den donnernden Broadway hinauf.« Erst im »Union Square Hotel« in der 14. Straße fand das Paar endlich »ein kleines Zimmer, einfach möbliert, aber hinreichend für unsere Bedürfnisse«.

Der Abend im großen, kahlen Speisesaal hatte mit einem furiosen Schauspiel begonnen: »Fünfzehn bis zwanzig Neger, mit weißen Jacken, weißen Schürzen und weißen Handschuhen bekleidet, standen bereit, die Gäste an ihre Plätze zu führen, was sie mit breitem Grinsen und merkwürdig umständlichen Verbeugungen und Kratzfüßen ausführten. Nachdem alle Gäste Platz genommen hatten, schlug der Oberkellner eine laute Glocke, worauf die Neger schnell hinausmarschierten, um bald wieder zu erscheinen, große Suppenterrinen mit blanken silbernen Deckeln tragend. Auf ein nochmaliges Glockensignal ihres Befehlshabers hoben sie die Schüsseln hoch in die Luft und setzten sie dann mit solchem Ruck auf die Tische nieder, dass die Kronleuchter erzitterten und die Damen vor Schreck zusammenfuhren.«

Diese ersten Tage in New York hatten auf Carl und Margarethe noch einen »berauschenden Eindruck« gemacht. Carl in einem Brief an Margarethes Freundin Charlotte Voß: »Glänzende Läden, Restaurants und Gasthöfe in dichter Reihe. Am Broadway konzentriert sich das unaufhörliche Gerassel des Geschäftslebens und zugleich ist die Straße der

Das Stadthaus von New York, Stahlstich, 1860

Wahlplatz für die Wettkämpfe der weiblichen Schönheit und äußeren Eleganz. Hier wimmeln die Gesichter aller Nationalitäten mit ihren eigentümlichen Typen durcheinander, vom afrikanischen Neger bis zum eingeborenen Indianer. Hier schwatzt und lacht alles in hundert verschiedenen Sprachen, in hundert verschiedenen Manieren.«

Allerdings muss sich der junge Schurz auch eingestehen, dass ihn diese schöne neue Welt deshalb so blendet, weil er bisher nicht hinter ihre Fassade sehen konnte. Was er in europäischen Zeitungen über die Vereinigten Staaten erfahren hatte, erwies sich ja als »nahezu wertlos für jeden, der nicht persönlich mit amerikanischen Angelegenheiten bekannt ist.«

Auch von den beiden politischen Parteien versteht Carl anfangs nur so viel: »Dass sie von den Sklavenhaltern beherrscht zu sein oder sich wenigstens vor der Sklavereifrage zu fürchten schienen«.

Drei Tage nach der Ankunft in New York erkrankt Margarethe Schurz: »Ein heftiger Anfall von Cholera, der sie in ein paar Stunden dem Tode nahe brachte.«

Glücklicherweise gibt es einen Arzt im Hotel. Und glücklicherweise handelt es sich bei Margarethe wohl nur um die nicht ansteckende Form der »europäischen Cholera«, die auch »Brechdurchfall« genannt wird. Rührend ist die Unterstützung der Hotelgäste, die Carl überrascht: »Jene amerikanische Hilfsbereitschaft, die eine der schönsten und bezeichnendsten Züge dieses Volkes ist. Einige von den Damen lösten mich wirklich dann und wann am Krankenbette meiner Frau ab, um mir eine Stunde der Ruhe in frischer Luft zu ermöglichen. Ich ging dann in den kleinen Park am Union Square ...«

Und hier sitzt er nun wieder an diesem Augusttag 1898, der mittlerweile fast siebzigjährige Carl Schurz, und erinnert sich: »Ich musste damals schwer kämpfen gegen dieses düstere Grübeln. Doch endlich raffte ich mich zu dem Gedanken auf, dass, um in Einklang zu kommen mit dem geschäftigen Leben hier, ich selbst davon ein Teil werden müsse – und je eher, umso besser.«

PHILADELPHIA, OKTOBER 1852

Viele Neuankömmlinge bleiben nach der Ankunft in der Fremde meist erst einmal unter sich. Wie in einer Wagenburg beschützen sie sich gegenseitig vor dem noch unbekannten Land. Mit den deutschen Einwanderern in Amerika ist das nicht anders. Verstreut über die Vereinigten Staaten haben sie ihre Gemeinden gegründet und dort ihren Lebensstil, ihre Kultur bewahrt. Noch sind sie nicht bereit, ihre Sprache aufzugeben.

Auch Carl und Margarethe Schurz zieht es zunächst dorthin, wo sie noch einen Rest von Wärme aus der verlorenen Heimat zu spüren hoffen. Die Stadt heißt Philadelphia. Mehr als siebzig Jahre zuvor wurde hier die Unabhängigkeitserklärung der Vereinigten Staaten unterzeichnet.

Schurz: »Philadelphia hat nicht, wie New York, jenen stolzen Charakter einer Weltstadt, in ihr ist nicht jenes überflügelnde Element, nicht jene waghalsige Kühnheit des kaufmännischen Unternehmungsgeistes – wohl aber solider Wohlstand und deutscher Fleiß.«

Und ein guter, alter Freund ist auch schon da: Adolf Strodtmann, der, nachdem er wegen eines politischen Gedichts über Gottfried Kinkels Zuchthaus-Zeit Ärger mit den deutschen Behörden bekommen hatte, ebenfalls in Amerika ansässig werden will. Ja, es ist der treue Strodtmann, der dem verzweifelten Flüchtling Schurz damals in der Schweiz das dringend benötigte Geld überbracht hatte. Der in Hamburg zur Stelle war, als Carl dort inkognito kurzfristig untergetaucht war. Der in Paris mit Carl eine kurze, aber bizarre Wohngemeinschaft gebildet hatte. Der Kauz, der einigen Leuten im Quartier Latin unvergesslich bleiben wird – wie er mit einer langen Tabakspfeife und zwei linken Stiefeln durch das Viertel stolziert war.

Hier in Philadelphia hat Strodtmann das junge Paar in einer guten Pension, einem »boarding-house«, untergebracht. Er besitzt schon eine kleine Buchhandlung und eine deutschsprachige Wochenzeitung mit dem anfeuernden Titel *Die Lokomotive.*

Der dreiundzwanzigjährige Schurz genießt die auf Deutsch geführten Unterhaltungen mit dem gleichaltrigen Freund. Carl weiß aber, dass er nun auch ernsthaft sein Englisch vervollkommnen muss, wenn er in der Neuen Welt tatsächlich ankommen möchte. Wieder lernt er nach seiner eigenen Methode: Er liest alles in den amerikanischen Zeitungen, selbst die Anzeigen, ohne jedoch sofort in die Tiefen der Grammatik zu steigen. Daneben liest er auch Bücher, schreibt Briefe und hält sogar schon seine ersten Reden auf Englisch. Außerdem nimmt er, was ihn sofort von vielen anderen Deutschen unterscheidet, »jede Gelegenheit wahr, sich mit Menschen aus verschiedenen Gesellschaftsklassen zu unterhalten«. Selbstverständlich auf Englisch.

Ein besonders eindrucksvoller Kontakt in Philadelphia ist die Bekanntschaft mit einer Frau. Sie heißt Lucretia Mott. Schurz hält sie für »die schönste alte Dame«, die er je gesehen hat: »Ihre dunklen Augen strahlten von Intelligenz und Wohlwollen. Sie empfing mich mit milder Grazie, und im Laufe unseres kurzen Gespräches drückte sie die Hoffnung aus, dass ich mich als Bürger niemals der Sklavenfrage gegenüber gleichgültig verhalten werde, wie es zu ihrem Kummer jetzt so viele zu tun schienen.«

Lucretia Mott gehört zur christlichen Gemeinschaft der Quäker, die für Gleichheit, Gewaltfreiheit und Toleranz eintreten. Viele von ihnen leben hier im Bundesstaat Pennsylvania, den sie 1681 auch gegründet hatten. Die Männer mit ihren breit geränderten Kopfbedeckungen und die Frauen in ihren grauen Kleidern und weit vorstehenden Hüten gehören zum Straßenbild von Philadelphia. Lucretia Mott, hoch gebildet und fortschrittlich in ihren Anschauungen, ist es, die Carl ermuntert, sich intensiver mit dem schwelenden Sklavenkonflikt zwischen den Nord- und Südstaaten zu beschäftigen.

In den Südstaaten mit ihren riesigen Baumwollfeldern glaubt man, ohne das Heer der Sklavenarbeiter wirtschaftlich nicht überleben zu können. Die reicheren, industriell schon stark entwickelten Nordstaaten verurteilen dagegen die Sklaverei und möchten sie so schnell wie möglich abschaffen. Dass eine Frau wie Lucretia Mott so couragiert für ein Ende der Sklaverei kämpft, überrascht Schurz – auch weil es solche Frauen in Europa kaum gibt.

»Der Kultus der Frauen«, schreibt Carl in einem Brief nach Deutschland, »ist hier fast durch das Gesetz geboten. Ihre gesellschaftliche Freiheit ist unbeschränkt, sie sind Herrinnen ihrer selbst. Eine Frau reist allein durch das ganze Land. Jedermann muss ihr zu irgendeinem Dienst bereit sein, sobald sie es fordert – oder er ist kein Gentleman.«

Trotzdem, das große politische Spiel findet auch hier noch ohne die Frauen statt. Erst ab 1920 werden alle Amerikanerinnen wählen dürfen. Zwei Jahre, nachdem die Frauen in Deutschland das Wahlrecht erhalten haben.

Und wie kommt nun die junge Frau Schurz, die sensible Tochter eines wohlhabenden, jüdischen Kaufmanns aus Hamburg, mit dem Leben im unkonventionellen Amerika zurecht? Noch haben Margarethe und Carl nicht den Ort gefunden, in dem sie Wurzeln schlagen wollen. Fest steht allein, dass sich demnächst ihre Familie vergrößern wird.

»Margarethe ist ernster und älter geworden, ohne ihre Heiterkeit und ihre Jugend verloren zu haben«, berichtet Carl nach Deutschland. »Die Überlegung ist an die Stelle der Unbesonnenheit getreten, sie hat allmählich gelernt, das Leben als ein Ganzes aufzufassen und die Hauptsachen von Kleinigkeiten zu unterscheiden. ... Man sollte sie mit ihren Koffern und Kommoden beschäftigt sehen, wie da alles hübsch in der Reihe liegt, wie sie zählt und rechnet, was doch früher eigentlich gar nicht ihr Geschäft gewesen ist. Sie wird Mutter sein, und dieser Gedanke weckt eine ganze Welt von Gedanken.«

Carl weiß, dass er als Familienvater Geld verdienen muss. Aber was soll er anfangen, mit seinen vielen Begabungen? Soll er Schriftsteller werden, Jurist – oder Politiker?

Im Frühjahr 1854 fährt er, mit ein paar Empfehlungsschreiben in der Tasche, nach Washington.

WASHINGTON, 16. MÄRZ 1854

Was hat Carl von »der politischen Hauptstadt dieser großen amerikanischen Republik« erwartet? Bestimmt nicht das, was ihm nach seiner Ankunft dort ins Auge springt: »Mein erster Eindruck war ein ziemlich trostloser. ... Das Gasthaus, in welchem ich abstieg, das ›National Hotel‹, machte einen über alle Beschreibungen düsteren Eindruck, und in vielen Straßen machten noch Gänse, Hühner, Schweine und Kühe ihre unbestrittenen Wegerechte geltend.«

Washington in der Mitte des 19. Jahrhunderts, das ist nicht viel mehr als ein großes Dorf. Immerhin gibt es schon das Kapitol und das Weiße Haus. An den Seitenflügeln wird noch gebaut. Außen- und Kriegsministerium sind in unscheinbaren kleinen Gebäuden untergebracht, an schmutzigen, schlecht gepflasterten Straßen. Die wenigen Häuser sind nicht nummeriert. Zwischen Kapitol und Pennsylvania Avenue fließt ein Bach, über den eine Holzbrücke führt. Es wird erzählt, dass von dieser Brücke nachts manchmal betrunkene Kongressmitglieder ins Wasser fallen. Am nächsten Morgen werden sie dann von der Polizei wieder herausgefischt.

Kurz nach seinem Eintreffen in Washington schildert Carl in einem Brief an Margarethe, die mit der zehn Monate alten Tochter Agathe in Philadelphia geblieben ist, eine »außergewöhnliche Erscheinung«:

»Ich sah sie heute, als ich nach dem Weißen Hause ging, in ihrer wilden Pracht. An den Beinen tragen sie Mokassins und eine Art hirschlederner Gamaschen, an beiden Seiten mit bunten Federn besetzt, so dass sie von fern aussehen wie die Beine der Hühner, denen die Federn bis auf die Füße herab wachsen. Um den Hals tragen sie allerhand Korallenschnüre, hauptsächlich aber einen Kranz von langen, weißen Bärenklauen, was einigermaßen fürchterlich aussieht. Ihre Haare sind mit allerlei Adler- und Falkenfedern durchflochten, die zum Teil in die Höhe, zum Teil nach beiden Seiten herausstehen. Ihre Gesichter sind schön bemalt, meist mit hochroter Farbe. Es ist eine indianische Gesandtschaft, die fern von den Grenzen der Zivilisation hierher gekommen ist, um mit dem Präsidenten Verträge über gewisse Landesstrecken abzuschließen.«

So abenteuerlich wie das Leben auf den Straßen kommt Carl auch das politische Leben in Washington vor, nachdem ihm seine Empfeh-

Das Weiße Haus in Washington,
Stahlstich, 1854

lungsschreiben die Türen zu mehreren Senatoren und sogar zum Kriegsminister Jefferson Davis geöffnet haben. Carls Fazit: »Unsere Unterhaltung beschränkte sich auf konventionelle Gemeinplätze.«

Auch der Versuch, einen Kommentar zur schwelenden Sklavenfrage zu erhalten, bleibt »ohne den gewünschten Erfolg«. Geradezu rätselhaft endet das Gespräch mit Senator Broadhead aus Pennsylvania. Er verabschiedet Schurz mit den Worten: »Überhaupt interessiere ich mich nicht so sehr für politische Maßnahmen und Prinzipien – eher für das Managen von Menschen.«

Der Washingtoner Journalist Francis Grund klärt Carl lachend auf: »Sie unschuldsvoller Engel! Er meint einfach, dass es ihm einerlei ist, ob seine Partei in diese oder jene Richtung geht. Sein Hauptgeschäft besteht darin, seinen persönlichen Anhängern Ämter zu verschaffen.«

Schurz ist erstaunt: »Und es gibt wirklich Staatsmänner in so hoher Stellung wie die eines Senators der Vereinigten Staaten, die das als ihr Hauptgeschäft betrachten?«

»Ja, eine ganze Menge.«

Der Journalist erzählt weiter, dass die Verteilung von Ämtern als »öffentliche Beute« unter der jeweils siegreichen Partei absolut üblich sei.

Das ist für Schurz eine erschreckende Enthüllung: »Es war mein erster Blick in die Tiefen des großen amerikanischen Regierungsapparates, die ich in der Folge mit dem Namen ›Beutesystem‹ zu bezeichnen lernte.«

Carl, der mit viel Idealismus nach Washington gereist war, mag es anfangs kaum glauben, wie hier Politik gemacht wird. Und nun will er es ganz genau wissen: Wie funktioniert dieses »Beutesystem«, das unter dem derzeitigen Präsidenten Franklin Pierce so besonders häufig praktiziert wird?

Francis Grund, der Journalist, erzählt von dem »heißhungrigen Jagen nach Ämtern« und der »endlosen Mühe der Senatoren und Repräsentanten, ihre Schmarotzer zu befriedigen«.

»Könnten nicht auch die extrem niedrigen Beamtengehälter mit schuld an dieser Korruption sein?«, gibt Carl zu bedenken.

»Nein«, glaubt der Journalist, »weil sich auch dort immer noch fette, kleine Nebenverdienste herausschlagen lassen.«

»Nebenverdienste?«

»Das ist das Geld, das ein Beamter durch Benutzung seiner Stellung manchmal auf ehrliche, aber auch auf andere Weise verdienen kann.«

Ausgerechnet hier in Washington muss Schurz in diesem Augenblick an das preußische Beamtentum denken, »das immer den Ruf strengster Ehrenhaftigkeit genossen hat«. Und in ihm reift der Wunsch, sich in den Vereinigten Staaten für den Aufbau eines politisch unabhängigen und unbestechlichen Staats- und Verwaltungsdienstes einzusetzen ...

Doch nun muss er erst einmal in Washington in den Kongress, in das Herzstück aller demokratischen Staaten. 1848 hatte er noch so voller Hoffnung die Debatten in der Frankfurter Nationalversammlung verfolgt. Zwei Jahre danach, im Pariser Exil, war er Gast in der französischen Nationalversammlung, in der ihn die »würdelose Zänkerei« unter den Abgeordneten enttäuscht hatte. 1852 erlebte er Debatten im britischen Unterhaus, die er als sehr »geschäftsmäßig« empfand. Und nun, wiederum zwei Jahre später, besucht er den Kongress in Washington, wo Erscheinung und Benehmen der Mitglieder ... nun ja, erst einmal gewöhnungsbedürftig sind. Hier gibt es den Kongressmann mit buschigem Backenbart, in Frack und Weste, der seinen Kautabak nicht nur im Munde behält, sondern auch ungeniert ausspuckt. Hier herrscht eine »unverfälschte Natürlichkeit«: Das »Auflegen der Füße auf das Pult« ist ebenso selbstverständlich wie der »reichliche Genuss berauschender Getränke«.

Trotzdem ist Schurz erstaunt »über die Gewandtheit des Ausdrucks« in den verbalen Auseinandersetzungen: »Die Sprache mag nicht immer elegant oder grammatikalisch richtig, sie mag zuweilen derb und rau gewesen sein, aber sie floss gewöhnlich ohne Anstrengungen und ohne Räuspern und Stocken dahin.«

Zwei Parteien prägen das politische Bild der Vereinigten Staaten in der Mitte des 19. Jahrhunderts: die nationalrepublikanischen Whigs, die sich wegen des Sklavereikonflikts entzweit haben und von denen ein Teil sogar die Abschaffung des Sklaventums im Sinne der Nordstaaten befürwortet. Der andere Teil ist für die Beibehaltung der Sklaverei – wie viele in der Partei der Demokraten.

»Übrigens waren durchaus nicht alle Demokraten Freunde der Sklaverei, und dass die meisten Deutsch-Amerikaner Demokraten waren, hatte, wie Schurz bald durchschaute, nicht etwa mit einer Sympathie für die Sklaverei zu tun, sondern mit einer Vorliebe für den Namen ›Demokraten‹, den sie im Sinne der alten europäisch-deutschen Bedeutung auffassten. Denn die deutsch-amerikanische Tradition war ihrem ganzen Ursprung nach revolutionär, freiheitsliebend und religiös-moralistisch.«

Das ist auch noch so während der ersten Zeit, die Schurz in Washington verbringt. Im Senat, den er wie das Repräsentantenhaus »fleißig besucht«, fällt ihm besonders der demokratische Senator Stephen A. Douglas auf, der von seiner Partei mehr ängstlich als spöttisch »der kleine Riese« genannt wird. Dieser Douglas, untersetzt, aber muskulös, schleudert seine bissigen Reden »wie Kanonenkugeln, zerreißend und schmetternd«, in die Reihen seiner Kontrahenten. Er ist einer der Hauptvertreter des hemdsärmeligen amerikanischen Politikstils.

Schurz: »Ich muss gestehen, dass mich, sobald ich ihn sah und sprechen hörte, eine starke persönliche Abneigung erfasste. Er war der Abgott der rohen Elemente seiner Partei und gänzlich schonungslos gegen die Gefühle seiner Gegner.«

Besonders opportunistisch ist die Haltung von Douglas in der Sklavereifrage. Welcher Seite er gerade zuneigt, das entscheidet er immer ganz pragmatisch. Wenn es seinem eigenen Vorteil nützt, scheut er nicht einmal davor zurück, Aussagen seiner Widersacher zu verdrehen. Schurz ist entsetzt: »Ich glaubte in ihm die Verkörperung des gewissenlosen Demagogen zu erkennen.«

Ausgerechnet dieser Senator Douglas soll in den kommenden Jahren Carls ganz persönlicher politischer Gegner werden. An Douglas wird Schurz sich reiben und profilieren können. Noch aber ist er nur Zuschauer vor Washingtons politischer Bühne, auf der es jetzt immer heftiger um den Sklavereikonflikt geht. Zwischen den Nord- und Südstaaten besteht eine unversöhnliche Kluft. Im Süden die Sklaverei, im Norden ihr Verbot. Damit es nicht zur Spaltung des Landes kommt, hatte man schon 1820 im so genannten »Missouri-Kompromiss« beschlossen, dass es in den USA immer die gleiche Anzahl der freien und der Sklaven-Staaten geben müsse. Da aber ständig neue Bundesstaaten gegründet wurden, verschob sich das Gleichgewicht der Kräfte permanent.

1850 musste deshalb ein neuer Kompromiss ausgehandelt werden, auch weil der Süden schon mit der Sezession – einer Spaltung der Vereinigten Staaten – gedroht hatte. Dieser neue Kompromiss sah vor, dass jeder geflohene Sklave, ob nach Norden oder Süden, an seinen Besitzer wieder auszuliefern ist. Und jeder Bürger, der sich dem widersetzte, musste mit einer Geldstrafe von 500 Dollar rechnen. Daraus hatte sich rasch das Unwesen der Sklavenfänger entwickelt: Sklaven, ob geflüchtet oder nicht, wurden willkürlich von der Straße weg eingefangen.

Nun, im Frühjahr 1854 kämpfen die Vertreter der Südstaaten schon wieder für ein neues Gesetz zugunsten der Sklaverei. Schurz, der im Kongress von der Galerie aus das Rede-Duell der Politiker verfolgt, ist über die Arroganz einiger Südstaaten-Senatoren erschrocken, die sich aufführen, als seien sie »Vertreter einer höheren Klasse, die den Norden in die Knie zwingen« will.

Tatsächlich kommt es jetzt im Mai zum »Kansas-Nebraska-Act, der das bisherige Pro-Sklaverei-Gesetz nicht nur zementiert, sondern noch verschärft. So wird die Strafe wegen unterlassener Hilfeleistung beim Einfangen eines geflohenen Sklaven auf 1000 Dollar erhöht. Doch damit nicht genug: Wenn einem Südstaatler ein Pferd ausreißt, muss er es zwar selber einfangen – läuft ihm aber nun ein Sklave nach Norden davon, so kann er alle Bewohner eines dortigen Bezirks dazu verpflichten, ihm bei der Sklaven-Hatz behilflich zu sein. Falls ein Bürger einen Sklaven bei seiner Flucht unterstützt, muss er jetzt sogar mit einer Gefängnisstrafe rechnen. Obwohl solche Fluchthelfer ja meist Menschen sind, die nur im Sinne des simpelsten Humanismus handeln: Es sind Professoren, Geistliche und vor allem Quäker.

Schon deutet sich eine historische Veränderung an: »Der Kampf um das Für und Wider der Sklaverei ist so heftig geworden, dass er selbst innerhalb der beiden großen Parteien des Landes immer größere Verwirrung und immer stürmischere Zwietracht anrichtet: Dergestalt, dass es im Jahre 1854 in Jackson in Michigan zur Gründung einer dritten, der so genannten Republikanischen Partei kommt, die die Sklaverei-Feinde aus beiden Lagern sammelt und den Kampf gegen die Sklaverei zu ihrem wesentlichen Programmpunkt macht.«

Schurz spürt, dass die Zeit politischer Veränderungen gekommen ist. Und daran will er unbedingt teilnehmen. Seine Themen hat er gefunden: Kampf gegen das »Beutesystem«, das seiner Meinung nach nur durch eine radikale Reform des Staatsdienstes beseitigt werden kann. Und vor allem der Kampf gegen die Sklaverei. Ihm ist allerdings klar, dass er dagegen vorläufig nur moralisch Stellung beziehen kann. Um zu handeln, müsste er in die Politik gehen. Und warum auch nicht? Einige Kongressmitglieder, mit denen er diskutieren durfte, haben ihm ja schon eine glänzende Zukunft in Washington vorausgesagt.

»Wenn Sie sich in einem unserer neuen Staaten niederlassen, Schurz«, hatte einer erklärt, »prophezeien wir Ihnen, dass wir Sie in ein paar Jahren erneut hier treffen. Und dann werden wir Ihnen im Kongress zuhören, so wie Sie heute uns zugehört haben.«

So viel Lob baut auf. Optimistisch schreibt Carl an Margarethe kurz vor seiner Abreise aus der amerikanischen Hauptstadt: »Ich fühle, mein Kind, wie das alte Feuer von 1848 wieder frisch und jung durch meine Adern strömt. Und dass da die wahre Aufgabe meines Lebens liegt, wo ich für meine Wirksamkeit einen Blick aufs Allgemeine habe.«

Doch so einfach ist das mit einer politischen Karriere selbst in diesem jungen, demokratischen Amerika nicht. Wenigstens hat Schurz schon das Alter erreicht, in dem man hier politische Ämter übernehmen darf. Gerade ist er, wie erforderlich, fünfundzwanzig geworden. Was ihm noch fehlt, das ist die Einbürgerung, die erst sieben Jahre nach der Einwanderung erfolgt. Dazu benötigt er einen festen Wohnsitz. Philadelphia ist immer noch ein Provisorium. Die Suche nach dem Ort, der ein Zuhause werden soll, könnte ein guter Grund sein, endlich Land und Leute näher kennen zu lernen – und damit vielleicht künftige Wähler.

»Ich sehnte mich besonders danach, die frische Luft jenes Teils der Union zu atmen, von dem ich glaubte, dass er das ›wirkliche Amerika‹ sei, jenes großen Westens, wo neue Staaten heranwuchsen und wo ich den Werdeprozess neuer politischer Gemeinwesen beobachten konnte, wie sie sich aus dem Rohmaterial entwickelten. Ich hatte einige Verwandte und einige deutsche Freunde in Illinois, Wisconsin und Missouri und zog im Herbst 1854 aus, um sie zu besuchen.«

ST. LOUIS, 2. OKTOBER 1854

»Meine Liebste,

die Fahrt durch die Prärie von Illinois ist ziemlich eintönig. Von Alton bis St. Louis fährt man auf dem Mississippi. Seine dunklen Wasser bewegen sich majestätisch zwischen den ewigen Wäldern seiner Ufer. Große Fischreiher schweben mit langsamem Flügelschlage über den Wellen des Flusses, sich hier und da niedersenkend, um ihre Beute zu erspähen. Schwärme großer Raubvögel kreuzen über dem dunklen Urwald des Ufers und verstärken den trüben Eindruck, den die öde Wildnis auf die Seele des Wanderers macht.«

Briefe an seine Frau sind Carls einzige Verbindung mit Margarethe während seiner wochenlangen Reise durch den Mittleren Westen. Große Entfernungen kann man zwar schon mit der Eisenbahn bewältigen, aber die Postkutsche oder der Rücken eines Pferdes sind auch für Schurz die üblicheren Transportmittel: »Die Reisenden schienen noch nicht von der nervösen Hast besessen zu sein, die sie treibt, in möglichst kurzer Zeit ans Ziel zu gelangen.«

Dieses allmähliche Vorwärtskommen ist Carl nur recht. Er will dieses große Land erfahren – nicht erjagen. Und so sind die Beobachtungen, die er an Margarethe weitergibt, zum Beispiel über den Alltag der Siedler, besonders bildhaft:

»Die Blockhütte ist nicht größer, als dass sie einen Herd, einen Tisch, ein Bett und die versammelten Mitglieder der Familie umfassen kann. Ställe gibt es vorläufig noch nicht. Ein mit Brettern oder oft nur mit Zweigen bedeckter Schober vertritt die Stelle der Scheune. Dazwischen läuft das Vieh umher und die Kinder zwischen dem Vieh. Die Frau ist im Hause mit Buttern beschäftigt, und der Mann bricht irgendwo am Rande der Ansiedlung den reichen Boden mit der Pflugschar um. Das Ganze ist eingeschlossen von dickem Wald, und nur eine Straße, die Du oft meilenweit schnurgerade den Wald durchschneiden siehst, hält die Verbindung mit der Welt da draußen offen.«

Station macht Schurz in Pittsburgh, Cincinnati, Cleveland, Indianapolis, Milwaukee, St. Louis und Chicago, damals noch ein »Rattennest« kurz vor dem Aufschwung. Die älteste in Chicago geborene Einwohnerin ist gerade zweiundzwanzig Jahre alt.

Unterwegs vernimmt Carl oft vertraute Laute: »Die deutsche Zunge klingt hier überall, und oft erkennst Du auf der Eisenbahn unseren guten Landsmann, selbst wenn Du ihn nicht sprechen hörst, an seiner Kappe und seinen ehrbaren langen Rockschößen.«

Viele Deutsche haben sich hier im Mittleren Westen angesiedelt. In jüngster Zeit ist aus Europa noch einmal ein großer Schub herübergekommen. Nach der gescheiterten Revolution in Südwestdeutschland haben 80 000 Menschen ihre badische Heimat verlassen – ein Fünftel der Gesamtbevölkerung. Darunter auch viele Männer und Frauen, die an den Aufständen aktiv beteiligt waren. In Indianapolis, einem Ort mit 18 000 Einwohnern, leben schon zweitausend Deutsche – oft noch unter sich in einem eigenen Stadtteil. Kaum anders ist es in Milwaukee. Hier sind besonders viele Teilnehmer der Revolution von 1848/49 gelandet.

»Die 48er brachten etwas wie eine Flut von Frühlingssonnenschein in dieses Leben. Sie waren meistens begeisterte, feurige junge Menschen, erfüllt von den reinen Idealen, die in der Alten Welt zu verwirklichen ihnen nicht gelungen war. Einige waren auf deutschen Universitäten ausgebildet worden, einige waren Künstler oder Literaten oder Kaufleute – andere wieder waren in bescheidener Lebenslage aufgewachsen. Aber sie fingen gleich an, die Gesellschaft mit künstlerischen Unternehmungen zu beleben. Eine ihrer ersten Veranstaltungen war die Bildung eines Musikvereins, der in erstaunlich kurzer Zeit Oratorien und leichte Opern aufführte.«

Und damit nicht genug: So deutsch wie möglich will man es haben, um die verlorene Heimat nicht allzu sehr zu vermissen. Ein Turnverein ist gegründet worden. Ein deutschsprachiges Theater spielt die Klassiker. »Deutsch-Athen von Amerika« – so wird Milwaukee genannt.

Es gibt aber auch eingewanderte Deutsche in der Neuen Welt, die in der Einsamkeit der weiten Prärie des Mittleren Westens nicht von ihren revolutionären Träumen lassen können. Schurz ist unterwegs zu Friedrich Heckers Prärie-Farm. Und die letzte Strophe des Hecker-Liedes geht ihm nicht aus dem Kopf:

»Wenn euch die Leute fragen:
Lebet Hecker noch?
So sollt ihr ihnen sagen:
Ja, ja, er lebet noch.
Er hängt an keinem Baume.
Er hängt an keinem Strick.
Er hängt nur an dem Traume
der freien Republik ...«

Hecker hat doch erreicht, was er ersehnte, denkt Schurz. Er lebt in einem freien Land, in einer Republik. Und trotzdem, sagen die Leute, sei der Dreiundvierzigjährige verbittert.

In Europa war Carl dem legendären Rebellen nie begegnet – dem ehemaligen badischen Rechtsanwalt, der als Revolutionär umstritten ist. Einerseits halten ihn selbst manche Demokraten für einen »leichtsinnigen Putschisten«. Andererseits gilt er auch als »echte Führernatur. Unverwüstlich, anziehend, voller Einfälle und großer Respektlosigkeit.« In der phantastischen Kleidung eines »Räuberhauptmanns« mit der Hahnenfeder am breitkrempigen »Hecker-Hut« hatte dieser radikale Linke die 1848er Jugend ideologisch und modisch begeistern können.

Schon nach dem ersten gescheiterten badischen Aufstand im Frühjahr 1848, den Friedrich Hecker gemeinsam mit Gustav Struve angeheizt hatte, war er – wie Struve – in die USA geflüchtet und hatte sich diese Farm zugelegt. Doch bereits Mitte 1849 hat es ihn zurück in die revolutionären Wirren Deutschlands getrieben. Als auch diese Aufstände niedergeschlagen worden waren, kehrte er der Alten Welt für immer den Rücken und widmete sich erneut dem Landleben in Illinois.

Heckers Schwester in Philadelphia hatte Carl auf die »Heftigkeitsausbrüche« ihres Bruders vorbereitet. So gewarnt, betritt er einen »großen, einfach möblierten Raum« in Heckers bescheidenem Blockhaus. Der Ex-Revolutionär liegt auf einem Sofa, das mit einem Büffelfell bedeckt ist. Er empfängt Schurz unwirsch:

»Hallo, da sind Sie ja endlich! Was in aller Welt führt Sie in dies verdammte Land?«

Hecker ist krank. Er hat »Wechselfieber«, eine Art Malaria, das hier nahe dem Mississippi grassiert.

Auf Schurz macht Hecker einen erbarmungswürdigen Eindruck: »Und wirklich bot er ein klägliches Bild. Als junger Advokat in Mannheim und als Abgeordneter in der legislativen Kammer von Baden hatte er sich durch die Eleganz seiner Kleidung ausgezeichnet. Jetzt trug er ein grauwollenes Hemd, lose, abgetragene Beinkleider und ein paar Teppichpantoffeln.«

Frau Hecker, »eine schöne und feine Frau, in dem einfachen, aber geschmackvollen Anzug einer Farmersfrau«, registriert Carls Verwunderung über das Aussehen ihres Mannes.

»Seit wir hier leben, kann ich ihn nicht mehr dazu bewegen, etwas auf sein Äußeres zu geben«, flüstert sie Schurz zu.

Dabei hatte Hecker in den Zeiten der Revolution mit seiner Adlernase und den klaren, blauen Augen als »schöner Mann« gegolten. Jetzt erblickt Schurz einen Menschen in erbärmlicher Verfassung: »Das Gesicht eingefallen, spitz geworden, die Augen matt, die Hautfarbe gelbpergamentfarben.«

Heckers schlechter Zustand käme nicht nur vom »Wechselfieber«, behaupten seine Freunde, sondern auch von der rücksichtslosen Ausbeutung seiner Kräfte für die Farm. Und sie glauben sogar zu wissen, warum er sich so abmüht: Er unterziehe sich diesen Strapazen, »um das Feuer zu dämpfen, das in ihm brennt«.

Schurz beobachtet: »Erinnerungen aus der Vergangenheit foltern seinen Geist. ... Er ist überaus nervös geworden und beständig gereizt.«

Trotzdem kommt es allmählich zu einem Dialog. Es geht um die Sklaverei in den Vereinigten Staaten. Noch immer kann sich Hecker in Rage reden. Und wenn es um Politik und Menschrechte geht, läuft er zu seiner alten heißblütigen Form auf. Jetzt richtet sich sein Zorn gegen den gemeinsamen Intimfeind, Senator Douglas, und dessen »schändlichen Versuch, die schrankenlose Ausbreitung der Sklaverei« zu fördern.

»Wir unterhielten uns ganz flott bis tief in den Abend hinein«, erinnert sich Schurz.

Auch am nächsten Morgen wird Carl überraschend munter von Hecker begrüßt: »Seit vier Wochen habe ich heute Nacht zum ersten Mal wieder geschlafen. Und daran sind Sie schuld.«

Hecker fühlt sich wohl und brennt auf weitere Gespräche mit Schurz. Am Kaminfeuer sprechen sie über ihre Zukunft in Amerika – aber auch über die Vergangenheit in Europa, mit der sich Carl immer weniger verbunden fühlt. Zwar schreibt man sich noch. Wechselt Briefe mit den alten Universitätsfreunden Friedrich Althaus und Theodor Petrasch zum Beispiel – und natürlich mit Kinkel. Der jedoch antwortet immer seltener. Und wenn Schurz seine Briefe früher mit »liebster Freund« begann, so heißt das in letzter Zeit meistens nur karg »lieber Kinkel«. Ein Symptom der Entfremdung?

Außerdem geht es in diesem Briefwechsel jetzt vorwiegend um Geld. Um die nur noch spärlich fließenden Spenden der in die USA ausgewanderten Deutschen. Um Geld, das für eine neue Revolution in Europa verwendet werden soll.

»Die Leute, die hier noch standhalten«, hat Carl schon vor zwei Jahren an Kinkel schreiben müssen, »sind sich sehr wenig einig und klar über Zweck und Mittel.«

Ohnehin schwindet in Europa die Hoffnung auf einen erneuten Aufstand. Immer häufiger bemühen sich dort selbst prominente revolutionäre Flüchtlinge um eine Auswanderung in die Neue Welt. »Das ist gut«, hat Carl sarkastisch an Kinkel geschrieben, »hier lernt arbeiten, wer's noch nicht kann.«

Doch Arbeit allein – Schurz sieht es an Hecker – ersetzt keine revolutionären Träume. Und selbst Demokratie auf der eigenen Farm hat so ihre Tücken. Schurz wird von Frau Hecker zum Mittagessen gebeten:

»Zwei ziemlich rau aussehende Männer in Hemdsärmeln, die Farmarbeiter, saßen mit uns bei Tisch. Dieses war, wie Hecker mich belehrte, die Regel des Hauses. ›Freiheit, Gleichheit, Brüderlichkeit‹, sagte er. Aber diese Brüderlichkeit hinderte ihn nicht daran, nach Tisch, in meiner Gegenwart, einen der Arbeiter, der auf irgendeine Weise sein Missfallen erregt hatte, derartig abzukanzeln, mit einer solchen Geläufigkeit und einem solchen Reichtum an Kraftausdrücken, wie ich es kaum für möglich gehalten, hätte ich es nicht selbst gehört.«

Danach bricht Schurz ziemlich rasch auf, obwohl er vorgehabt hatte, länger als zwei Tage zu bleiben: »Weil ich mich von dem, was ich hörte und sah, wirklich deprimiert fühlte.«

Aber es gibt noch einen weiteren Grund für Carls schnelle Abreise. An seine »liebste Margarethe« schreibt er: »... weil Deine Briefe in Chicago auf mich warten und ich es plötzlich nicht mehr aushalten konnte. Und so bin ich, sobald es ging, nach St. Louis zurückgekehrt, um heute nach Chicago abzugehen, wo ich endlich wieder einen Hauch von dir empfangen werde. Ich fühle, dass ich bald wieder zu Dir zurück muss.«

AUF HOHER SEE, ANFANG MAI 1855

Stur durchpflügt das Schiff den Atlantik. Der umgebaute Segler muss nun nicht mehr auf günstigen Wind hoffen. Gewaltige Dampfmaschinen im genieteten, stählernen Leib treiben ihn auf gerader Bahn vorwärts. Das Schiff als Maschine wird immer selbstverständlicher und der Weg über den Ozean fast zur Routine.

Ungewöhnlich bei dieser Überfahrt von New York nach England ist für manche Passagiere nur der Anblick eines etwa zweijährigen, übermütigen, höchst aufgeweckten Kindes, das an Deck herumtollt und mit dem man sich schon richtig unterhalten kann. Um dieses Kind kümmert sich nicht, wie üblich, die Mutter, sondern vorwiegend sein Vater. Es ist ein Mädchen, das auf den Jungennamen »Hans« hört, obwohl es eigentlich »Agathe« heißt.

Wo ist die Mutter von »Hans-Agathe«? Einer der Kabinen-Stewards hat es ausgeplaudert: Margarethe Schurz muss sich schonen, liegt oft im Bett, weil sie sich noch nicht ganz von einer schweren Lungenentzündung erholt hat. In dem britischen Kurort Malvern soll sich ihr Zustand bessern. Carl hat die dort praktizierten Heilmethoden schon früher an sich selbst erprobt. Er schwört auf die Wasserkur, die er auch bei der eigenen Tochter anwendet:

»Die Kleine wird täglich zweimal, morgens und abends, in kaltem Wasser gebadet, beständig leicht gekleidet und täglich in jedem Wetter einige Stunden in die freie Luft geschickt. Dafür ist sie nun auch ein wahres Prachtexemplar von blühender Gesundheit, erkältet sich nicht, wird wild und unbändig und gedeiht geistig so schnell wie körperlich.«

Ob eine solche Wasserkur auch Margarethe helfen kann, ist allerdings fraglich. Ihr schlechter Zustand könnte ja genauso psychische Gründe haben, obwohl Carl eher das Klima in Philadelphia »mit seinen eigentümlichen schroffen Temperaturwechseln« dafür verantwortlich macht. Immerhin lebt Margarethe mit jedem Tag, der sie wieder ein Stück näher zur Alten Welt bringt, mehr und mehr auf. Und so könnte Wirklichkeit werden, was in London bereits spekuliert wird: Familie Schurz kehrt nach Europa zurück.

Dagegen spricht nur, dass Carl während seiner Reise durch den Mittleren Westen der USA im letzten Herbst plötzlich ein lange vermisstes Gefühl von Zuhause verspüren konnte: »Was ich vom Staate Wisconsin und seinen Menschen gesehen hatte, sprach mich so ungemein an, dass ich diesen Staat allen anderen vorzog. Und, da mehrere meiner Verwandten sich in Watertown angesiedelt hatten und meine Eltern und Schwestern inzwischen von Europa herüber gekommen waren und sich natürlich freuen würden, mit anderen Mitgliedern der Familie zusammen zu leben, kaufte ich dort ein Grundstück mit der Absicht, mich dauernd niederzulassen.«

Ja, was nun? Und was wäre, wenn Margarethe, schon ihrer Gesundheit wegen, in Europa bleiben müsste? Endlich wieder eingebettet in ihre große Hamburger Familie, in der sie als Jüngste lange das verhätschelte Sorgenkind gewesen war?

Die Familie der Margarethe Schurz, geborene Meyer – ein Clan, der zusammenhält, der große Familientreffen veranstaltet, der sich gegenseitig unterstützt. Wohl auch, weil jeder von ihnen weiß, wie das alles angefangen hat, mit den Meyers »vor dem Dammtore«, die inzwischen zu den Geachtetsten und Wohlhabendsten an der Alster gehören – obwohl Heinrich Christian Meyer, Margarethes Vater, noch 1813 dort einer der Ärmsten der Armen gewesen war. Meyer hatte seinen elf Kindern oft davon erzählt: Die Freiheitskriege tobten. Hamburg, von den Franzosen besetzt, wurde von preußischen Truppen belagert. Eine Hungersnot drohte. Und da kamen die Besatzer auf eine schändliche Idee: Um nicht alle Einwohner ernähren zu müssen, wurden die Ärmsten vor die Stadttore gejagt. Darunter auch Margarethes Vater, der Jude Meyer.

Als schließlich der Napoleon-Spuk vorbei war und Hamburg erneut als weltläufige Handelsstadt Konjunktur hatte, konnte auch der junge Meyer hier seine Begabung fürs Geschäftliche aufblühen lassen. Er startete als Markt- und Straßenverkäufer für Staubwedel und Spazierstöcke und erntete dafür bald den Spitznamen »Stock-Meyer«. Das war ein ermunterndes Zeichen für Popularität. Und so wagte sich Meyer an größere Geschäfte. Als seine Tochter Margarethe am 27. August 1833 geboren wurde, war aus dem ehemals armen, jüdischen Mitbürger mit seiner »Stock- und Fischbein-Fabrik« längst ein angesehener Hamburger Kaufmann geworden, ein Handelsherr mit beachtlichem Vermögen.

Nach Meyers Tod, der ihn 1848 mit erst einundfünfzig Jahren ereilt hatte, übernahm der älteste Sohn Heinrich Adolph die Firma und wurde gleichzeitig Familienoberhaupt. Der Sohn setzte fort, was der fortschrittliche Vater eingeführt hatte: eine Art soziale Gerechtigkeit für seine Mitarbeiter. Schon 1828 hatte Heinrich Christian Meyer eine »Hilfskasse« eingerichtet, die bei Krankheit oder Invalidität seiner schließlich insgesamt zweihundert Arbeiter deren Witwen und Waisen unterstützte.

Liberalität, Interesse für die Ideen des Vormärz – das zeichnete Margarethes Vater aus. Sie und ihre Geschwister wuchsen im freien Geist der Fröbelschen Pädagogik auf. Trotzdem blieb Margarethe das sensibelste der Meyer-Kinder. Nach dem frühen Tod der erst neununddreißigjährigen Mutter Agathe, nur wenige Stunden nach Margarethes Geburt, fehlte der Jüngsten von Anfang an die Bezugsperson. Tante Bensch, eine Schwester der Mutter, war trotz aller Fürsorge kein Ersatz. Margarethes Schwestern Bertha und Amalie, beide noch im Teenager-Alter, sind zwar voller Liebe, jedoch ohne erzieherische Erfahrung. Bertha allerdings ist bereits mit einem vierzehn Jahre älteren Mann verheiratet: mit Friedrich Traun, dem Geschäftspartner ihres Vaters. Berthas viel zu frühe Muss-Ehe wirft einen Schatten auf den sonst so makellosen Charakter von Meyer senior. Er, der kaum richtig lesen und schreiben konnte, hatte sich den gebildeten Traun zum Schwiegersohn gewünscht. Hätte er voraussehen können, wie kompliziert dadurch Berthas späteres Leben verlaufen sollte, wäre vielleicht manches anders gekommen. Allerdings auch, was Margarethe betrifft: Nur, weil es Bertha mit ihrem zweiten Mann, dem Ex-Priester und Revolutionär Johannes Ronge, dann nach London verschlug – hat Margarethe dort 1851 Carl Schurz kennen gelernt.

Doch zurück nach Hamburg ein Jahr zuvor! Endlich hat dort die empfindsame siebzehnjährige Margarethe den Tod des Vaters einigermaßen überwunden und den älteren Bruder als neuen Beschützer akzeptiert, da wird sie von ihren Schwestern ins Pensionat der frisch gegründeten »Hochschule für das weibliche Geschlecht« gesteckt. Natürlich ist hochinteressant, was sie dort alles zum Beispiel über Kinder-Betreuung lernen darf. Aber ihr Bruder und das Zuhause fehlen ihr.

Sie erkrankt. »Psychosomatisch«, lautet die Diagnose: eine »Gemütskrankheit, die bis zu Krämpfen ausartet. Es könnte sich um Hyperventilationstetanie handeln, die vor allem bei Jugendlichen auftritt und deren Symptome als Strafe für bewusste und unbewusste ambivalente Gefühle gegenüber verlorenen oder entfremdeten Bezugspersonen der Kindheit erlebt werden.«

MONTREUX, ANFANG FEBRUAR 1856

Ein Glücksgefühl – wie lange dauert das? Oft betrügt uns die Erinnerung und dehnt den Augenblick des Glücks viel länger, als er in Wirklichkeit gewesen ist. Für Carl Schurz und seine Frau Margarethe dauert das Glück in einer Mondnacht am Genfer See in der Schweiz immerhin fast eine Stunde.

Gegen 23 Uhr hatte die Postkutsche vor dem Hotel »Maison au bains« gehalten und Carls kleine Familie mit ihrem Gepäck zurückgelassen: »In Montreux waren Zimmer für uns von meinem Schwager Heinrich Meyer bestellt, der auch seiner Gesundheit wegen mit seiner jungen Frau Emilie die Frühlingsmonate dort zubringen wollte.«

Das Rattern der Postkutsche ist längst verschluckt von der nächtlichen Stille, da steht Schurz mit Frau und Kind noch immer staunend draußen auf der Straße:

»Vor unseren Blicken lag der See, viele Meilen weit ausgebreitet. Ein kleines Boot mit Segeln wie Schwalbenflügel glitt träge über den leuchtenden, schimmernden Wasserstreifen hin, in dem der Mond sich spiegelte. Jenseits, auf dem gegenüberliegenden Ufer des Sees, ragten die dunklen Bergwände von Savoyen empor.«

Hoch zum Hotel führt eine steile Treppe. Oben angekommen, bleibt

Carl und Margarethe Schurz mit Tochter Agathe

die Familie stehen und beschließt, sich ein paar Minuten auf die Steinstufen zu setzen. Margarethe neben Carl und die kleine Tochter schlafend auf seinem Schoß.

»Es war der hellste Mond, den wir je gesehen hatten. Die Luft war mild und leicht bewegt. Wir hielten den Atem an vor staunendem Entzücken und stimmten sogleich überein, dass wir noch nicht klopfen und um Einlass bitten, sondern den Anblick ein Weilchen länger genießen wollten. So saßen und saßen wir, eine halbe, vielleicht auch eine ganze Stunde lang, reines Glück in vollen Zügen schlürfend.«

Es ist ein Glücksgefühl, das nicht allein vom Anblick des phantastischen Naturschauspiels herrührt, es ist auch ein Gefühl der Ruhe, des Sich-Wieder-Findens nach Monaten der Trennungen und Aufregungen. Ärgerlich genug blieb bis zuletzt, wie die französischen Behörden lange keine Durchreise-Pässe genehmigen wollten. Und mehr als Besorgnis erregend war die Belästigung durch preußische Polizei, als Margarethe allein durch Deutschland gereist war.

Das versetzt Schurz immer noch in Wut: »Ist das eine Macht, die sich stark fühlt und mit ihren Kräften imponieren will? Nicht einmal die Frauen in Ruhe lassen zu können und sie mit Dingen zu quälen, über die fünf Jahre hingegangen sind! Es ist kaum begreiflich!«

Und überhaupt – was sind das für turbulente Monate gewesen, nachdem sich Carl im Juli von seiner Frau im englischen Kurort Malvern verabschiedet hatte! Im August ist er wieder zurück in den Staaten, in Watertown, um dort das endgültige Zuhause für die Familie einzurichten. Doch schon Mitte November befindet er sich erneut auf hoher See, Richtung England. Frau und Kind möchten mit ihm zusammen bei Familie Kinkel in London Weihnachten feiern. Und bis heute weiß er nicht, ob Margarethe dann tatsächlich mit ihm zurückkehrt über den Atlantik, ob sie das Abenteuer »Watertown« mit ihm riskieren will.

Außerdem ist sie noch immer nicht frei von Beschwerden. »Wir können uns doch nicht mehr gegen die Überzeugung wehren«, schreibt Carl an seinen Freund Friedrich Althaus, der mittlerweile in London als Kunstexperte bei Queen Victorias Prinzgemahl Albert angestellt ist, »dass Margarethes Unwohlsein nicht durch eine halbjährige Wasserkur oder durch einen vorübergehenden Aufenthalt in einem ›Medizinklima‹ geheilt werden kann.«

Der Grund für Margarethes Kränkeln bleibt ein Rätsel. Allerdings hofft Carl auf Besserung in Watertown. Es ist seine Meinung, schreibt er an Althaus, »dass eine angenehme Wohnung in einem gesunden Klima, eine eigene und stabile Hauswirtschaft, in welcher für alle Comforts gesorgt werden kann, ein ruhiges, ländliches Leben ohne Aufregungen und dabei eine streng regelmäßige Diät ihr viel dienlicher sein werde als dies unsichere Umhertappen«.

Und deshalb beginnt Carl in dieser mondhellen Nacht in Montreux bei Margarethe behutsam für Watertown zu werben:

»Wie freue ich mich«, sagt er leise, »wenn ich dich und unsere Kleine dort durch die Gegend kutschieren werde! Ich habe mir schon so viel ausgedacht. An einem Sonntag werden wir meine Eltern, meine verheirateten Geschwister, die übrigen Verwandten und all ihre vielen Babys zum Mittagessen auf unsere Farm holen. In einem großen Wagen, mit Ochsen bespannt.«

»Wirklich mit Ochsen bespannt?«

»Pferde habe ich noch nicht anschaffen können, Liebste. Das machen wir erst, wenn wir zurück sind. Doch du solltest mal sehen, wie sich die Farmersleute in Watertown sonntags zur Kirche kutschieren lassen! Elegante Damen mit Schleier und Federhut sitzen mit Würde auf einem Ochsenwagen. Es gibt natürlich auch luxuriöse Kutschen, die von schnellen Pferden gezogen werden. Aber das habe ich dir ja alles schon geschrieben.«

»Es ist nur viel schöner, wenn du es mir hier erzählst«, flüstert Margarethe.

»Ich habe neulich indianische Ponys gesehen«, flüstert Carl zurück, »die ich auf der Stelle für dich hätte kaufen mögen. So sanft und zuverlässig sind sie.«

»Erzähl mir mehr von Watertown!«

»Du kannst dir nicht vorstellen, wie dieses Städtchen wächst. Alles geht ja so rasend schnell in Amerika. In letzter Zeit sind ganze Reihen von dreistöckigen Steinhäusern an der Hauptstraße gebaut worden. Jetzt leben schon 8 500 Menschen in Watertown. Vor sechs Jahren waren es erst tausend. Ich glaube, dass ich dort auch als Rechtsanwalt Erfolg haben werde. Übrigens bin ich bereits mehrmals gefragt worden, ob ich nicht möglichst bald in die dortige Politik einsteigen möchte.«

»Und eines Tages wirst du dann Präsident ...«

Sie rückt noch ein wenig näher an ihn heran.

»Lebt man in Watertown eigentlich billiger als in Philadelphia, Carl?«

»Mama braucht monatlich für den ganzen Haushalt nicht mehr als zwölf bis vierzehn Dollar. Das Leben ist dort ausgesprochen billig. Nach der Garten- und Feldernte wird es noch günstiger. Und wenn ich auf die Jagd gehe, haben wir das Fleisch sogar kostenlos.«

»Was schießt man denn so?«

»Vor allem Präriehühner und Schnepfen. Gleich beim ersten Mal hatte ich schon nach wenigen Stunden eine ganze Jagdtasche so voll, dass eine gute Köchin wie du davon zwei oder drei Mittagessen zaubern könnte.«

»Aber du müsstest die Vögel vorher rupfen.«

Beide lachen leise. Der Mond steht nun so prall und hell über dem Genfer See, dass man die weißen Spitzen der gegenüberliegenden Berge und das berühmte Schloss Chillon mit seinen glänzenden Türmen gut erkennen kann.

»Sollten wir nicht besser ins Hotel gehen, Margarethe? Du bist sicher todmüde.«

»Nein, noch nicht. Wir werden nie wieder so etwas Schönes erleben.«

Eine Weile sagen beide kein Wort. Bis Margarethe flüstert: »Sprich weiter, Carl! Was gibt es sonst noch in Watertown?«

»Immer neue Überraschungen. Im Herbst kam eine Musikkapelle mit einem Wagen, der von sechs Elefanten gezogen wurde. Das war ein Riesenrummel. Danach gastierte ein Zirkus mit einer Kunstreitershow. Und das war wieder ein großes Ereignis. Nicht nur für die Farmer rings umher – nein, da tauchte sogar ein Trupp berittener Indianer auf und bestaunte die Artisten. Das wäre auch was für unseren wilden, kleinen Hans gewesen ...«

Er streicht der schlafenden Tochter auf seinem Schoß über den Kopf.

»Aber ich bin auch manchmal verdammt einsam gewesen – ohne dich, meine Liebste. An deinem Geburtstag habe ich das Pferd gesattelt und bin in den Wald geritten. In Gedanken immer weiter, bis ich zuletzt merkte, dass ich fünf Meilen von Watertown entfernt war. Der Vollmond war aufgegangen, so wie heute hier. Die Bäume warfen ihre dunklen Schatten über den Weg, und gesättigt von Träumen und Phantasien kam ich nach Hause. Dein Bild stand so lebhaft vor mir, dass ich nicht erschrocken gewesen wäre, wenn du mich in der Tür empfangen hättest.«

Aber hier in Montreux ist Margarethe ja nun wieder an seiner Seite: »Das waren Wochen ungetrübten Glücks, reinen, kindlichen, übersprudelnden Glücks, wie es uns nur selten auf dieser Welt gegeben wird.« Obwohl Carl seinen Schwager Heinrich Meyer und dessen Frau Emilie bisher nicht persönlich kannte, empfinden alle sofort Freundschaft zueinander.

So, als wolle man die Zeit anhalten, genießen die Ehepaare Schurz und Meyer jeden Tag am Genfer See, mit Bootsfahrten und Spaziergängen in den nahen Weinbergen.

»Dabei hatten wir immer die größten Naturschönheiten vor Augen und waren umgeben von allen Reizen des Frühlings in diesem gottbegnadeten Eckchen, wo, von den schützenden Bergen gegen alle rauen Winde beschirmt, die schönsten Südfrüchte reifen.«

Abends liest man einander vor: Dickens, Shakespeare, Thackeray. Für eine kurze Zeit hat sich die kleine Gesellschaft in Montreux ihr eigenes Arkadien geschaffen, während draußen, außerhalb der Schweiz, der Krimkrieg zu Ende geht, während neue Allianzen und neue Feindschaften entstehen. Zur Zeit lieben sich England und Frankreich mal wieder. Das geschlagene Russland ist der Bösewicht. Preußen hält sich diesmal aus allem heraus. Und in Mainz verkündet Prinz Wilhelm, als ahne er wieder einmal seine künftige Rolle als Monarch, so etwas wie ein Regierungsprogramm: »Es ist nicht gut, an dem Alten und Hergebrachten zu rütteln, namentlich muss man sich hüten, allzu rasche Veränderungen vorzunehmen. Das wirkliche Veraltete wird die Zeit selbst beseitigen. Leichter ist es, einzureißen als aufzubauen.«

Seine Worte dringen nicht bis nach Montreux. Dort ist jetzt Kultur statt Politik angesagt. Bei einem der opulenten Abendessen – auch die beiden Meyers sind Genießer – beginnt Carl von der Musik Richard Wagners zu schwärmen. Von dem gleichen Wagner, den er vor wenigen Jahren nach einer Begegnung in Zürich noch als »anmaßend« und »herrisch« abgelehnt hatte. In London, erzählt Schurz, habe er gemeinsam mit Johanna Kinkel in einem Konzert die »Tannhäuser«-Ouvertüre gehört.

»Ich war ganz überwältigt von der schwellenden, rollenden, wogenden Harmonie, von der Brandung der Leidenschaft, von den klagenden Stimmen der Trauer und Verzweiflung, den innigen Tönen der Liebe und Wonne. Als die letzten Noten verklungen waren, saß ich ganz still, unfähig ein Wort auszusprechen. Ich fühlte nur, dass sich mir eine ganz neue musikalische Welt erschlossen und offenbart hatte.«

Schurz sollte von nun an, und zwar lebenslang, ein Wagner-Fan bleiben. Aber wohl nicht allein Wagners Kompositionen begeistern ihn, nicht nur die germanischen Mythen, die darin erzählt werden. Es ist auch Wagners enormes Selbstbewusstsein, sein unbeirrbarer Glaube an die eigene Qualität. Und vielleicht spürt Carl auch eine Gemeinsamkeit: Beide, Schurz wie Wagner, sind Einzelkämpfer. Wagner streitet gegen den etablierten Musikgeschmack, Schurz kämpft gegen Irrwege in der Politik.

Und so kann Carl auch während der schönen Tage von Montreux die Gedanken an seine politische Zukunft nicht mehr unterdrücken. Dabei spürt er seine Ohnmacht und er hasst sie. Margarethes Mitgift, die immerhin 78 000 Mark beträgt, sichert zwar vorerst das Auskommen der Familie, bis er als Advokat zugelassen ist. Aber sein Wunsch, politisch wieder aktiv zu werden, hat sich noch nicht erfüllt.

»Warum muss ich hier sitzen, ein Nichts an Macht und Einfluss, mit miserablen Plänen des Gelderwerbs beschäftigt, und doch den Kopf voll von Ideen und das Gefühl unerschöpflicher Kraft in mir, während draußen gewaltige Entscheidungen getroffen werden?«

Europa allerdings, das hat Schurz jetzt begriffen, kann nicht mehr die Bühne für seinen politischen Ehrgeiz sein. Zu deprimierend ist die Situation der gescheiterten Revolutionäre: »In Italien hatten Mazzinis revolutionäre Versuche in einem unheilvollen Misslingen geendet. An keiner Seite des europäischen Horizonts zeigte sich ein Hoffnungsstrahl, der die noch in London lebenden Verbannten hätte aufmuntern können. Denen, die die wirkliche Situation mit offenen Augen durchschauten, erschien das Internationale Komitee wie eine Versammlung von Gespenstern auf einem Friedhof.«

In der britischen Hauptstadt hat Schurz auch Kossuth besucht. Es ist noch nicht so lange her, dass der ungarische Freiheitsheld begeistert in New York empfangen worden war. Doch nun lebt er in einem »anspruchslosen Häuschen« in einem der Londoner Vororte und will die Hoffnung auf gewaltsame Veränderungen nicht aufgeben. Carl ist da realistischer: »In Kossuth, dem einstigen Abgott der populären Phantasie, sah ich jetzt das deutliche Abbild der Niederlage, welche die revolutionäre Bewegung von 1848 erlitten hatte.«

Doch es gibt für Schurz in der Stadt an der Themse noch eine intellektuell höchst anregende Begegnung. Das ist seine Bekanntschaft mit dem vierundvierzigjährigen Russen Alexander Herzen. Der Sohn eines Aristokraten gilt als überzeugter Demokrat, der sich in Moskau vehement für die längst überfällige Abschaffung der Leibeigenschaft eingesetzt hatte und dafür nach Sibirien verbannt worden war. Jetzt gibt Herzen in London als Flüchtling den politischen Almanach *Polarstern* heraus. Darin wirbt er für soziale Veränderungen in Russland.

»Ich konnte Herzen stundenlang zuhören«, erzählt Carl in Montreux. »Herzen sprach von Russland und vom russischen Volk. Sprach von diesem ungeschlachten, erst halb bewussten Riesen, der allmählich seine oberflächliche, vom Westen erborgte Zivilisation mit einer Zivilisation nationalen Charakters vertauschen wird.«

An diesem Frühlingsabend am Genfer See können die beiden Paare schon draußen auf der Terrasse sitzen. Gerade wird die zweite Flasche eines gut gekühlten weißen »St. Saphorin« geöffnet, als Schurz ein trinkfreudiges Essen mit mehreren russischen Gästen bei Alexander Herzen zu schildern beginnt: »Während der Mahlzeit sprühte dort die Unterhaltung von dramatischen Erzählungen aus dem russischen Leben. Alles das war mit witzigen Ausfällen gegen die Regierung und drolligen Satiren gegen die herrschenden Klassen vermischt.«

Allmählich jedoch seien die Freunde von Herzen immer betrunkener und unberechenbarer geworden. Nur der Gastgeber selbst habe seinen kühlen Kopf behalten und gemurmelt: »So sind sie, so sind sie! Aber sie sind trotzdem prächtige Kerle!«

Ein Ausspruch, der die Zuhörer auf der Terrasse in Montreux verwundert.

»Aber wie sollen solche prächtigen Kerle Russland demokratisieren?«, fragt Margarethes Bruder ironisch. »Kommen die Russen nicht sowieso besser mit einer zentralistischen Autorität zurecht, so wie sie's immer gewohnt waren?«

Schurz widerspricht: »Die Unzufriedenheit mit der unerbittlichen Autokratie wird sich trotzdem ausbreiten und immer stärker die Intelligenz des Landes ergreifen.«

Seine Prognose wird Carl Jahrzehnte später ergänzen. 1900 – siebzehn Jahre vor der Oktoberrevolution – wird Schurz in seinen Erinnerungen prophetisch einen Aufstand in Russland für möglich halten: »Wenn dort diese Gewalten in ihrer ursprünglichen Wildheit die Fesseln der Tradition sprengen, dann mag die Welt ein Schauspiel revolutionären Chaos erleben, desgleichen die Geschichte noch nicht kennt. Dieses Chaos kann schließlich neue Begriffe von Freiheit, Recht und Gerechtigkeit hervorbringen und neue Gestaltungen organisierter Gesellschaft oder neue Entwicklungen der Zivilisation. Wie aber der Umfang dieser vulkanischen Störungen und ihr schließliches Ergebnis sein wird, das ist ein Geheimnis, dem wir uns nur mit Furcht und Grauen nahen können.«

Jetzt aber ist man im Montreux des Frühjahrs 1856. Die letzte Flasche »St. Saphorin« ist fast geleert. Die Gespräche werden intimer, familiärer. Schon in wenigen Stunden wird man sich trennen müssen.

»Schließlich kam die Abschiedsstunde. Tränen flossen in Strömen, und wenn wir später wieder zusammenkamen – was zuweilen unter merkwürdig veränderten Verhältnissen geschah – so verfehlten wir niemals, unsere Herzen an der Erinnerung an diese himmlischen Tage in Montreux zu erwärmen.«

Meyers reisen nach Hamburg. Und ein paar Wochen danach werden Margarethe, Carl und das Kind Hans-Agathe Europa verlassen. Schurz weiß nun, wo er hingehört: »Ich liebe Amerika. Wie sehne ich mich danach, nach Hause zurückzukehren, um an dem großen Kampf gegen die Sklaverei, diesem einzigen Flecken auf dem Wappenschild der Republik, teilzunehmen.«

WATERTOWN, HERBST 1856 BIS FRÜHJAHR 1858

Was macht ein Mann, der seine Meinung weitergeben will, aber dafür weder Forum noch Lobby noch Versammlungsraum hat? Der Mann setzt sich auf eine Kekskiste vor dem größten Laden in der Hauptstraße von Watertown und spricht die Passanten an. Vor allem die vielen deutschstämmigen Fußgänger.

Der Mann redet mit ihnen über den schwarzen Fleck auf der weißen Weste der amerikanischen Republik – über die verabscheuungswürdige Sklaverei: »Ich hatte manche eifrige, aber natürlich gutmütige Unterhaltung über die politische Situation. Ohne aber zunächst viel mehr für die Sklaverei-Sache zu erreichen, als dass ich zuweilen ein ernstes Kopfschütteln hervorrief oder die Zustimmung, dass die Sklavereifrage gewiss des Nachdenkens wert sei.«

Carl Schurz mischt sich in den gerade stattfindenden Präsidenten-Wahlkampf ein. Allein. Ohne der jungen, von ihm bevorzugten Republikanischen Partei anzugehören. Carls Agitation bleibt trotzdem nicht wirkungslos. Eines Tages besucht ihn ein Mr. Harvey im neu erbauten Farmhaus der Familie Schurz am Rande der Stadt. Louis P. Harvey, ist, wie sich herausstellt, einer der republikanischen Senatoren von Wisconsin.

»Mr. Schurz«, sagt Harvey, »ich sympathisiere mit Ihnen in der Anti-Sklaverei-Frage. Wollen Sie uns nicht bei unserer nächsten Veranstaltung in Jefferson unterstützen? Sie könnten eine Rede halten. Auf Deutsch.«

Schurz lehnt ab. Das traut er sich noch nicht zu. Er habe, sagt er, noch zu wenig Erfahrung in amerikanischer Politik.

»Aber Sie kommen doch wenigstens nach Jefferson?«

»Mit Vergnügen«, antwortet Schurz.

Und so fährt er nach Jefferson, ohne zu wissen, was ihn dort erwartet. Die Veranstaltung findet im Freien statt. Viele Farmer aus der Umgebung haben sich eingefunden. Senator Harvey hält eine eindrucksvolle Rede gegen die Sklaverei.

Applaus.

Danach erhebt sich der Wahlvorsitzende und verkündet: »Ich habe jetzt die große Freude, Ihnen Carl Schurz aus Watertown vorzustellen, der in seinem Geburtsland für menschliche Freiheit gekämpft hat und der zu uns gekommen ist, um dasselbe in seinem Adoptivland zu tun. Er wird seine Mitbürger deutscher Geburt in seiner Muttersprache anreden.«

Carl steigt vor Schreck das Blut in den Kopf, so wie damals in Bonn, als er erstmals vor Publikum gesprochen hatte: »Ich stammelte einige einleitende Worte über die gänzlich unerwartete Ehre und sprudelte dann eine halbe Stunde lang heraus, was mir zufällig in den Sinn kam, über die Sklaverei-Frage, über die Pflicht, die wir als amerikanische Bürger dieser Republik und als Weltbürger der Menschheit schuldig seien. Nach den ersten Sätzen flossen die Worte leicht und meine Zuhörer schienen befriedigt zu sein.«

Das ist die erste politische Rede von Carl Schurz in Amerika: »Das Eis war gebrochen.«

Noch wagt es Carl nicht, eine Rede auf Englisch zu halten. Für die Republikanische Partei ist er trotzdem interessant. Im Wahlkampf wird der Ton zwischen Demokraten und Republikanern immer schärfer. Schurz reist von Ort zu Ort. Er spricht vor einfachen Farmern, »gewitzten Stadtleuten« und »eingefleischten Parteigängern entgegengesetzter Überzeugung.« Das sind Leute, »die mit Geschrei, nicht selten mit einer Art fanatischer Wut« alles übel nehmen und zurückweisen: »Solche Leute verschrien mich als einen unverschämten, jungen Eindringling.«

Diese Gegner unterbrechen Carls Vorträge sogar mit Johlen und Pfiffen: »Zuweilen gingen sie so weit, die Fenster in den Sälen, wo ich sprach, zu zertrümmern, indem sie Steine oder noch unangenehmere Gegenstände dagegen warfen.«

Trotz aller Widerstände und trotz seiner Sympathie für die Republikaner hält er unbeirrt an dem Grundsatz fest, für die Sache und nicht für eine Partei zu kämpfen. Zuversichtlich vertraut er »auf die unwiderstehliche Macht der Wahrheit. Damals konnte ich nicht voraussehen, welche verhängnisvolle Rolle diese Denkweise, die ich für die natürlichste für einen Mann im öffentlichen Leben hielt, in meiner politischen Laufbahn spielen würde.«

Für den republikanischen Präsidentschaftskandidaten John Charles Frémont, den Carl mit seinen Reden unterstützt hat, geht die Wahl im November verloren. Schurz empfindet das als eine persönliche Niederlage. Seine Enttäuschung geht so weit, dass er den Wahlausgang mit dem »unheilvollen Zusammenbruch« der europäischen 1848er Revolution vergleicht.

»Es bedurfte einiger Zeit, bis ich mich von meiner Verwirrung erholen und die Tatsache erkennen konnte, dass dieses nur die erste Schlacht in einer langen Kampagne war.«

So zieht er sich erst einmal in seine häusliche Idylle zurück.

»Denke dir ein hübsches Landhaus auf einer sanften Anhöhe mit einem freien Blick auf Fluss und Stadt«, schreibt er an Gottfried Kinkel, zu dem der Kontakt seit dem letzten gemeinsam verbrachten Weihnachtsfest in London wieder vertrauter geworden ist, »im Hause rechts von dem Hausflur zwei hohe und geräumige Zimmer, die durch eine breite Schiebetür miteinander in Verbindung stehen, und im ausgebauten Erkerfenster des einen eine hübsche, junge Frau arbeitend und ein spielendes kleines rotbäckiges Posaunengesicht, und im anderen Zimmer ein männliches Wesen am Schreibtisch, von Büchern umgeben. Da hast Du meine Frau und Hans und mich, wie wir in diesem Augenblick leiben und leben.«

Auch Margarethe scheint nun endgültig in der Neuen Welt angekommen zu sein: »Sie ist den ganzen Tag treppauf, treppab in unserem frischen neuen Hause, und wir fangen an, eine solche Gemütlichkeit zu verspüren, wie wir sie bisher im häuslichen Leben noch niemals hatten.«

Carls Frau scheint endlich gesund und voller Tatendrang. Oft kommen ihre vier Nichten zum Spielen mit der dreijährigen Tochter Hans-Agathe ins Haus. Daraus entwickelt sich eine gewisse Regelmäßigkeit. Bald bringen auch andere Eltern, Verwandte, Freunde, Nachbarn

Schurz' Anwesen in Watertown, Wisconsin

ihren Nachwuchs zu Margarethe. Sie hat von ihrer in London lebenden Schwester Bertha das Buch »A practical guide to the English Kindergarten« erhalten und erprobt damit jetzt die Fröbelsche Pädagogik in Watertown. Sie singt mit den Kindern und denkt sich mit ihnen kleine Reime und Spiele aus. Bald ist die Kindergruppe so groß, dass die Räumlichkeiten im Farmhaus nicht reichen. Ein leer stehendes Holzhaus auf dem Grundstück von Carls Eltern bietet sich an. Es wird umgebaut und für die Kinder genutzt.

»Aus einer privaten Initiative von Margarethe Schurz war so der erste Kindergarten in den USA entstanden. Es war ein deutschsprachiger Kindergarten, aber Margarethe Schurz hatte das Samenkorn zu einem neuen und neuartigen Erziehungssystem in den USA gelegt, das bald in reichem Maße erblühte.«

Interessanterweise hat Schurz diese erfolgreiche Initiative seiner Frau in seinen Erinnerungen unerwähnt gelassen. Vielleicht glaubte er, dass die Leser mehr an seiner Karriere als an einem Kindergarten-

Das Gebäude des von Margarethe Schurz gegründeten Kindergartens in Watertown, Fotografie, 1928

Experiment interessiert seien. Carls Karriere will allerdings 1856/57 nicht so recht vorankommen. Zwar ist er jetzt Präsident einer Versicherungsgesellschaft, aber seine Zulassung als Advokat lässt weiter auf sich warten. Oder gibt es noch einen anderen Grund dafür, dass er Margarethes Kindergarten verschweigt? Der war zwar gut und praktisch, aber für Carls politischen Ehrgeiz wohl ohne Bedeutung. Jedenfalls registriert er nur: »Meine Frau, die liebenswürdigste und anmutigste Wirtin, machte unser Haus zu einem geselligen Mittelpunkt.«

Dort veranstaltet sie auch einen Maskenball mit Scharaden und lebenden Bildern mitten im strengen Winter von Wisconsin: »Die Gesellschaft unterhielt sich so überaus gut, dass die Morgendämmerung sie unbemerkt überraschte, und da es während der Nacht heftig geschneit hatte, mussten wir die Vermummten in verschiedenen Abteilungen auf unserem großen Farmwagen nach Hause befördern. Zu nicht geringer

Belustigung der erstaunten Stadtleute, die eben aus den Federn krochen und nun die wunderbaren Erscheinungen von Rittern, Türken, Mönchen, Harlekins und Schäferinnen im Morgengrau fröstelnd vorbeifahren sahen.«

Im Frühjahr 1858 bringt Margarethe eine zweite Tochter zur Welt. Sie heißt Marianne wie Carls Mutter. So glücklich auch privat alles zu gelingen scheint – geschäftlich gibt es Sorgen. Zwar kann Schurz nun endlich als Advokat praktizieren, aber mit seiner Farm hat er sich verspekuliert. Ein Börsensturz erschüttert die Vereinigten Staaten. Die Preise für Grund und Boden sinken rapide.

Schon Anfang des Jahres hatte Carl seinem Schwager Heinrich Meyer in einem Brief gestehen müssen: »Was die materiellen Verhältnisse betrifft, so liegt natürlich die Finanzkrise schwer auf uns. Das Unangenehmste bei den gegenwärtigen Verhältnissen ist die furchtbare Knappheit des Geldes. Man kann nichts einkassieren und kommt daher an allen Enden zu kurz. Wenn es so weitergeht wie jetzt, wird bald der Schreiner, wenn er beim Metzger eine Hammelkeule kaufen will, mit einem Tisch bezahlen und sich einen Stuhl als Wechselgeld herausgeben lassen.«

Zu allem Übel hat Schurz auch noch seine erste persönliche politische Schlappe einstecken müssen. Von den Republikanern war er bei den Gouverneurswahlen überraschend im letzten Herbst als Vizegouverneur von Illinois aufgestellt worden, obwohl er zu diesem Zeitpunkt noch nicht einmal Bürger der Vereinigten Staaten war: »Einige Wochen an den fünf Jahren fehlten, die mir einen Anspruch auf volle Bürgerrechte gewährten.« Das jedoch war nicht der Grund für sein Scheitern. Zum Sieg fehlten ihm schließlich 107 Stimmen. Oder war es am Ende doch Betrug, »da bei so zweifelhaften Resultaten nicht selten Wahlschwindel vorkommt, der aber nur mit Aufwendung einiger Kosten bewiesen werden könnte?«

Natürlich war die Wahlschlappe zunächst für Schurz eine Enttäuschung. Doch dann hat er wieder einmal auf seinen »glücklichen Fatalismus« gebaut: »Ich fasste die Niederlage wie eine Erleichterung auf, die mir ungestört mein harmlos erfreuliches Leben auf meiner Farm, in meiner Familie, unter meinen Freunden und mit meinen Büchern fortzusetzen erlaubte.«

Ein schöner Traum, zugegeben. Erfüllen aber wird er sich nicht.

IM ZUG NACH QUINCY/ILLINOIS, MITTE OKTOBER 1858

Ja, das ist noch ein Land der unbegrenzten Möglichkeiten! Vor allem, wenn es um die Eisenbahn geht. Der erste Zug rollte am 28. Dezember 1829 von Baltimore nach Ellicots Mills – auf einer Strecke von gerade mal 24 Kilometern. 1850 ziehen sich Schienen auf einer Länge von fast 15 000 Kilometern durch die Vereinigten Staaten von Amerika. Und im Herbst 1858 sind es bereits ungefähr 48 000 Kilometer.

Trotzdem sollte man Europa auf diesem Gebiet nicht unterschätzen. Auch hier fährt die Bahn schon quer durch alle Länder auf einer Schienenstrecke von 50 000 Kilometern. Was aber Kontinentaleuropa von den USA unterscheidet: Hier ist meist der Staat für den Bahnbetrieb verantwortlich. Jenseits des Atlantiks dagegen schießen private Bahngesellschaften wie Pilze aus der Prärie, die immer bedenkenloser von Schienen durchschnitten wird. Und die einzelnen Bundesstaaten helfen mit beim Konkurrenzkampf der Bahngesellschaften: Der erforderliche Grund und Boden, teilweise sogar fruchtbares Ackerland, wird extrem kostengünstig zur Verfügung gestellt.

Schnell und schludrig werden die Schienenstränge gezogen. Eine Meile pro Tag ist die Norm. Das erklärt die immer häufigeren Bahnkatastrophen. Doch unbestritten ist, dass die Bahn Menschen und Bundesstaaten miteinander verbindet. Was allerdings hier zusammenwächst, trennt nun die politische Entwicklung. US-Präsident ist jetzt der Demokrat James Buchanan. Er unterstützt, was der von den Südstaaten beherrschte Oberste Gerichtshof am 6. März 1857 verkündet hatte:

»... dass Neger nicht Bürger der Vereinigten Staaten werden können, noch vor einem Bundesgericht Klage führen dürfen, ... dass die Verfassung der Vereinigten Staaten die Sklaven als Eigentum erkennt und die Bundesregierung zum Schutze dieses Eigentumsrechtes verpflichtet. ... Es wird ausdrücklich festgelegt, dass der Wortlaut der Unabhängigkeitserklärung, alle Menschen seien durch Geburt gleich, nicht auf Neger Anwendung findet.«

Senator Stephen A. Douglas, der »kleine Riese«, der Schurz schon bei seinem ersten Washington-Besuch unangenehm aufgefallen war, spielt in diesem immer brisanteren Sklaverei-Konflikt eine seltsame Doppelrolle. Einerseits umwirbt er, um seine Wahlchancen in den Nordstaaten zu steigern, die Anti-Sklaven-Partei der Republikaner. Andererseits

Reise in den Westen, Stahlstich, 1854

möchte er es sich aber nicht mit den Sklavenhaltern im Süden verderben, die auch noch Kansas als weiteren »Sklaverei-Staat« in die Union schmuggeln wollen.

Schurz: »Douglas schlug vor, alle gesetzlichen Hindernisse wegzuräumen, welche gewisse Territorien vor dem Eindringen der Sklaverei geschützt hatte. Aber er hatte den Charakter und die Gesinnung des amerikanischen Volkes falsch beurteilt, denn nichts war mehr dazu angetan, die glimmenden Funken zu einer neuen, rasenden Flamme anzufachen. ... Es traf sich, dass gerade um diese Zeit die Amtsperiode von Douglas im Senat abgelaufen war und er für seine Wiederwahl an das Volk von Illinois appellieren musste. Dort begegnete er einem Racheengel in Gestalt von Abraham Lincoln.«

Eine Eisenbahnlinie führt bereits nach Quincy, einer Stadt am Mississippi. Quincy ist ein wichtiger Knotenpunkt für den Zug- und Schiffsverkehr. Hier nun soll sich der große Schlagabtausch zwischen Abraham Lincoln, dem republikanischen Kandidaten von Illinois, und seinem demokratischen Gegenspieler Douglas ereignen. Schurz macht seit September aktiv Wahlkampf für Lincoln. Persönlich kennt er ihn aber noch nicht.

»Am Vorabend der Debatte war ich in dem Zug, der von Chicago nach Quincy fuhr. Plötzlich, nachdem der Zug von einer kleinen Station abgefahren war, bemerkte ich unter meinen Mitreisenden eine große Bewegung. Einige von ihnen sprangen von ihren Sitzen auf und drängten sich eifrig um einen großen Mann, der soeben in den Waggon eingestiegen war.«

Schurz wundert sich über den kumpelhaften Umgang zwischen dem Zugestiegenen und den übrigen Fahrgästen.

»Hallo, Abe, wie geht's?«

Und dieser »Abe« ruft zurück: »Guten Abend, Ben! Wie geht's selber, Joe? Ich freue mich, dich zu sehen, Dick!«

Carls Begleiter, ein Kommissionsmitglied der Republikanischen Partei, sagt begeistert: »Da ist ja Lincoln selbst!«

Er zieht Carl durch den überfüllten Waggon und stellt ihn Lincoln vor. Schurz ist erstaunt: »Da stand er, alle, die ihn umringten, um mehrere Zoll überragend. Obgleich ich selbst etwas über sechs Fuß messe, musste ich doch, um ihm ins Gesicht zu sehen, meinen Kopf zurückwerfen. Das dunkle Gesicht mit seinen kräftigen Zügen und seinen wohlwollenden, melancholischen Augen, war bartlos. Er trug auf seinem Kopf einen etwas zerknitterten Zylinderhut. Sein langer, sehniger Hals ragte aus einem Hemdkragen hervor. Die hagere Gestalt war mit einem schwarzen, schon etwas schäbigen Frack bekleidet. Mit der linken Hand hielt er einen baumwollenen Regenschirm und eine Handtasche, welche die Spuren langen Gebrauchs zeigte.«

Lincoln begrüßt Schurz wie einen alten Bekannten. Wahrscheinlich hat er von Carls Rede in Chicago gehört, in der er sich erstmals auf Englisch gegen die Sklaverei ausgesprochen hatte. Diese Rede war nicht nur von der Chicagoer Presse, sondern auch über die Region hinaus registriert worden.

»Abe« bittet Carl, neben ihm Platz zu nehmen und beginnt ein »vollkommen unbefangenes« Gespräch: »Er sprach in so einfacher, vertraulicher Weise, dass mir bald zumute war, als habe ich ihn mein ganzes Leben gekannt und als wären wir schon lange gute Freunde gewesen.«

Zu diesem Zeitpunkt weiß Schurz noch sehr wenig von Lincoln. Ihm ist zwar bekannt, dass »Abe« 1809 in einem elenden Schuppen in Kentucky geboren wurde. Dass er sich vom Ackerknecht, Holzfäller und Bootsmann bis zum Kongressmitglied hochgearbeitet hat. Und dass er inzwischen ein gefragter Rechtsanwalt ist, so wie es Carl demnächst sein möchte.

Doch es gibt weit mehr Gemeinsamkeiten, als beide bei ihrem ersten Zusammentreffen im Zug nach Quincy ahnen können: Beide haben schon als Kinder Bücher verschlungen, wo immer die Möglichkeit dazu vorhanden war. Beider Lieblingsbuch ist Daniel Defoes »Robinson Crusoe« gewesen. Beide lehnen Alkohol und Gewalt ab. Beide können bis zur Sturheit für ihre moralischen Prinzipien kämpfen. Wenn es sein muss, auch ganz allein gegen den Rest der öffentlichen, politischen Meinung.

Als der Zug schließlich in Quincy hält, hört man bereits von draußen das Geschrei der zahlreichen nicht mehr ganz nüchternen Anhänger der Demokraten und der Republikaner. Die Stadt brodelt. Am nächsten Tag ist noch mehr los: »Viele kommen zu Fuß oder zu Pferde, kleinere Gesellschaften von Männern und Frauen, einige sogar mit ihren Kindern, mit dem Wagen. Andere wieder marschieren in feierlicher Prozession herein mit Fahnen und Trommeln. Oft ziehen ihnen weiß gekleidete Jungfrauen voraus, mit dreifarbigen Schärpen geschmückt. Diese sollen die Göttin der Freiheit darstellen.«

Dann ist es soweit. Der Schlagabtausch zwischen Lincoln und Senator Douglas findet im Freien auf einem großen Platz statt. Carl darf in Lincolns Nähe mit auf dem Podium sitzen. Lincoln hält die erste Rede. Sie macht auf Schurz anfangs »keinen besonderen Eindruck, weder was Inhalt noch Form« betrifft. Als der Redner aber »die moralische Seite der Sklavereifrage« berührt, wirkt er »gewaltig«. Seine Argumente sind treffend und scharf. Bisweilen wird er sarkastisch, jedoch nie bitter oder gehässig.

Wie wird Douglas darauf reagieren?

Schurz empfindet: »Sein Ton war gleich von Anfang an äußerst gereizt, diktatorisch und unverschämt. ... Keine Sprache schien ihm zu ehrenrührig zu sein, und sogar harmlose Dinge stieß er auf solche Weise hervor, dass sie klangen, als sei eine Beleidigung beabsichtigt. ... Im Ganzen waren seine Freunde sehr zufrieden mit seiner Leistung und belohnten ihn mit geräuschvollen Hochrufen.«

Nun aber redet noch einmal Abraham Lincoln. Und er beantwortet die Beleidigungen von Douglas auf seine Weise: »Alles, was er sagte, kam mit der sympathischen Überredungskraft einer so durch und durch ehrlichen Natur zum Ausdruck, dass dem Zuhörer oft zumute war, als wenn der Redner ihm gerade ins Auge blicke und zu ihm sage: Mein Freund, das ist meine ernsthafte Überzeugung. Und ich habe keinen Zweifel, dass du im Grunde des Herzens ebenso denkst wie ich.«

Trotzdem wird Lincoln die Wahl gegen Douglas verlieren. Noch ist seine Stunde nicht gekommen. »Ich jage nach größerem Wild«, wird er seine Anhänger trösten und dabei wohl an die Präsidentenwahl in zwei Jahren denken.

In Quincy verabschiedet sich Schurz von Lincoln. Erst zwanzig Monate später wird er ihn wiedersehen: »bei einer denkwürdigen Gelegenheit«.

ST. PAUL, 27. SEPTEMBER 1859

»Mein liebstes Weibchen,

das nenne ich eine Kampagne! Das nenne ich leben und reisen im Westen. ... Zuerst ging es über die wilde Prärie, eine muntere Fahrt durch die frische Morgenluft. Endlich wendete sich die Straße in den Wald, und wir hatten noch sechzehn Meilen bis zu unserem Bestimmungsort. ... Fast ein Dutzend Mal haben wir aus dem Wagen aussteigen müssen, um die Räder und zuweilen die Pferde aus dem Schlamm zu ziehen. Wir machten nicht mehr als zwei Meilen die Stunde. Die Zeit verging unter Lachen und Fluchen. Endlich, gegen drei Uhr nachmittags, erreichten wir Lexington. Eine Stadt, die aus einem Wirtshaus, einer Schule und einem Gemischtwarenladen besteht.«

Diesmal geht es nicht um einen Präsidenten. Im November sind Kongresswahlen und Carl Schurz wirbt für die Republikaner im erst gerade in die Union aufgenommenen Minnesota. Der neue Staat – das ist er, der wilde Westen! Wenige Siedler und viele Sioux-Indianer leben hier. Bis hierher ist die Eisenbahn noch nicht gekommen. Deshalb reist Carl im leichten Wagen mit einem ortskundigen Begleiter von Ort zu Ort, von Farm zu Farm.

»Die Entfernungen zwischen den Farmen wurden größer und größer und menschliche Wohnstätten immer seltener. Jetzt sah ich eine Anzahl Indianerkinder auf der Holzumzäunung einer einsamen Ansiedlung sitzen und nicht weit davon einen Indianerwigwam. Vor mir erstreckte sich die unermessliche Ebene, scheinbar ohne Grenzen und ohne eine Spur menschlichen Lebens.«

Von wegen! Denn schon taucht am Horizont ein kleiner Wagen auf. Ein Kutscher und sein Fahrgast sitzen darin. Der ruft Schurz zu: »Hallo, bitte halten Sie einen Augenblick!«

Carls Wagen bleibt stehen.

»Sind Sie nicht Carl Schurz?«

»Ja, ich bin's.«

»Und ich bin Frank Blair aus St. Louis.«

Schurz weiß sofort, wer da aus dem Wagen springt: Der hoch gewachsene Blair ist einer der mutigsten Sklaverei-Gegner im Sklavenhalterstaat Missouri. Man habe ihm berichtet, erzählt Blair, dass Schurz hier unterwegs sei. Und, welch verrückter Zufall, nun habe man sich sogar getroffen.

»Lassen Sie sich hier auf dem Grase mit mir nieder, wir wollen zusammen etwas frühstücken. Ich habe eine Flasche Rotwein und belegte Butterbrote bei mir.«

So kommt es mitten in der einsamen Prärie zu einem ungewöhnlichen Picknick, das Carl in einem seiner Briefe auch Margarethe schildert. Die »große Erkennungsszene« wird darin allerdings »durch einen Trunk aus der Brandy-Flasche festlich begangen«.

Doch nicht nur so bekannte Politiker wie Frank Blair kennen inzwischen Schurz. Nicht ohne Stolz teilt Carl seiner »Liebsten« mit: »Ich war erstaunt, wie bekannt ich bereits bin. Jedermann, dem ich begegnete, selbst in der tiefsten Einöde, jubelte auf, sobald er meinen Namen hörte.«

Der Mythos der geglückten Kinkel-Befreiung funktioniert nämlich immer noch und selbst in der Neuen Welt. Und er wird von der Republikanischen Partei clever genutzt – vor allem, um deutsche Siedler anzusprechen. Obwohl Schurz vor einem Jahr bei der Wahl zum Vizegouverneur von Illinois knapp gescheitert war, gilt er seitdem als »Mann von Einfluss«. Messen kann man das an der wachsenden Zahl der Bittsteller, die im Fahrwasser seiner Popularität Karriere machen wollen.

Diese Posten-Schacherei findet üblicherweise unter vier Augen statt, nach dem Motto: Bist du mein Gönner, so werde ich auch dein Gönner sein.

Ein Problem, das Carl nach den Gouverneurswahlen perfekt gelöst hat: »Ich forderte jeden, der sich an mich gewandt hatte, auf, in mein Hotelzimmer zu kommen. Ohne dass einer von dem anderen wusste, lud ich alle für dieselbe Stunde ein.« Und als alle versammelt waren, hatte Carl gesagt: »Meine Herren, Sie haben mir die Ehre erwiesen, mich zu bitten, ich möge Sie für ein Amt empfehlen. Ich bin vollständig bereit, das zu tun. Sie müssen aber zugeben, dass ich mich auf Bevorzugung unter Ihnen nicht einlassen kann. Das einzige, was ich daher billiger- und gerechterweise tun kann, ist, Sie alle für die Stellen, die Sie begehren, auf dem Fuße voller Gleichberechtigung zu empfehlen.«

Verblüfftes Schweigen. Dann verlegenes Gelächter. Die Bittsteller hatten Carls Eulenspiegelei durchschaut.

Diese Art der Pöstchen-Verteilung, die Carl als »Beutesystem« sein Leben lang bekämpfen wird, ist im dünn besiedelten Minnesota glücklicherweise noch nicht verbreitet. Hier im Schulhaus von Lexington macht man Politik noch ohne Hintergedanken.

»Die Männer standen meistens und die Frauen, viele von ihnen mit kleinen Kindern auf dem Schoß, saßen auf den Bänken. ... Ich erörterte die Sklavenfrage mit allem möglichen Ernst und Feuer. Allmählich wurde das Publikum ganz begeistert. Die Männer stampften und schrien, einige von den Jungen pfiffen und die Babys heulten.«

Nach der Versammlung gibt es ein kräftiges Händeschütteln und jede Menge Aufforderungen, die Debatte bei etwas Hochprozentigem im Wirtshaus fortzusetzen: »Es bedurfte nicht geringer Kriegslist, die Einladungen zu vermeiden und dabei doch nicht Anstoß zu erregen.«

In Minnesota benutzt Schurz die unterschiedlichsten Fortbewegungsmittel für seine »wilde Kampagne« gegen die Sklaverei: Eisenbahnen, kleine Wagen, so genannte »buggies«, Pferde, und vor allem dort, wo sich der Mississippi träge durch die Landschaft wälzt, das Dampfschiff.

»Es war meine erste Reise auf einem der großen Flussdampfer, und ich genoss sie über die Maßen. Als wir an den majestätischen Felsabhängen des Pepin-Sees vorüber fuhren, schien die ›Seewelle‹ unsere ›Möwe‹ einzuholen. Und sogleich gaben sich meine Mitreisenden dem unwiderstehlichen Gefühl hin, dass das nicht sein dürfe.«

Und nun passiert etwas, das typisch für den amerikanischen Lebensstil ist: Jeder will der Beste, Größte, Reichste – oder hier auf dem Fluss der Schnellste – sein.

»So waren wir denn mitten in einer Mississippi-Dampferwettfahrt. Ich wusste vom Hörensagen, dass solche Wettfahrten manchmal nicht vom schnellsten Schiff gewonnen wurden, sondern von demjenigen, dessen Dampfkessel am längsten Widerstand leisteten, ehe sie barsten.«

Kapitän und Passagiere der »Möwe«, auf der auch Carl mitfährt, verschmelzen zu einer verschworenen Gemeinschaft gegen die »Seewelle«. Anekdoten machen die Runde. Von einer wettkampfsüchtigen alten Dame wird erzählt, die bei einer früheren Wettfahrt sogar mehrere Fässer Schweinefleisch, die sie mit an Bord gebracht hatte, als Brennmaterial opfern wollte. Auch die »Möwe« muss nun für neues Brennmaterial sorgen, wenn sie gewinnen will.

»Schadet nichts«, sagt der Kapitän, »die ›Seewelle‹ muss auch Holz laden.«

Während die »Möwe« aufgeladen wird – selbst die Reisenden helfen mit – dampft die »Seewelle« majestätisch vorbei. Und die Luft erzittert drüben vom Jubelgeschrei ihrer Passagiere.

»Jetzt begann der eigentlich entscheidende Kampf. Die Dampfer konnten nebeneinander laufen, sozusagen Schulter an Schulter. Manchmal berührten sich fast die Radkasten. Das Ende war nahe. Die Schiffe waren weiter Seite an Seite und leisteten mit beängstigender Energie ihr Äußerstes. Sie mussten aber noch eine Biegung machen. War es nun Gunst des Schicksals oder Berechnung unseres Kapitäns? Wir hatten den Vorteil der inneren Seite. Wir fuhren mit voller Kraft. Der Sieg war unser. Die ›Möwe‹ berührte ihr Dock mit einem Krach, als die ›Seewelle‹ eben erst einlief.«

Freudengeschrei auf der »Möwe«. Schurz allerdings ist froh, als er wieder festen Boden unter den Füßen spürt ...

Mit solchen und anderen, teilweise skurrilen Schilderungen des amerikanischen Alltags versucht Carl seine Frau schriftlich zu erheitern. Wochenlang können sich beide wieder nur in Briefen miteinander verständigen. Der glänzende Redner Schurz ist inzwischen zum Hoffnungsträger der Republikanischen Partei geworden, der die Massen gegen die Sklaverei mobilisiert. Darauf ist Margarethe stolz. Jeder

Margarethe Schurz

Artikel über ihren Mann, jedes gedruckte Zitat aus seinen Reden wird von ihr ausgeschnitten und gesammelt. Aber selbst Carls wachsende Popularität kann ihren Kummer über die vielen Trennungen nicht mildern. Jedes Mal, wenn Carl Watertown verlassen hat, fehlt ihr die für sie so wichtige Bezugsperson. Nach dem früh verstorbenen Vater und dem ältesten Bruder im fernen Hamburg hatte nun der Ehemann diese Funktion übernommen.

Schurz ist Margarethes große Liebe. Aber die empfindsame junge Frau sieht in ihm auch ihren Beschützer, der nur zu selten anwesend sein kann. Dazu kommt Margarethes labile Gesundheit. Fast jede Geburt wird für sie zum Martyrium. Als zwei Jahre zuvor Tochter Marianne zur Welt kam, ist Margarethe fast verblutet. Trotzdem war ihr gemeinsames Leben mit Carl bisher vorwiegend glücklich. Dass diese harmonischen Stunden nun so rar geworden sind, hat mit den politischen Entwicklungen in den USA zwischen 1858 und 1861 zu tun. Und mit Carls Karriere als Politiker, die sich immer stärker abzeichnet. Er reist durch die

Bundesstaaten und heizt mit seinen Auftritten die politische Stimmung an. Seine brillanten Reden hält er nicht nur auf Deutsch, sondern häufiger auch auf Englisch. Ein Zeitzeuge: »Wenn man daran denkt, dass es eine von Schurz erst kürzlich erlernte Sprache war, macht er das einfach großartig.«

Der Beifall für Carl wird immer lauter. Und dabei scheint er selbst in eine Art Rausch zu verfallen. In den Briefen an Margarethe schwelgt er: »Die Zeitungen zeigen an, dass die Bevölkerung von fünf oder sechs Ortschaften mich auf halbem Wege empfangen und mir einen triumphalen Einzug in St. Anthony bereiten wird, mit Musik und Kanonendonner.«

Oder: »Gestern Morgen war ich bereits auf dem Dampfboot, als eine Deputation von Amerikanern und Deutschen mich fast mit Gewalt zurückholte, damit ich noch an einigen Orten sprechen sollte, wo ich stürmisch verlangt werde.«

Oder: »In Henderson, einem Platze von 1000 bis 1500 Einwohnern, mitten im Walde, hielten wir unsere Versammlung ab, während eines furchtbaren Gewitters. Die Blitze schlugen links und rechts neben uns ein. Aber das Volk war enthusiastisch. Selbst die Ladys hatten sich von dem herabströmenden Regen nicht abhalten lassen. Der Donner des Himmels gab den Beifall zu meiner kraftvollen Rede.«

Oder: »Dann ging es nach Sheboygen, ... einen größeren Triumph habe ich fast noch nie erlebt.«

Zwischendurch liest Margarethe auch Ernüchterung aus Carls Briefen: »Ich habe meine Glorie wieder einmal satt, aber ich kann sie mir nicht vom Leibe schlagen. Mein Kopf ist dumm und mein ganzes Wesen ist erschöpft. ... Jetzt bin ich der Sache aber auch gründlich müde und freue mich wie ein Spatz auf die Tage, wo wir wieder zusammen zu Hause sein und mit den Kindern spielen werden.«

Schließlich schreibt er, offenbar, um sich selber wieder Mut zu machen, am 2. März 1860 an seine Frau: »Heute ist mein Geburtstag. 31 Jahre also. Ich bin schnell gewachsen, ohne alt zu werden. Hier innen ist noch ein ganzer Frühling von Kraft und Streben und Liebe. Der Ernst des Lebens hat mich wohl etwas mehr ergriffen, aber ich bin noch so frisch wie vor zehn Jahren.«

Vor zehn Jahren, das war im Herbst 1849. Als Flüchtling unter Flüchtlingen hatte Carl damals in Zürich gelebt, nur mit der vagen, verwegenen Idee im Kopf, Kinkel aus einem preußischen Zuchthaus zu befreien.

Nun aber als Bürger der Vereinigten Staaten hat er ganz andere Perspektiven: Er wird seinen Weg machen, das weiß er. Denn er ist der richtige Mann im richtigen Land zur richtigen Zeit.

SPRINGFIELD/WASHINGTON, 1860/61

»Da stand der republikanische Präsidentschaftskandidat, groß und ungeschlacht in seinem scheinbar neuen, aber schlecht passenden Anzug. Sein langer, sehniger Hals ragte aus dem umgeklappten Kragen hervor. Seine melancholischen Augen waren tief eingesunken in seinem hageren Gesicht.«

Nun findet es also endlich statt, Carls »denkwürdiges« Wiedersehen mit Abraham Lincoln nach zwanzig Monaten. Auch für Schurz unerwartet hat der republikanische Konvent in Chicago Lincoln zu seinem Kandidaten für die Präsidentschaftswahl im November bestimmt. Im Konvent hatte Carl den Staat Wisconsin vertreten. Deshalb gehört auch er jetzt zur Abordnung, die Lincoln in seinem Heimatort Springfield die »offizielle Ankündigung seiner Nomination« überbringt.

»Lincoln begrüßte uns im Wohnzimmer seines bescheidenen Holzhauses. Es war ein ziemlich kahler Raum. In der Mitte des Zimmers stand der übliche kleine Tisch mit einer Marmorplatte, darauf die Familienbibel und die Kanne für Eiswasser.«

Außer Carl haben die meisten der Delegierten Lincoln noch nie gesehen. Und an ihren Mienen kann man förmlich ablesen, was sie über ihren Kandidaten denken: »Sie fragten sich, wie dieser harmlose Mann, dieses Naturkind, sich bei der Berührung mit der großen Welt und angesichts der wichtigen und verwickelten Probleme verhalten würde, die zu bewältigen er so ungenügend ausgerüstet zu sein schien.«

Dann aber spricht Lincoln. Er bedankt sich für das entgegengebrachte Vertrauen, das er zu erfüllen hoffe. Der Kandidat, der anfangs fast mürrisch wirkte, ist aufgetaut. Seine unprätentiöse, herzliche Bescheidenheit lockert die Stimmung. Zum Abschied schüttelt man sich die Hände wie alte Bekannte. Und beim Herausgehen sagt einer der Delegierten zu Schurz: »Ja, wir hätten vielleicht etwas Glänzenderes, aber kaum etwas Besseres tun können.«

Ein beispielloser Wahlkampf beginnt. Präsidentschaftskandidat für die Nordstaaten der inzwischen zersplitterten Demokratischen Partei ist Stephen A. Douglas, Carls ungeliebter »kleiner Riese«: »Er war nach meiner Ansicht der gefährlichste, der am meisten zu fürchtende Demagoge in Amerika. Es erschien mir als ein verdienstvolles Werk, diese aufgeblähte Luftblase zu durchstechen.«

Schurz glüht, ohne dabei zu verbrennen. Er kämpft gegen die Sklaverei und gleichzeitig für seine Vision eines idealen Staates, den er im »wahren Amerikanismus« zu finden glaubt. Er möchte, dass in den Vereinigten Staaten, dieser »neuen, jugendfrischen Nation, ein Zusammenströmen und Verschmelzen der kräftigsten Elemente aller zivilisierten Völker« stattfindet. Sein Credo: Leben, Freiheit, Streben nach Glück und die »Gleichheit der Rechte« – das sind die Grundprinzipien, die »die große historische Mission der amerikanischen Republik« für ihn ausmachen.

Für Schurz bedeutet »Gleichheit der Rechte« aber auch, die Rechte des Nachbarn so zu respektieren, wie man die eigenen verteidigt: »Gleichheit der Rechte, in allgemeiner Selbstregierung verkörpert, ist das große moralische Element wahrer Demokratie. Sie ist das einzige zuverlässige Sicherheitsventil in der Maschinerie der modernen Gesellschaft.«

Mit diesem hohen Anspruch ist Schurz für die Republikanische Partei in den Wahlkampf gezogen. Dafür scheut er keine Strapazen. Die Hotels sind oft erbärmlich, die Zimmer nachts voller Moskitos. Manchmal muss Carl mit seinen Wahlhelfern in einem Bett übernachten.

»Meine Hauptarbeit bestand darin, deutsch geborene Wähler anzureden. Besonders in den Staaten Wisconsin, Illinois, Indiana, Ohio, Pennsylvania und New York. Nicht nur in den großen Städten, sondern auch in kleinen Landstädtchen, in Dörfern und zuweilen in entlegenen Gegenden, wo nur Ackerbau betrieben wurde.«

Längere Strecken legt Carl im Zug zurück. Doch auch dort findet er kaum Erholung. »Dieses Eisenbahnleben ist scheußlich«, schreibt er an Margarethe. »Zum Frühstück undefinierbares Beefsteak, zäh wie gegerbte Rindshaut, aufgewärmte Kartoffeln und Gebäck, das wie grüne Seife riecht.«

Eines Abends fährt Schurz mit dem Zug an Watertown vorbei, wo Margarethe mit den Kindern seit einiger Zeit nicht mehr zu Hause ist.

Der Kindergarten wird nun von Carls Cousine geleitet, während Frau Schurz in der Nähe von Philadelphia nach einem neuen Lebensmittelpunkt für die Familie sucht. Zumindest die Kindergarten-Idee wird aber von Margarethe weitergegeben. In Boston hat sie Elizabeth Palmer Peabody davon erzählt, die diesem pädagogischen Modell aus Deutschland nun in den USA zum Durchbruch verhelfen wird.

Jetzt, im Zug, denkt Carl an die Jahre mit Margarethe in Watertown zurück: »Als ich in der Dunkelheit an der Stadt vorüberfuhr, wo ich hinter den zerstreuten Gaslichtern das Haus wusste, in dem du nicht warst, da wurde es mir ordentlich traurig ums Herz. ... Wenn wir auf die letzten Jahre zurückblicken, wie viele glückliche Tage haben wir doch in dem Haus genossen! Welchen Wechsel der Schicksale, der Pläne und der Stimmungen haben wir dort durchlebt! Das ist es, was mir das Haus so lieb macht, aber weshalb ich auch nicht ohne dich darin sein mag.«

Doch der Wahlkampf muss weitergehen. Am 24. Juli 1860 – es ist ein besonders heißer Sommer – spricht Schurz in Springfield, Lincolns Wohnort. Noch vor der Veranstaltung besucht ihn »Old Abe« im Hotelzimmer und besteht darauf, dass sich Carl weiter auf dem Bett ausruhen muss:

»Von der Präsidentenwahl sprach Lincoln mit einer ruhigen und gemütlichen Unbefangenheit, als ob es sich um eine Kartoffelernte handelt. Er erzählte mir von all den Briefen und Besuchen, mit denen er überhäuft würde, und sagte, dass er die, welche bereits um Ämter und dergleichen anfragten, gar nicht erst beantworte.«

Dann gibt er Carl ein Versprechen: Falls er Präsident würde, könne Schurz, der nie um etwas gebeten habe, obwohl er so viel für ihn tue, mit einer interessanten Aufgabe in der nächsten Regierung rechnen.

»Ich kann nämlich unterscheiden, wer eine Drohne und wer ein verdienstvoller Mensch ist«, sagt Lincoln und lädt Carl zum Mittagessen ein. Bei Lincolns zu Hause, das ist schon eine Ehre. Doch Schurz, trotzdem ganz der spöttische Beobachter, berichtet Margarethe über Mrs. Lincoln: »Die Madam hatte sich sehr niedlich ›aufgedressed‹ und versteht es schon sehr gut, den Fächer zu schwenken. Sie schwätzt ganz gut und wird sich schon ins Weiße Haus finden. Lincolns Jungen sind echte Bengels aus dem Westen. Einer von ihnen bestand darauf, barfuß zu laufen.«

Abends hält Schurz in Springfield, wie er nicht ganz uneitel an seine

Frau schreibt, eine seiner »besten Reden«. Sowohl auf Deutsch als auch auf Englisch. Lincoln sitzt in der ersten Reihe.

Enthusiastischer Beifall. Lincoln schüttelt ihm die Hand. So begeistert, dass es weh tut. »Du bist ein doller Bursche«, sagt er zu Carl. »Ich verstehe jetzt deine Kraft.«

Die nächste Aufsehen erregende Wahlkampfrede hält Schurz am 13. September in New York. Am Tag zuvor hatte Douglas, der politische Gegner, gesprochen. Carl an Margarethe: »Mein Donnerschlag kam unmittelbar danach. Ich habe nie so brillant gesprochen. ... Viele Exemplare dieser Rede wurden verbreitet, und man behauptete, dass sie Douglas manche Stimme gekostet habe.«

Schurz spricht mehr als zwei Stunden, und die New Yorker, für ihre Ungeduld bekannt, würden ihm sogar noch länger zuhören.

Aber Carls Erfolge während des Wahlkampfs haben auch ihre Schattenseiten. Seine Familie sieht ihn immer seltener, und er ahnt, wie stark Margarethe unter diesen Trennungen leidet. Schon im März hatte er, ein wenig trickreich, deshalb an ihre Geduld appelliert: »Du weißt doch auch die Verantwortlichkeit zu schätzen, die an meiner hervorragenden Stellung hängt. Eine Verantwortlichkeit, die allerdings nicht verbrieft und versiegelt, aber als moralische nicht minder stark ist! Was immer du auch in einem Augenblick des Verdrusses und der Unzufriedenheit denken oder sagen magst, ich habe das Ungewöhnliche, die Anlage zum Großen, in Dir erkannt und immer daran geglaubt.«

Zu den Trennungssorgen kommt jetzt noch dazu, dass Carl knapp bei Kasse ist. Die junge Republikanische Partei kann ihrem besten Wahlkämpfer fast gar nichts zahlen: »Die Summen waren lächerlich. Die Wahlkampagne schien gewissermaßen ganz von selbst zu gehen. Alles geschah ohne amtlichen Apparat, denn die Regierungsbeamten standen auf der demokratischen Seite.«

Doch wichtiger als Carls Geldmangel ist nun der Wahlausgang. Bis zuletzt stürzt sich Schurz in den Redekrieg, attackiert er mit seiner »schrecklichen Aufrichtigkeit« in seinen umjubelten, aber von den Demokraten gefürchteten Ansprachen die Sklaverei-Anhänger. Bis der Tag kommt, an dem der Souverän, das Volk, entscheiden muss. Am 6. November 1860 ist Carl in der New Yorker Handelskammer an der Spring-Street-Bridge, wo die Depeschen mit den ersten Ergebnissen eintrudeln.

»Des Jubels war kein Ende, als Lincolns Mehrheiten sich nach und nach in Kolossale anzuhäufen schienen«, schreibt Schurz an seine Frau. Allerdings fehlen noch die ausschlaggebenden Stimmen aus dem Staat New York selbst. Hier liegen zunächst die Demokraten vorn.

»Doch dann kamen die Depeschen Schlag auf Schlag und die republikanische Mehrheit aus dem westlichen Teil des Staates New York brach wie ein Hagelwetter herein. Alles schrie und jubelte, die Hüte flogen an die Decke. Als der erste Kanonenschuss verkündete, dass das große Werk vollendet, der große Sieg gewonnen sei, da hätte ich Dich, Liebste, gern hier gehabt. Dieser Sieg gehört auch dir! ... Jetzt ist die schwere Zeit vorbei. Liebe, Ruhe, Familie, Glück! Die Zukunft droht mit keiner Trennung mehr. Wir werden wieder eins sein und, wenn mich nicht alles trügt, ein Stück der alten Idylle zurück gewinnen.«

Welch ein Trugschluss! Schurz ist weiter unterwegs. Er kann von der Politik nicht mehr lassen. Am 17. Dezember klagt er in seinem Brief an Margarethe: »Es macht mich traurig, dass ich am Weihnachtsabend nicht bei Dir sein kann. Aber was hilft's!«

Am 24. Dezember schreibt er aus Boston: »Meine Liebste, es ist Weihnachtsabend, und ich sitze hier einsam und allein mit meinen Gedanken.« Doch im gleichen Brief dann wieder ein Appell an Margarethes Verständnis: »Wir leben in einer großen Zeit, und wir sollten nicht kleiner sein als die Anforderungen, welche die Zeit an uns stellt.«

Abraham Lincoln, bald der mächtigste Mann der Vereinigten Staaten, und Carl Schurz, der erst vor acht Jahren in die USA Eingewanderte – haben sie einander gesucht und gefunden? Der künftige Präsident ist ein Mann mit festen moralischen Prinzipien, der aber auch den Ausgleich sucht. Schurz dagegen will für seine Überzeugungen notfalls mit dem Kopf durch die Wand. Aber so unterschiedlich beide auch in mancher Hinsicht sind – sie ergänzen, sie brauchen sich. Wenn Lincoln zu lange auf Konsens beharrt, wird Carl ihn zum sofortigen Handeln ermuntern. Und wenn Schurz, wie so oft, seinen Sturm und Drang auslebt, wird der Präsident ihm freundschaftlich Grenzen setzen.

Lincoln, einundfünfzig, schätzt den zwanzig Jahre Jüngeren so sehr, dass er kurz vor seiner Amtseinführung die Antrittsrede mit ihm durchgeht. Am 4. März 1861 wird Abraham Lincoln in Washington zum 16. Präsidenten der USA vereidigt. Schurz, der natürlich dabei ist: »Es wurde, angesichts der beunruhigenden Zustände, für ratsam gehalten,

US-Präsident Abraham Lincoln,
Fotografie von Alexander Gardner, 1863

dass eine möglichst große Anzahl Republikaner anwesend sein sollte. ... Die Luft war erfüllt von Gerüchten über ›Rebellen-Verschwörungen‹. Es hieß, Lincoln solle ermordet oder gefangen genommen und entführt werden.«

Mit dem Sieg der Republikaner, dem Sieg Lincolns, verschärft sich der Konflikt zwischen Nord- und Südstaaten. Längst geht es nicht mehr nur um die Abschaffung der Sklaverei. Wenn es denn zu einem Krieg kommt, so wird das in erster Linie ein Wirtschaftskrieg sein. Ein amerikanischer Bürgerkrieg, an dem auch einige europäische Staaten mitstricken werden. Denn insgeheim ist Großbritannien brennend daran interessiert, dass sich in den Südstaaten nichts ändert. Die Briten benötigen für ihre gut florierenden Webereien und Spinnereien im eigenen Land dringend die Baumwolle, die in den amerikanischen Sklaverei-Staaten geerntet wird. Und die ohnehin schon reichen Plantagenbesitzer verdienen damit noch mehr.

Sklavenauktion in den Südstaaten der USA,
Lithografie, 1860

Während 1850 die Baumwollernte im Süden der USA 78 Millionen Dollar einbrachte, sind es jetzt, 1861, über 236 Millionen. Damit befinden sich die Südstaaten in einem Wirtschaftswunder und schätzen die den freien Handel propagierenden Briten außerordentlich. Großbritannien jedoch gefällt sich in einer Doppelrolle. Offiziell spielt es weiter das liberale, dem Humanismus verpflichtete europäische Britannien, das selbstverständlich gegen die Sklaverei ist. Wenn es aber um eigene, wirtschaftliche Interessen geht, drückt man gern ein Auge zu.

Ausgerechnet durch Senator Douglas wird ein Fall publik, der ein Licht auf die herrschenden Praktiken des Sklavenhandels wirft. Douglas behauptet, dass noch vor zwei Jahren mehr Sklaven in die Südstaaten gebracht worden seien als in all den Jahren zuvor. Ein aktueller Fall ist die amerikanische Yacht »Wanderer«. Nachdem ihr Eigner mit den Offizieren des britischen Schlachtschiffes »Medusa« – das offiziell den Sklavenhandel unterbinden soll – ausgiebig gezecht hat, kann er ungehindert nach Afrika fahren. Dort packt er seinen als Vergnügungsschiff getarnten Segler mit ein paar hundert Afrikanern voll, die er nach seiner Rückkehr in den Südstaaten verkaufen kann.

Ganz anders sieht es dagegen in den Nordstaaten aus: »Während England durch Einführung des Freihandels den Wettbewerb internationalisierte, beschränkten sich die amerikanischen Nordstaaten, deren Industrie noch in den Kinderschuhen steckte, in zunehmenden Maße mit Hilfe der Zölle auf den kapitalistischen Wettbewerb innerhalb der nationalen Grenzen. Billige Arbeitskraft aus Europa wurde zugelassen, die billigen europäischen Waren aber wurden mit so hohen Zöllen belegt, dass sie sich allmählich als Schutzzölle auswirkten.«

Was wiederum die Briten gar nicht lustig finden: »Manche Briten hätten auch die Zertrümmerung der Union nicht ungern gesehen. Die englischen Kriegslieferungen für den Süden verschärften die Beziehungen zum Norden bis unmittelbar an den Rand des Bruches.«

Das ist der Stand der Dinge am Vorabend und auch während des amerikanischen Bürgerkrieges. Ein Krieg, der mit über 600 000 Toten auf beiden Seiten enden wird, der den Süden mit seinen Baumwollfeldern ruinieren soll und der die ersten Ölquellen sprudeln lassen wird. Später wird über diese Jahre geschrieben werden: »Während die Idealisten einander im Bürgerkrieg umbrachten, widmeten sich die praktischen Leute, vom Höchsten bis zu Geringsten, dem Geldverdienen.«

Schurz soll im Frühjahr 1861 – der Krieg hat noch nicht begonnen – Botschafter in Madrid werden. Damit haben nicht einmal seine Gegner gerechnet. Und er selbst wohl auch nicht. Doch er fügt sich. Widerwillig. Denn ein Diplomat ist er überhaupt nicht. Aber er gesteht, »... dass der Gedanke, mit allen Würden eines bevollmächtigten Ministers und außerordentlichen Gesandten der Vereinigten Staaten nach Europa zurückzukehren, wenige Jahre nur, nachdem ich mein Vaterland als politischer Flüchtling verlassen hatte, meinem Stolz, oder soll ich lieber sagen meiner Eitelkeit, außerordentlich schmeichelt«.

Mitten in seine Umzugsvorbereitungen nach Europa platzt diese Nachricht wie eine Bombe: Am 12. April 1861 haben die Truppen der Konföderation begonnen, das Fort Sumter zu beschießen. Das sind die Soldaten, die für das Bündnis derjenigen Südstaaten kämpfen, die sich vom Norden losgesagt hatten. Sinn der Attacke soll wohl sein, die Stadt Charleston in South Carolina mit ihrem sicheren Hafen und ihren vorgelagerten Forts Sumter und Moultrie an der atlantischen Küste einzunehmen. Denn Charleston besitzt einen Symbolcharakter für die Südstaatler. Hier hat sich ein Großteil ihrer Geld-Aristokratie angesiedelt. Vom Hafen von Charleston, geräumig und sicher, lässt sich die Baumwolle bequem nach Europa verschiffen. Den Konföderierten gelingt es, die Stadt zu erobern.

Und kaum eine Woche später schon der nächste, diesmal besonders blutige Angriff einer Südstaaten-Truppe auf das nordstaatliche 6. Massachusetts-Regiment – während es ahnungslos durch Baltimore marschiert war.

Schurz ist elektrisiert: »Ich hielt es für meine Pflicht, sofort nach Washington zu eilen, um die Dienste, die ich zu leisten fähig war, anzubieten. Die Pistolen, die ich bei der Befreiung Kinkels bei mir getragen habe, steckte ich in meine Handtasche und machte mich auf den Weg.«

Der Botschafter-Posten in Madrid muss warten, beschließt Schurz. Die Lage hier ist so brisant, dass ein Mann schneller Entschlüsse wie er jetzt in den USA gebraucht wird. Zwar hat Lincoln bereits 75 000 Freiwillige aufstellen lassen. Doch er zögert noch, einen Krieg auf nationalem Boden zu führen.

»Noch sprach er wie ein sorgender Vater zu seinen widerspenstigen Kindern, der hoffe, dies friedlich ausführen zu können, der den Krieg, für welchen Zweck auch immer, verabscheue.«

Lincolns Zögern missversteht der heißblütige Carl zunächst als Tatenlosigkeit. Und will deshalb sofort aktiv werden. Vom Präsidenten erzwingt er einen Aufschub für seine Mission in Madrid und die Erlaubnis, eine leistungsfähige Kavallerietruppe in New York aufzubauen. Dazu wird er deutsche Einwanderer – insbesondere die kampferprobten ehemaligen Revolutionäre von 1848/49 – aktivieren.

Aber Lincoln besteht darauf, dass Schurz anschließend seinen diplomatischen Posten in Spanien antreten muss. Doch warum hat er sich dafür ausgerechnet Schurz ausgesucht?

»Eine der größten psychologischen Kräfte Abraham Lincolns war, dass er genau wusste, was er nicht wusste. Und eine andere Kraft lag darin, dass er immer bereit war, die Person zu suchen und zu finden, die es wusste, um sich dann ihren Meinungen und Ratschlägen zu unterwerfen. Er wusste instinktiv, dass er in Carl Schurz den Mann gefunden hatte, der ihn in auswärtigen Angelegenheiten und in europäischer Geschichte unterrichten konnte, ebenso in den Lebensbedingungen Europas. Alles Dinge, von denen Lincoln sich bewusst war, nichts über sie zu wissen.«

MADRID, 14. JULI 1861

Gegen 22 Uhr: Vor dem königlichen Schloss hält eine Kutsche. Ihr entsteigt ein langer, dürrer Mann im schlichten, schwarzen Frack. Eine Schande, denken die spanischen Hofschranzen, die den unpassend gekleideten Besucher argwöhnisch beobachten. Sie sind Prächtigeres gewöhnt: bizarre Uniformen, reich bestickte Fräcke, ordenübersäte Abendanzüge, Dreispitze, Galadegen. Denn streng ist das Protokoll am Hofe der Königin Isabella II. So streng, dass ein Normalsterblicher im schlichten Abendanzug es gar nicht erst wagen sollte, die Treppe zu ihren Staatsgemächern im Palast hochzusteigen.

Doch der Mann im Frack steht bereits auf den Stufen. Hinter ihm sein Begleiter, der passenderweise eine prunkvolle Uniform trägt. Was aber die beiden mittelalterlich kostümierten Wachen vor dem Eingang nicht daran hindert, ihre Hellebarden vor beiden Gästen zu kreuzen.

Bis hierher und nicht weiter, heißt das.

Carl Schurz 1861

Allerdings nicht für den Mann im Frack. Zwei, drei Worte des Protestes zu einem der Lakaien – und schon eilt ihm der Hofmarschall »mit dem Ausdruck höchster Bestürzung entgegen und schleudert mit eigenen Händen die Hellebarden auseinander«.

So gelangen Carl Schurz, der neue amerikanische Botschafter in Madrid, und Mr. Perry, sein Sekretär, tatsächlich in den Festsaal, wo in wenigen Sekunden die Audienz beginnen wird, in der Schurz der spanischen Herrscherin sein Beglaubigungsschreiben überreichen soll.

»Da wurde eine Tür aufgerissen und ein prachtvoll kostümierter Lakai rief laut in den Saal einige Worte, und die Königin erschien, eine stattliche Matrone mit einem fleischigen, unschönen, aber gutmütigen Gesicht.«

Schurz spürt, wie alle Augen jetzt auf seine unstandesgemäße Garderobe gerichtet sind. Aber wie sollte er hier erklären, dass der Schneider in Paris seine »Uniform mit Goldstickerei, Brokaten und Spitzen« nicht rechtzeitig fertig stellen konnte? Dabei hatte er Amerika verlassen in der Hoffnung, dass ein Gesandter der Vereinigten Staaten sich draußen genauso »vernünftig« kleiden könne wie zu Hause: »Aber hier höre ich, dass die Hofreglements unerbittlich sind. Will man diplomatischen Einfluss haben, so muss man sich dazu bequemen, die Maskerade mitzumachen.«

Schurz verbeugt sich vor der Regentin und hält eine kurze Rede auf Englisch: »Wovon sie kein Wort verstand. Sie antwortete mit einer Rede auf Spanisch, wovon ich auch kein Wort verstand. Und wir waren beide sehr miteinander zufrieden.«

Diese Audienz im Schloss von Madrid hat den Charme einer Gespensternacht. Schurz, der den frischen Wind des jungen Amerika gewöhnt ist, schaudert, als er nun auch noch durch lange, dunkle Gänge geführt wird. Zum »König«, der aber nur Isabellas Prinzgemahl ist: »Fast wäre ich über einen sehr kleinen Herrn, der auf der Schwelle eines matt erleuchteten Zimmerchens stand, gestolpert. Ich war ungemein überrascht, im nächsten Moment dieser kleinen Persönlichkeit als ›Seiner Majestät, dem König‹ vorgestellt zu werden, der mit einer hohen quiekenden Fistelstimme sprach, ähnlich dem Krähen eines jungen Hahns.«

Schurz unterhält sich mit dem König auf Französisch. Wie Carls Reise über den Atlantik gewesen sei, will Seine Majestät wissen. Und ob Carl zur Seekrankheit neige?

Er sei nicht im geringsten seekrank geworden, antwortet Schurz.

Darauf der König: Nie seekrank zu werden, sei doch etwas ganz Außergewöhnliches, eine seltene Gottesgabe sei das, in der Tat, eine sehr wertvolle Gabe. Dann ist das Thema erschöpft und Carl wird gestattet, sich zurückzuziehen.

»Als ich vor dem Einschlafen die Ereignisse des Tages noch einmal vor meinem inneren Auge vorbeiziehen ließ, erschien mir meine Einführung in das diplomatische Leben Madrids wie ein Akt aus einer komischen Oper – ein possenhaftes Vorspiel zu ernster Tätigkeit.«

Das politische Europa hat Schurz also wieder. Und hier scheint sich kaum etwas verändert zu haben. Carls Aufgabe ist es nun herauszufinden, wie die meist reaktionären europäischen Monarchien auf den

Konflikt im demokratischen Amerika reagieren könnten. Bereits jetzt weiß er, dass Großbritannien, Frankreich und Spanien gemeinsam ihre außenpolitischen Interessen abstecken. Preußen dagegen, traditionell den Amerikanern gewogen, hält sich bisher raus.

Noch ist Schurz ein Greenhorn im diplomatischen Corps von Madrid: »Ich näherte mich diesem Kreise mit einer gewissen Scheu. Aber meine Kollegen empfingen mich, trotz meiner revolutionären Vorgeschichte, sehr freundlich. Da ich bei weitem das jüngste Mitglied war, boten sich einige der ältesten Veteranen liebenswürdig an, mich schützend unter ihre Flügel zu nehmen.«

Damit gelingt es Carl relativ rasch, zwischen diplomatischem Tagesklatsch und wichtigen politischen Informationen zu unterscheiden. Schon bald kann er seinem Vorgesetzten, Außenminister William H. Seward in Washington, berichten, dass Frankreich und Spanien »den Handel zwischen Europa und den Vereinigten Staaten durch die Zölle gestört sehen«. Carl meldet auch, dass beide Länder mit einer Besetzung Mexikos liebäugeln, während sich die Nord- und Südstaaten bekriegen. Doch nichts ginge ohne Großbritannien: »Bei England lag also die Entscheidung.«

Und die Briten haben allen Grund zu jubeln, als die von ihnen heimlich militärisch unterstützten Südstaaten am 21. Juli, nur kurze Zeit nach Carls Ankunft in Spanien, mit ihren konföderierten Truppen die Bundestruppen der Nordstaaten bei Bull Run in der Nähe von Washington besiegen. Was aber das Erbärmlichste ist: Viele Soldaten der zu diesem Zeitpunkt noch kaum organisierten Nordtruppen fliehen wie die Hasen. Nur durch den kühnen Einsatz des deutschstämmigen Colonels Ludwig Blenker, der sich dem Feind entgegenstellt, um den Rückzug zu decken, kann die Hauptstadt einer Besetzung durch die Konföderierten entgehen. In einer ähnlichen Situation hatte sich der Carl bestens bekannte Blenker schon 1849 in der Pfalz bewährt, als er »auf einem stolzen Hengst an der Spitze seiner bewaffneten Bataillone den Mut der zurückweichenden revolutionären Streitkräfte neu belebte«.

Das Versagen der Nordstaaten stürzt Schurz in tiefe Depressionen: »Es ist unmöglich zu beschreiben, in welch düstere Stimmung diese Nachricht unsere Gesandtschaft versetzte. Es war nicht nur ein Unglück, es schien fast eine Schmach. Es stellte die Fähigkeit der Soldaten der Nordstaaten in Zweifel.«

Dazu kommt, dass in der europäischen Presse über die feigen »Yankees« gespottet wird. Selbst in Madrid muss Schurz erdulden, »dass meine Kollegen, die sonst ganz offen und teilnehmend ein Missgeschick meiner Nation mit mir besprochen hatten, sich enthielten, die Schlacht von Bull Run in meiner Gegenwart zu erwähnen.«

Es wird einsam um Carl. Umso mehr entbehrt er jetzt seine Frau. Weil Margarethe die »afrikanische« Sommerhitze in Madrid nicht zu vertragen glaubte, hatte sie sich mit den Kindern in Paris von ihrem Mann getrennt und war zu ihren Geschwistern nach Hamburg gereist. Ohne sie hadert Schurz noch mehr mit Madrid und findet kaum Zugang zu der imposanten Geschichte Spaniens und den oft kargen Schönheiten des Landes. An seine Eltern schreibt er: »Die Umgebung von Madrid ist so öde und baumlos, dass man lieber die Häuser ansieht als die Landschaft. Die Stadt selbst, die von den Spaniern als eine der glänzendsten Städte der Welt gepriesen wird, ist nicht großartiger als eine deutsche Residenz zweiten oder dritten Ranges. Das Volk ist den übrigen Bewohnern Westeuropas um ein Jahrhundert in der Zivilisation zurück.«

Schurz lebt außerhalb von Madrid zur Miete in einem Landhaus seines Sekretärs Perry, der mit einer exaltierten spanischen Romanautorin verheiratet ist. In dem lang gestreckten Gebäude führt eine steinerne Wendeltreppe zu Carls Räumen im ersten Stockwerk, »in ein viereckiges Vestibül, das durch eine von der Decke herabhängende Ampel beleuchtet wird. Hohe weiße Gipsfiguren in den Ecken geben diesem Raum ein geisterhaftes Aussehen.«

In solcher Umgebung kann man nur noch trübsinniger werden. Und wie das oft so geht, wenn man sehr weit vom Ort des Geschehens entfernt lebt, scheint eine Katastrophe wie die verlorene Schlacht bei Bull Run noch katastrophaler, als sie ohnehin schon ist: »Ich kann die Seelenqualen nicht schildern, die ich in jenen Tagen erduldet habe, da ich noch nicht wusste, dass auch die südliche Armee sich nach der Schlacht in einem Zustand der Verwirrung befunden hatte.«

Er verwünscht die Stunde, in der er die Ehren eines diplomatischen Postens angenommen hatte: »Mir blieb nichts übrig, als in meinem Zimmer auf und ab zu gehen, wie ein wildes Tier in seinem Käfig.«

Doch eines Nachmittags hält er es nicht mehr zu Hause aus. Planlos läuft er durch die Umgebung, kommt zu einem Zirkuszelt, wo soeben die Vorstellung begonnen hat und hört von drinnen die vertraute Melodie des »Yankee-Doodle«. Ein besonders populäres, nordamerikanisches Lied, das durch neue Verse immer wieder erweitert wird.

»Ich stürzte hinein und sah, wie einer der Künstler, auf einem Pferd wild im Kreise herumreitend, die amerikanische Fahne in der Luft schwenkte. Ich applaudierte mit solch leidenschaftlicher Heftigkeit, dass ich gewiss das Publikum in Erstaunen setzte.« Und wohl nie hat Carl das Sternenbanner mit größerer Begeisterung begrüßt.

In dieser sentimentalen, sehnsuchtsvollen Stimmung wird Schurz ausgerechnet von dem preußischen Gesandten Graf Galen getröstet: »Der einzige, der mich besuchte und sich im Tone eines aufrichtigen und teilnehmenden Freundes nach den Ereignissen in Amerika erkundigte.«

Dazu hat diese Bekanntschaft noch einen besonderen Reiz. Ausgerechnet Graf Galen war es gewesen, der Schurz nur wenige Jahre zuvor als »revolutionären Missetäter und Staatsverbrecher« verfolgt hatte. Aber hier in Madrid stellen beide auch angenehmere Berührungspunkte fest: »Graf Galen war ein Verwandter jenes Grafen Wolff-Metternich, dessen Pächter mein Großvater gewesen und in dessen Burg ich geboren war. Als junger Mann hatte Graf Galen seine Verwandten auf der Burg von Liblar besucht und konnte sich an meinen Großvater erinnern.«

Graf Galen lernt von Schurz viel über Amerika und revanchiert sich mit Informationen aus Berlin, wo die politischen Karten gerade neu gemischt werden. Wilhelm, der seit 1848/49 verhasste »Kartätschen-Prinz«, der Sieger über die Revolutionstruppen von Rastatt, ist seit Januar König von Preußen.

Wahrscheinlich werden Graf Galen und Schurz, der konservative preußische Gesandte und der demokratieversessene ehemalige Revolutionär, in ihren freundschaftlichen Gesprächen auch auf das kürzliche Attentat auf Wilhelm gekommen sein, das sich am 14. Juli – genau an dem Tag, an dem Schurz in Madrid der spanischen Königin sein Beglaubigungsschreiben als amerikanischer Botschafter überreichen durfte – ereignet hatte. An diesem Tag war Wilhelm in Baden-Baden, nur wenige Kilometer von Rastatt entfernt, von einem Studenten angeschossen worden. In seinem Bekennerschreiben hatte der Täter gedroht: »Ich werde den König von Preußen erschießen, weil derselbe die Einigkeit Deutschlands nicht herbeiführen kann.«

Aber Schurz ist über die Uneinigkeit der Vereinigten Staaten zur Zeit besorgter als über die fortdauernde Zerrissenheit seiner alten Heimat.

Wenn man Europa für den Kampf gegen die Sklaverei in den USA gewinnen will, überlegt er, müsste man in der Alten Welt die öffentliche Meinung mobilisieren. Das würde allerdings nur dann zum Erfolg führen, wenn auch die Regierung in Washington die Befreiung der Sklaven zu ihrem wichtigsten Anliegen im Kampf gegen den Süden machen würde.

Zumindest literarisch ist man ja in Europa bereits emotionalisiert: Der Antisklaverei-Roman »Onkel Toms Hütte«, den die Amerikanerin Harriet Beecher Stowe 1852 nach authentischen Erlebnissen verfasst hatte, ist für viele Europäer ein aufwühlender Bestseller. Und genau diese Stimmung gegen die südlichen Sklavenhalter-Staaten, meint Schurz, müsste der Norden jetzt ausnutzen:

»Es ist meine tiefe Überzeugung, dass, sobald der Krieg deutlich ein Krieg für und gegen die Sklaverei wird, die öffentliche Meinung so stark und überwältigend sich uns zuneigen wird, dass trotz der Handelsinteressen oder des geheimen Grolls keine europäische Regierung es wagen wird, sich, sei es durch eine Erklärung oder eine Tat, auf die Seite einer allgemein verdammten Einrichtung zu stellen.«

Das schreibt Carl am 14. September an den amerikanischen Außenminister Seward. Mit der dringenden Bitte, diesen Brief Lincoln persönlich lesen zu lassen.

Auf Lincolns oder Sewards Antwort wartet Schurz jedoch vergebens. Der Außenminister, der Carls Freundschaft mit dem Präsidenten misstrauisch beäugt, hat eine andere Sicht der Dinge: »Seward meinte, dass die Baumwolle die Welt regiere, ohne Rücksicht auf moralische und humanitäre Grundsätze. Er glaubte tatsächlich, dass für England und Frankreich die Abhängigkeit ihrer Baumwollindustrie von dem Rohmaterial, das ihnen die südlichen Staaten lieferten, ein entscheidendes Element in der Bestimmung ihrer Politik bilden würde.«

Am 8. November gelingt den Nordstaaten ein »Piratenstück«, das aber dem Ansehen Washingtons abträglich ist und das Carls Überlegungen empfindlich stört. Zwei Südstaaten-Unterhändler, die sich mit dem britischen Post-Dampfer »Trent« auf dem Wege nach England befinden, werden von der Besatzung eines Kriegsschiffs der Nordstaaten gefangen genommen und entführt. Ein Rausch der Begeisterung erfasst die siegentwöhnten Yankees. Und erst als Großbritannien mit Krieg droht, werden die beiden Südstaatler von Lincoln frei gelassen.

Das ist nicht der Präsident, den Schurz kennt und für den er so leidenschaftlich Wahlkampf gemacht hat. Auch Lincolns Moral scheint zu bröckeln.

»Es gibt nur ein Mittel, um der Sache eine entscheidende Wendung zu geben«, schreibt Schurz an seinen Freund Friedrich Althaus in London, »und das ist, die Freiheit aller Sklaven zu proklamieren. Das ist freilich eine Operation, die fürchterliche Konsequenzen nach sich ziehen kann. Es ist ein wahrer Kaiserschnitt. Aber ich sehe keine andere Möglichkeit. Man muss die Quelle der Sezessionsbewegung verstopfen, um der Bewegung selbst Meister zu werden.«

Schurz, dem klar ist, dass er nun schleunigst zurück in die Staaten muss, beantragt Urlaub: »Ich konnte kaum einen Freudenschrei unterdrücken, als endlich die Antwort vom Präsidenten und vom Auswärtigen Amt kam und mir meine Bitte gewährte. Meine Reisevorbereitungen waren schnell gemacht.«

Nun muss Schurz nur noch nach Hamburg, um dort Frau und Kinder abzuholen. Aber ist ihm der Weg dorthin, der durch das Rheinland, also preußisches Gebiet, führt, nicht noch immer versperrt? Wird er, der Kinkel-Befreier, dort nicht weiter steckbrieflich gesucht? Diese Fragen, beschließt Carl, soll am besten der ihm gewogene preußische Gesandte Graf Galen klären.

Und der klärt sie. Tatsächlich ergeht am 28. Dezember 1861 vom preußischen Innenminister Graf von Schwerin folgende Order an alle Polizei-Behörden der Rheinprovinz:

»Der jetzige Gesandte der Vereinigten Staaten von Nordamerika in Madrid, Carl Schurz, beabsichtigt durch die preußischen Staaten sich nach New York zu begeben. Ew. Exz. setze ich hiervon mit dem ergebensten Ersuchen in Kenntnis, die Polizeibehörden und -beamten der dortigen Provinz gefälligst schleunigst anweisen zu wollen, der Durchreise des Schurz kein Hindernis in den Weg zu legen.«

Carl bleibt dennoch misstrauisch und passiert die rheinisch-preußische Grenze vorsichtshalber bei Nacht: »Ich war noch völlig wach, als der Zug in den Bahnhof von Köln einlief. ... Und als ich dann über den geliebten alten Rhein fuhr, hörte ich seine Wasser im Dunkeln rauschen.«

Anfang Januar 1862 schifft sich Familie Schurz auf dem Überseedampfer »Bavaria« nach New York ein und hat »eine entsetzliche Reise«. Östlich von Neufundland bricht ein Orkan aus, der sechs Tage und

Nächte anhält: »Die Wellen donnerten mit furchtbarer Gewalt gegen die Schiffswände, sie rissen alle Relings, alle Rettungsboote, alle Deckhäuser fort und brachen schließlich die Deckfenster ein. Vier Matrosen wurden über Bord geschwemmt.«

Eines Nachts schlagen die Wogen bis zu den Schornsteinen hoch und drohen das Feuer unter den Dampfkesseln zu löschen. Bis plötzlich ein Augenblick der Stille einsetzt, weil das Schiff den Kamm einer Riesenwelle erreicht hat.

»Ein Moment zitternder, drohender Stille. ... In jener schrecklichen Nacht trat ein solcher ungewöhnlicher, langer Augenblick der Stille ein.«

Es ist die Stille, bevor der Sturm mit noch entsetzlicherer Wucht zuschlägt. Diese unheimliche Stille gleicht der trügerischen Ruhe, bevor das Inferno einer Schlacht beginnt. Carl kennt sie seit den Revolutionskämpfen in der Pfalz. Und bald wird er diese Stille vor dem Sturm wieder erleben.

»Nachdem der Sturm sich gelegt hatte, wurde das Wetter sehr kalt, und das ganze Schiff war bald mit einer dicken Eiskruste überzogen. Es machte fast einen gespensterhaften Eindruck, als es in den Hafen von New York einfuhr.«

MIDDLETOWN / VIRGINIA, ANFANG JULI 1862

»Noch sah man die Ruinen der zerstörten und niedergebrannten Häuser – verbrannte Lokomotiven. Dabei ist die Gegend bei Harper's Ferry so romantisch, dass sie mich an die Schweiz erinnerte. Oh, wie weh es einem tut – dieser Frieden der Natur und zugleich die Zerstörung von Menschenhänden.«

Dies schreibt Margarethe Schurz im Sommer 1862 an die Schwiegereltern über ihre Eindrücke während einer Fahrt zu ihrem Mann. Wieder einmal haben sich in Carls Leben die Ereignisse überschlagen. Anfang Januar, unmittelbar nach der Ankunft aus Europa, war er nach Washington geeilt. Von Lincoln wollte er endlich eine Antwort auf seine Vorschläge, die Sklaverei-Frage zum Hauptmotiv der Auseinandersetzung zwischen Nord- und Südstaaten zu erklären. Außenminister Seward hatte Carls Schreiben dem Präsidenten niemals vorgelegt. So war Schurz jetzt nichts anderes übriggeblieben, als Lincoln persönlich zu informieren.

»Ich habe denselben Gedanken gehabt«, hatte der Präsident nach Minuten des Schweigens zu Schurz gesagt. »Ich kann mir nicht vorstellen, dass eine europäische Macht es wagen würde, die Konföderation im Süden anzuerkennen, wenn volle Klarheit besteht, dass die Konföderation die Sache der Sklaverei und der Norden die Sache der Freiheit vertritt.«

Damit hatte Schurz gewonnen und konnte wieder eine Gelegenheit finden, rhetorisch zu glänzen. Am 6. März sprach er im New Yorker Cooper Union Institute. Und der Inhalt seiner von Lincoln schon zuvor akzeptierten Rede gipfelte in dem emphatischen Ausruf: »Ich bin ein Feind der Sklaverei.«

Gleich danach war ein Telegramm mit dieser Botschaft des Präsidenten verlesen worden: Die Sklaverei soll schrittweise abgeschafft werden und die Sklavenhalter würden dafür entschädigt.

Jubel in den Nordstaaten. Vom Süden keine Reaktion. Dafür hat Europa reagiert. Speziell die Arbeiterschaft in Großbritannien, die seitdem in einen wahren »Antisklaverei-Enthusiasmus« verfallen ist. Doch der Bürgerkrieg hatte sich davon nicht aufhalten lassen. Und nun nimmt auch Schurz daran teil. Als Brigadegeneral. Noch aber ohne Fronteinsatz. Ein passiver Zustand, der ihn zunehmend nervös macht. Zur Ablenkung hat er Margarethe in sein »Hauptquartier«, ein bescheidenes Farmerhäuschen, anreisen lassen. Sie kommt und erschrickt, was der Krieg in dieser Gegend schon angerichtet hat:

»Man sieht nur alte Männer oder Knaben, da die anderen alle in der südlichen Armee sind. Die Ernte sieht prachtvoll aus. Aber sie haben keine Leute, um die Arbeit zu tun und so ist denn der Weizen schon ganz braun geworden und wird wohl verfaulen. ... Einige alte Farmer hielten uns an und baten mit zitternder Stimme, doch den Leuten zu verbieten, die Felder zu zerstören. ... Zu beiden Seiten unseres Wegs lagen tote Pferde und verpesteten die Luft. Steinalte Leute sah man in den Feldern mit letzter Anstrengung ihrer Kräfte arbeiten. Hie und da ein Farmer zu Pferd, der uns mit unheimlichen Blicken ansah.«

Was hat Schurz bewogen, den Diplomaten-Job in Madrid endgültig hinzuwerfen? Als »militanter Idealist« ist er bezeichnet worden. Er selbst hat erklärt: »Ich war davon überzeugt, dass in solch bewegter Zeit ein junger, kräftiger Mann auf dem Felde und nicht im Lehnstuhl am richtigen Platze war.«

Lincoln jedoch, sein feinfühliger Freund und, ja, auch Bewunderer der attraktiven Margarethe, hatte Carl zuvor gewarnt: »Hoffentlich haben Sie nicht außer Acht gelassen, dass Sie ein gutes Gehalt und eine geachtete und behagliche Stellung mit einer vertauschen, die Ihnen viel Arbeit, Unbehagen und Gefahren bringen wird. Haben Sie die Sache auch mit Ihrer Frau gründlich überlegt?«

Schurz: »Ja, sie fand meinen Entschluss nicht leicht, aber sie ist eine gute Patriotin.«

Darauf Lincoln: »Wenn sie einverstanden ist, bin ich es auch. Ich werde Ihren Namen auf die nächste dem Senat vorzuschlagende Liste von Brigadegenerälen setzen.«

Und als es dann schließlich so weit ist, lässt sich der Brigadegeneral Schurz auch gleich eine phantasievolle Uniform anfertigen, die ein wahrer Kontrast zu seiner abenteuerlich gekleideten, vorwiegend deutschstämmigen Truppe ist: »Reiterstiefel bis über die Knie mit klirrenden Sporenrädern daran, halbmannshoher Degen, große Reitgerte in der dick behandschuhten Hand, pelzverbrämter Umhang und die kühne Kosakenmütze ein wenig schief über Adlerblickaugen. Und davor die schmale Intellektuellenbrille.«

So prunkvoll wird Schurz seine Frau natürlich nicht empfangen haben, wenn sie jetzt, mitten im Sommer, bei ihm eintrifft. »Sechs glückliche Tage« werden es. Margarethe stellt fest: »Carl sieht sehr wohl aus. ... Ich spazierte oft mit ihm durch das Lager und wenn er ein ›Guten Morgen, Leute‹ sprach, ertönte ihm ein recht wohlgemeintes ›Guten Morgen, General‹ von allen Seiten entgegen. Er ist schon sehr populär.«

Dann kommt für Schurz der Marschbefehl. Überstürzt muss Margarethe mit Frau Tiedemann, ihrer Begleiterin, aufbrechen und zurückkehren in die Nähe von Philadelphia. Dort lebt Carls Frau mittlerweile mit den beiden Töchtern Agathe und Marianne auf der Farm der Tiedemanns. Dr. Heinrich Tiedemann ist der Bruder des ehemaligen Rastatter Revolutionskommandanten Gustav Tiedemann, den die Preußen am 11. August 1849 standrechtlich erschossen hatten.

Inzwischen kämpfen viele, die damals fliehen konnten, auf der Seite der Nordstaaten. Manche trifft Schurz jetzt wieder. Zum Beispiel

Carl Schurz als Brigadegeneral
im amerikanischen Bürgerkrieg, 1863

Alexander von Schimmelpfennig, der in der pfälzischen Revolutionsarmee gedient hatte und der nun Carls Untergebener ist. Außerdem begegnet er Franz Sigel, dem Kommandeur des 1. Korps der Virginia-Armee, der 1849 in Deutschland für die Freiheit gekämpft hatte. Sigels und Schimmelpfennigs Erfahrungen, die von der preußischen Disziplin bis zur Guerilla-Taktik reichen, sind nützlich in diesem amerikanischen »Bruderkrieg«. Denn der Kampf zwischen Nord- und Südstaaten verläuft nicht nach den Regeln üblicher Kriegsführung, die Schurz so oft studiert hat: Die Strategien von Friedrich dem Großen, Napoleon oder Clausewitz, die kann er hier vergessen. Schon der Verlauf der Frontlinien schwankt ja ständig und dichte Wälder provozieren Hinterhalte.

Dazu kommt die unerträgliche Hitze in diesem Sommer. Und das Fehlen nahezu jeglicher militärischer Ausbildung bei den vielen Freiwilligen in den Unionstruppen. Auch das ist ein Problem.

Trotzdem gibt es Tage, an denen Schurz sein Soldatenleben beinahe genießt. Denn dann ist da auch jemand, der sogar für Heiterkeit in der Truppe sorgt. Eine »untersetzte, feiste Gestalt«, die auf einem Esel herumzutraben pflegt: der gebürtige Schwabe Schiele, Carls Ordonnanz.

»Es war ein Hauptspaß zuzuhören, wenn Schiele in seinem schwäbischen Dialekt Erklärungen zur höheren Strategie lieferte. Er war kein idealer Bursche, weder besonders ordentlich noch besonders gewandt. Unter anderem pflegte er meine Strümpfe mit hartem Bindfaden zu stopfen.«

Schurz und Schiele – ein Aufsehen erregendes Gespann: »Während Schurz auf seinem Rosse lang, knochig, fanatisch und feuerroten Bartes voran ritt, kam Schiele – rund, fett und faul – auf seinem Esel hinterher. So zogen sie aus: Don Quichotte und Sancho Pansa unterwegs in die Welt des Tatenruhmes.«

Am 29. August 1862 kommt es in Virginia für Schurz zur ersten großen Feuerprobe: »Ich erhielt Befehl, vorzurücken und anzugreifen. Vom Feinde nirgends die geringste Spur. Man nahm an, dass der Feind den Wald besetzt hielt. Aber wo er stand und wie stark er war, wusste kein Mensch. Totenstille herrschte ringsumher.«

Da ist sie also wieder, die Stille vor dem Sturm. Und schon bricht das Inferno los. Schurz will keine Panik in seiner Truppe aufkommen lassen.

»Ruhig, Jungens, ruhig! Nehmt das Ziel nicht zu hoch! Feuert tief, feuert tief!«

Die zweite Schlacht bei Bull Run dauert fünf Stunden, und keiner weiß, wer die Übermacht hat. Plötzlich stürmen wild durcheinander drei Regimenter der Nordstaaten aus dem Wald. Hinter ihnen, laut schreiend, die Südstaatler. Das sind die konföderierten Truppen, die die Auseinandersetzung für sich entscheiden können. Zwar wird Schurz glänzend den Rückzug decken und dafür von Lincoln auch persönlich gelobt werden. Eine Niederlage aber bleibt es.

»Von dem blutigen Schlachtfelde her kamen die Tragbahren in entsetzlichen langen Reihen heran und wurden ihrer blutbefleckten Last an der Stelle entledigt, wo die Militärärzte standen, mit dem Messer in der Hand, mit aufgestreiften Ärmeln und mit blutbefleckter Schürze. Dicht neben ihnen grausige Haufen von abgeschnittenen Gliedern ... und die flehenden Augen des sterbenden Jungen, der mit gebrochener Stimme sagte: ›Bitte, bitte, Herr General, können Sie mir nicht helfen?‹ Und ich konnte doch nichts tun, als ihm die Hand streicheln und ein paar Worte der Ermutigung sagen, an die ich selber nicht glaubte.«

Zum nächsten großen Gemetzel kommt es knapp drei Wochen später bei Antietam. Eine der blutigsten Schlachten des ganzen Krieges, die in den Augen der Südstaatler unentschieden endet. Der Norden aber betrachtet sie, wenn nicht als Sieg, so aber diesmal nicht als Niederlage. Um das ewige militärische Hin und Her aufzuweichen, wagt Lincoln nun einen Befreiungsschlag der zivilen Art. Er veröffentlicht die von Schurz bejubelte »Emanzipations-Proklamation«, die alle Sklaven vom 1. Januar 1863 an für frei erklärt. Die erwünschte Wirkung jedoch bleibt aus.

»Eine der bemerkenswertesten geschichtlichen Tatsachen jener Zeit ist«, schreibt Schurz, »dass die meisten Sklaven auf den Pflanzungen und Farmen blieben und ihre Arbeit treu und in manchen Fällen sogar anhänglich weiterverrichteten, während sie im Herzen die Freiheit ersehnten.«

Aber auch im Norden läuft keineswegs alles so, wie Schurz gehofft hatte. Bei den Kongresswahlen im November erringen die Demokraten in den Staaten New York und New Jersey die Mehrheit. Und sie rühmen sich, »dass sie bei den nächsten Wahlen die Macht über das ganze Repräsentantenhaus gewinnen würden«.

Besonders erschreckend ist, dass in den Nordstaaten nun sogar die Demokratie auf eine harte Probe gestellt wird: »Die Regierung erließ unter dem Druck der Lage Erklärungen, die dem Geist der Grundprinzipien verfassungsmäßiger Freiheit arg widersprachen. Es wurden ohne gesetzliche Vollmacht und ohne Prozess Leute verhaftet, die man im Verdacht hatte, dem Süden beizustehen. Zur Rettung der Republik führte man Unterdrückungs- und Vorsichtsmaßregeln ein, die in einen despotischen Staat passen mochten, in einer Demokratie aber einen üblen Klang hatten.«

Schurz ist beunruhigt. Er sieht die Sklaven-Befreiung, sein Hauptanliegen, bedroht. Lincoln sieht eine andere Gefahr: dass die amerikanische Nation noch weiter auseinanderdriften könnte. Während er des-

Carl Schurz während des amerikanischen
Bürgerkriegs

halb versucht zu vermitteln, Kompromisse zu finden, will Schurz gleich mit dem Kopf durch die Wand. Es passt ihm nicht, wie er hier untätig in seinem Camp nahe Washington hocken muss. Sein Zorn gilt vor allem den auf der Militärakademie West Point ausgebildeten Nordstaaten-Generälen, deren Arroganz gegen freiwillige Feldherren wie Schurz oder Sigel unerträglich ist.

In dieser Zeit haben es seine Angehörigen und Freunde oft nicht leicht mit Carl. Da gibt es den Schurz, der von Pistolen und Militäruniformen eigenartig fasziniert scheint. Obwohl er doch sagt, dass ihm die Schrecken des Krieges verhasst sind. Gleichzeitig mutet er Frau und Kindern ein Nomadenleben zwischen New York und Philadelphia zu – nur, um ihm zeitweise nahe zu sein. Und schließlich ist da noch die Frage, welche beruflichen Ziele er für die Nachkriegszeit anstrebt, nachdem er seinen kurzen diplomatischen Dienst so ohne Reue quittiert hat. Mit seinem »sanguinischen Temperament« hat er sich selber oft entschuldigt, wenn er seine Umgebung mit einer seiner Spontan-Aktionen überraschte.

Als Carls Unzufriedenheit auf die Welt, das Militär und nun sogar auf Lincoln seinen Höhepunkt erreicht hat, schreibt er an seinen Präsidenten einen Brief. Darin wirft er ihm Nachlässigkeit, ja Unfähigkeit vor. Und um die Dramatik seines Ausbruchs noch zu untersteichen, schickt Carl seine Frau persönlich mit dieser bitterbösen Anklage nach Washington.

Schurz: »Lincoln antwortete sofort und stellte mich in seiner eigentümlich klaren, logischen Art wegen meiner Kritik zur Rede. In dem, was er schrieb, war ein Grundton von Ungeduld, ja von Gereiztheit, die ihm ganz fremd war.«

Aber gleich danach eine zweite Nachricht von Lincoln – als sei er über den »barschen Ton« seines ersten Briefs selber erschrocken gewesen – mit einer Einladung ins Weiße Haus. Schurz nimmt sofort Urlaub. Lincoln empfängt ihn in einem Lehnstuhl sitzend.

»Er begrüßte mich herzlich wie immer und bedeutete mir, vor dem lodernden Kaminfeuer Platz zu nehmen.«

Mit seiner großen Hand schlägt er freundschaftlich auf Carls Knie und lächelt: »Nun sagen Sie mir mal aufrichtig, junger Mann, ob Sie mich wirklich für solch einen elenden Kerl halten, wie Sie ihn in Ihrem Briefe beschreiben?«

Lincolns ungezwungener Empfang bringt Schurz aus der Fassung. Er stottert, dass es ihm leid täte, wenn er den Präsidenten mit seinem Brief verletzt habe.

»Ich weiß ja«, sagt Lincoln, »dass Sie ein Vertreter der Antisklavereibewegung und mein guter Freund sind. Nun hören Sie zu ...«

Und jetzt spricht der Präsident von den zunehmenden, teilweise bösartigen Angriffen auf seine Person. Dass die einen von ihm die Fortführung des Krieges verlangten, die anderen den sofortigen Frieden forderten. Die Kritiker würden immer unverschämter. Und dann auch noch Carls anklagender Brief, der habe ihn besonders getroffen.

»Aber meine Absicht war es nicht, Ihnen weh zu tun«, sagt der Präsident zu Carl. »Und darum wollte ich auch, dass Sie bald zu mir kämen.«

Schurz ist beschämt. Dieser Mann, das begreift er, ist ihm überlegen: »Lincoln ist das personifizierte Volk. Das ist auch das Geheimnis seiner Popularität. Er ist ein Mann von tiefem Gefühl, richtigen und festen Grundsätzen und unbestechlicher Redlichkeit. Ich will eine Prophezeiung machen: In fünfzig Jahren, vielleicht schon viel früher, wird Lincolns Name auf der Ehrenliste der amerikanischen Republik dicht neben dem Washingtons geschrieben werden.«

CHANCELLORSVILLE, GETTYSBURG, CHATTANOOGA, MAI BIS NOVEMBER 1863

Die Stimmung ist miserabel. Nach der schrecklichen Niederlage bei Fredericksburg im Dezember lässt Lincoln einen General nach dem anderen austauschen – ohne dass sich an der desolaten Lage viel ändern wird. Während Robert E. Lee und Thomas Jonathan »Stonewall« Jackson, die führenden Generäle der konföderierten Südstaaten-Truppen, meist siegreich sind, herrscht im Heer der Nordstaaten Verwirrung.

Schurz: »Die Demoralisierung hatte ihren Höhepunkt erreicht. Die Zahl der Deserteure wuchs erschreckend. Viele Offiziere nahmen ihren Abschied. 85 000 Mann sollen in jener Zeit beim Appell gefehlt haben.«

Carl ist am 14. April 1863 zum Generalmajor befördert worden. Er brennt darauf, sich im Kampf zu bewähren. Das aber geht erst einmal gründlich schief. Am 2. Mai bei Chancellorsville steht er mit 9 000 Freiwilligen, darunter viele Deutschstämmige, allein auf weiter Flur. Nachmittags gegen fünf Uhr brechen plötzlich Scharen von Hasen, Rehen und Kaninchen aus dem Unterholz. Ihnen folgen 30 000 Soldaten, die besten der Südstaaten-Truppen unter General Jackson.

»An Verteidigung oder Kampf war gar nicht zu denken. Die Regimenter wurden einfach ineinander gepresst und in furchtbarer Verwirrung die Chaussee hinunter getrieben.«

Wer von Carls Soldaten nicht sofort niedergemetzelt wird, versucht zu fliehen. Die Schlacht unter Führung von West-Point-General Joseph Hooker geht für den Norden verloren. Immerhin glaubt man diesmal, einen Sündenbock gefunden zu haben – den »politischen« General Schurz, der mit seinen »Flying dutchmen« feige geflüchtet sei. In Massenversammlungen protestieren die Deutsch-Amerikaner in New York gegen diese Verleumdung. Vergebens. Es bleibt dabei: Schurz, heißt es, sei schuld an der verlorenen Schlacht.

»Ich hatte die Absicht, mich versetzen zu lassen. Nunmehr beschloss ich aber, bei meinen tapferen Truppen auszuharren, bis der hässliche Schatten, der ihre Ehre trübte, von ihnen genommen würde.«

Der unerbittliche Krieg dauert an. Es ist kaum fassbar, mit welcher Brutalität die Bürger dieser »vereinigten« Staaten gegeneinander vorgehen. Fast jeder glaubt, auf der moralisch richtigen Seite zu stehen.

Das Glück bleibt an der Seite der Konföderierten, der Südstaaten-Truppen. Konföderierten-General Lee und der neu eingesetzte Unions-General George G. Meade bewegen sich Ende Juni 1863 auf das Städtchen Gettysburg in Pennsylvania zu. Noch ahnt keiner von beiden, dass hier schon bald die größte Schlacht des Bürgerkrieges stattfinden wird, obwohl es bereits blutige Straßenkämpfe gibt. Schurz hat Order, sich mit seinen Leuten durch Gettysburg durchzuschlagen und auf dem Friedhofshügel Stellung zu beziehen. Das gelingt nur mühsam und ähnelt dem angeblich so blamablen Rückzug bei Chancellorsville. Carls Pferd wird durch den Hals geschossen und stürzt. Er selbst bleibt unverwundet.

»Auf dem offenen Gelände stand Regiment gegen Regiment. Die Leute konnten sich in die Augen sehen und feuerten sich buchstäblich ins Gesicht.«

Am 2. Juli tobt die Schlacht unentschieden hin und her: »Die Konföderierten hatten wohl etwas Terrain gewonnen, waren aber mehrmals zurückgeschlagen worden und mussten erkennen, dass es sehr schwer sein würde, die Unionslinie wirksam zu durchbrechen.«

Heftiges Gewehrfeuer in den Wäldern weckt Schurz am 3. Juli auf. Das Geknatter hält an bis Mittag.

»Dann trat eine eigentümliche, vollständige Stille ein. ... Eine kurze Unterbrechung der Schlacht hätte niemanden überrascht. Aber hier dehnte sich das Schweigen von Minute zu Minute und von Stunde zu Stunde. Endlich herrschte friedliche Ruhe, wie an einem schönen, warmen Sommertag, wenn Kirchenglockengeläut von Ferne herüberschallt. Und da empfanden wir allesamt die langen Stunden tiefster Stille, die einen so scharfen Gegensatz mit dem vorhergegangenen und dem gewiss noch bevorstehenden blutigen Ringen bildete, als etwas Unheimliches, Unheildrohendes.«

Schlacht von Gettysburg, Pennsylvania,
Juli 1863, zeitgenössischer Holzstich

Und jäh wird das Rätsel der Stille gelöst. Aus etwa 130 Geschützen feuern die Konföderierten auf die Unionstruppen. Glauben sie.

»Glücklicherweise zielte der Feind etwas zu hoch und die meisten seiner Geschosse gingen über unsere Köpfe hinweg.«

Trotzdem spürt Schurz, wie Panik in seiner Truppe aufzukommen droht. Er weiß, dass er jetzt Mut demonstrieren muss. Und so, wie er es einst bei den Revolutionskämpfen in Baden und der Pfalz gelernt hat, geht er nun seelenruhig vor der Front auf und ab – und raucht dazu eine Zigarre: »Mir schienen die feindlichen Geschosse so dicht über meinem Kopfe hin zu pfeifen, dass ich sie mit der ausgestreckten Reitpeitsche hätte berühren können. Da ich aber die vortreffliche Wirkung meiner Promenade auf die Leute wahrnahm, machte ich einigen meiner Offiziere ein Zeichen, daran teilzunehmen. Sie gehorchten, obgleich ihnen dabei sicher ebenso ungemütlich zu Sinne war wie mir.«

Schlacht von Gettysburg – vergeblicher Versuch
der Konföderierten, den Friedhofshügel zu erstürmen,
2./3. Juli 1863, zeitgenössischer Holzstich

Das Bombardement der Konföderierten dauert nun schon über eine Stunde. Aber für den Feind wenig erfolgreich. Und jetzt passiert das, was die Schlacht von Gettysburg zur »dramatischsten des ganzen Bürgerkriegs« werden lässt. Schurz, der sich mit seinen Leuten wieder auf dem Friedhofshügel festgesetzt hat, beobachtet entsetzt das Geschehen: »Aus den gegenüberliegenden Wäldern kamen nach und nach drei lange Linien Infanterie der Konföderierten, etwa 15 000 Mann, hervor. Sie waren tadellos gerichtet. Berittene Offiziere führten sie, die Fahnen flatterten lustig im Winde, die Bajonette glitzerten im Sonnenschein.«

Diese Soldaten der Konföderierten Armee befinden sich jedoch in einem tödlichen Irrtum. In dem Irrtum, die Artillerie ihres Gegners sei nahezu zerstört. Die aber feuert jetzt mitten in die Reihen der Südstaatler hinein.

»Der große Angriff war total fehlgeschlagen. Die herrlichen Kolonnen, die so stolz auf uns zumarschiert sind, waren nicht nur geschlagen, sondern fast gänzlich vernichtet worden. Nur ein Unmensch oder einer, der von dem gewissenlosesten Ehrgeiz beherrscht wird, kann, wenn er die Schrecken des Krieges einmal gesehen hat, bestreiten wollen, dass ein ohne die absoluteste Notwendigkeit begonnener oder herbeigeführter Krieg das größte und unverzeihlichste Verbrechen auf Erden ist.«

Nach dem Ende der Schlacht von Gettysburg, die der Wendepunkt im amerikanischen Bürgerkrieg ist, bekommt Schurz ein Problem, das ihn schmerzlich an die Zeit während der badischen Revolution von 1849 erinnert: Ein achtzehnjähriger, in Böhmen geborener Soldat aus seinem Regiment hat versucht, zu desertieren. Dabei ist der Junge gefasst worden. Das Kriegsgericht verurteilt ihn zum Tode, und Schurz soll die Exekution vollstrecken lassen. Der aber wehrt sich gegen die furchtbare Bestrafung. Weil er beim Anblick des blutjungen Todeskandidaten daran denkt, wie ihm vierzehn Jahre zuvor selber in Rastatt die Erschießung gedroht hatte.

Schurz bemüht sich um Aufhebung der Exekution, indem er ein Gnadengesuch an das Kriegsministerium in Washington schickt.

Doch von dort keine Reaktion.

Der Tag der Urteilsvollstreckung ist da – aber der Junge aus Böhmen wird nicht erschossen. Das hat Schurz persönlich entschieden. Er wartet noch auf die Antwort von Lincoln, dem Höchstkommandierenden aller Land- und See-Streitkräfte, den er ebenfalls um Aufhebung des Todesurteils gebeten hat. Und der Präsident der Vereinigten Staaten lässt tatsächlich Gnade walten – für einen jungen Soldaten, der doch nur in der Schlacht in Panik geraten und kopflos davongelaufen war.

Das Problem wäre damit gelöst. Für Schurz selber sollte die nächste Schlacht bei Chattanooga dafür um so problematischer werden. Und schon marschiert er durch Schlamm, Regen und Hitze in ein ihm bisher unbekanntes Amerika – in das Amerika der Südstaaten Alabama und Tennessee. Hier trifft er auf so viel Armut und Unwissenheit – und zwar vorwiegend unter den armen Weißen – wie er sie in der Neuen Welt nie für möglich gehalten hätte. Von diesen armen Weißen hört er die Klage: »It is the rich man's war und the poor man's fight. – Es ist der Krieg der Reichen und die Schlacht der Armen.«

Besonders unwissend ist ein Farmer, dem Schurz in Alabama begegnet. Der Mann erzählt ihm, dass er schon mal gehört habe, dass sich die Erde um die Sonne drehe – glauben aber würde er das nicht! Schließlich könne er ja mit eigenen Augen sehen, wie die Sonne jeden Morgen an der einen Seite des Himmels aufgehe, nach der anderen Seite hinüberzöge, wo sie dann des Abends wieder unterginge ...

In Tennessee sieht Schurz erstmals, was Sklaverei bedeutet. In einem Brief an seine zehnjährige Tochter Agathe schreibt er: »In diesem Lande, dem Staate Tennessee, den Du auf der Karte leicht finden wirst, besteht die Sklaverei. Es gibt hier einzelne reiche Leute, welche viele Neger besitzen. Diese Neger tun alle Arbeit für sie, und die reichen Herren sind also auf den Gedanken gekommen, dass sie selbst nicht zum Arbeiten, sondern zum Regieren und Herrschen geboren seien. Sie wollten aber nicht nur ihre Neger beherrschen, sondern auch die armen weißen Leute, die nicht genug Geld hatten, um sich selber Sklaven zu kaufen. Um sie besser beherrschen zu können, versuchten die reichen Leute die Armen dumm zu halten.«

Solche Zustände zu ändern, ist Schurz in diesen Krieg gezogen. Am 23. November beginnt für ihn bei Chattanooga die nächste Schlacht. Wieder gerät er in Konflikt mit seinem Kommandeur, General Hooker, diesem »zweifelhaften Gentleman«. Carl soll angeblich einen Befehl Hookers nicht richtig befolgt haben. In Wahrheit aber hatten Hookers Anordnungen für Verwirrung gesorgt. Trotzdem sorgt Hooker nun dafür, dass seine Verleumdung in einer New Yorker Zeitung veröffentlicht wird. Das ist zuviel. Schurz verlangt und erreicht eine Untersuchung durch ein militärisches Ehrengericht. Und wird rehabilitiert. Danach ist ihm klar: Unter General Hooker kann er nicht länger dienen. Er bittet den Kriegsminister um seine Versetzung. Der »tröstet« ihn mit dem unattraktiven Kommandantenposten eines Ausbildungslagers nahe Nashville. Schurz ahnt, dass sich seine Militärkarriere dem Ende zuneigt und besinnt sich wieder auf das, was er wirklich kann – die Politik.

Er stürzt sich in den Wahlkampf für Lincoln, der erneut als Präsidentschafts-Kandidat aufgestellt worden ist. Mit 212 gegen 21 Stimmen wird der vom Volk geliebte »Vater Abraham« wieder gewählt, obwohl er bereits Gegner in der eigenen Partei hat. Die Kapitulation der Konföderierten Truppen ist nun nur noch eine Frage der Zeit, nachdem Unions-General William T. Sherman durch den Südstaat Georgia bis zur Atlantik-Küste nach Savannah vorstoßen konnte. Dabei aber verwüsteten seine »Yankee«-Soldaten dieses schöne, reiche Land. Sherman wird später zu Schurz sagen, dass man in Georgia beim Requirieren von Lebensmitteln den Leuten nicht habe so genau auf die Finger sehen können: »Das ist nicht schön, aber leider menschlich.« Außerdem hätten die Soldaten das Gefühl gehabt, es sei nur gerecht, wenn die Bewohner dieses Südstaates jetzt büßen müssten. Weil sie ja die Sezession, die Abtrennung vom Norden, angezettelt hätten.

Am 9. April kapitulieren die Südstaaten-Truppen. Das steigert noch den Hass der Sezessionisten auf den Präsidenten in Washington. In der Nacht zum 15. April 1865 wird Abraham Lincoln während einer Theatervorstellung von dem fanatischen Südstaatler John Wilkes Booth, einem jungen Schauspieler, erschossen. Carl Schurz befindet sich zu diesem Zeitpunkt im Armee-Hauptquartier von Raleigh, der Hauptstadt von North-Carolina. Noch ist er ahnungslos – und glücklich.

RALEIGH, 14. APRIL 1865

»Liebste,

es wird nicht viele Tage währen, bis die vollständige Auflösung der letzten Armee des Südens sich vollziehen wird. Sobald das geschieht, wird Dein Mann sofort sein Entlassungsgesuch an das Kriegsministerium schicken und sobald er dessen Annahme empfangen hat, sich auf den Weg zu seiner Frau und seinen Kindern machen. Dann sind alle Träume von Feldzügen und Schlachten für immer vorbei. Und man legt sein Haupt im Schoße seiner Familie nieder ...

Ich bin sehr wohl. Es ist wunderschönes Wetter, und wir haben die ganze Pracht des südlichen Frühlings um uns her. Die Bäume sind schon voll Laub und die Gärten bunt von Blumen. Kennst Du das schöne Lied: ›Jetzt muss sich alles, alles wenden‹?«

Als Schurz diese Zeilen an Margarethe richtet, scheint die Welt endlich wieder in Ordnung. Doch dann, am 18. April, vier Tage nach Lincolns Ermordung, schreibt Carl:
»Ein Donnerschlag aus heiterem Himmel hätte uns nicht unerwarteter, nicht furchtbarer treffen können. Der gute, gute Lincoln! ... Das Volk des Südens mag Gott danken, dass der Krieg vorüber ist. Hätte unsere Armee noch einmal gegen den Feind marschieren müssen, kein Haus wäre auf ihrem Pfade stehen geblieben.«

Margarethe antwortet postwendend:

»Mein Carl,

ich sehe Dich still und allein für Dich sitzen und denken, denken, denken. Alles, was Lincoln Dir je gesagt, die kleinen Kämpfe, die Ihr zusammen gehabt, und die frohen Stunden, alles zieht jetzt an Dir vorüber und stimmt Dich abwechselnd froh und traurig. Jetzt ist er begraben, und gestern gingen alle Einwohner unserer kleinen Stadt in einer langen Prozession zum Kirchhof, wo wir eine schöne Rede hörten. Ich ging mit den Kindern. Wir waren alle in Schwarz gekleidet, und es war mir zumute, als ginge ich hinter der Leiche eines alten, treuen Vaters her. Wie glücklich bin ich, dass Du ihm so treu gedient!«

Die Ermordung Lincolns ist nicht nur eine Zäsur für die Vereinigten Staaten – sie bedeutet auch einen gewaltigen Einschnitt in Carls Leben. Lincoln ist für ihn mehr als sein Präsident gewesen. Er war auch Carls Freund, sein Vorbild und Förderer. Ein Mensch, mit dem er sich streiten, durch den er sich weiterentwickeln konnte.

Und nun?

Schurz ist sechsunddreißig Jahre alt und seine Zukunft nach dem Abschied aus der Armee ist ungewiss. Er flüchtet zu Frau und Kindern, die inzwischen in Bethlehem bei Philadelphia leben. Die Familie hat sich vergrößert. Am 30. Dezember 1864 kam die dritte Tochter zur Welt: Emmy Savannah. Savannah? »Weil ihre Geburt mit der Einnahme der Stadt Savannah durch die Unionstruppen zusammenfiel«, erklärt Schurz. »Unser himmlisches Geschöpf ist eigentlich ein Kriegskind.«

Er jedoch hat die Uniform endgültig ausgezogen. Sein Säbel hängt nun zu Hause an der Wand. Mit der Reitpeitsche und den Sporen spielen die beiden älteren Töchter. Familien-Idylle à la Schurz. Carl versucht, sich im zivilen Leben wieder zurecht zu finden. Aber er ist unruhig, tigert zwischen den spielenden Kindern in den Zimmern umher und grübelt:

»Ob ich wieder in den Staatsdienst gehen werde, weiß ich noch nicht. Ich glaube nicht. Obgleich ich wohl könnte. Wenn man nicht in eine Stellung kommt, in der man etwas ganz Besonderes leisten kann, so lohnt es sich in keiner Beziehung. Man verliert an Einfluss. Denn der unabhängigste Mann hat immer den größten Einfluss auf die öffentliche Meinung ... Übrigens hat der Präsident nach mir telegrafiert.«

Schurz doch wieder gefragt? Der Präsident in Washington heißt nun

Andrew Johnson. Bereits im Bürgerkrieg war Carl dem damaligen Vizepräsidenten begegnet und von ihm protegiert worden. Will Johnson jetzt von ihm eine Gegenleistung?

Auf dem Weg in die Hauptstadt unterbricht Schurz seine Reise für eine Abendgesellschaft bei seinem Freund Tiedemann. Und hier passiert etwas, dass der Gast – erst mehr distanziert als fasziniert – von »psychologischem Interesse« nennt. Schon Jahre zuvor im Pariser Exil war Carl von seinem kauzigen Freund Strodtmann zu einer spiritistischen Sitzung mitgenommen worden. Damals fand er das eher komisch. Und auch jetzt in Philadelphia nimmt er die Séance anfangs kaum ernst. Das Medium ist hier Tiedemanns bildschöne fünfzehnjährige Tochter. Ein Kreis wird gebildet, und man gibt sich die Hände. Dann beginnt das Medium plötzlich heftig zu zittern. Es greift nach einem Bleistift, um die Mitteilungen der Geister aufzuschreiben. Auch Schurz wird gebeten, einen Geist herbeizurufen: »Ich entschied mich für Schiller.«

Das Medium schreibt auf, was »Schiller« zu sagen hat: »Ich höre Musik, das Schloss ist von Lichtern hell. Wer sind die Fröhlichen?«

Die Gesellschaft schweigt verwirrt. Aber Schurz, der seinen Schiller gut kennt, weiß sofort, woher diese Zeilen stammen – aus »Wallensteins Tod«.

Nachdem »Schillers Geist« verstummt ist, ruft Schurz nach dem »Geist« Abraham Lincolns und fragt, was Präsident Johnson morgen von ihm in Washington wolle.

»Lincolns Geist« antwortet: »Er wünscht, dass Sie eine wichtige Reise für ihn unternehmen.«

Und wohin?

»Das wird er Ihnen morgen sagen.«

Mysteriös, denn an diesem Abend kann niemand wissen, dass der Präsident Schurz tatsächlich auf eine Reise schicken wird.

Carl fragt, ob »Lincolns Geist« ihm noch etwas mitzuteilen habe.

»Ja, Sie werden einst Senator der Vereinigten Staaten sein.«

Das ist so abenteuerlich, dass Carl laut lachen muss. Trotzdem fragt er weiter: »Und für welchen Staat werde ich Senator?«

»Für Missouri.«

Absurd. Schurz hat nicht die geringste Absicht, nach Missouri zu ziehen. Er will zurück auf die Farm nach Watertown in Wisconsin.

WASHINGTON, FRÜHJAHR 1869

Am 4. März 1869 nimmt Carl Schurz seinen Sitz im Senat der Vereinigten Staaten von Amerika ein. Als Senator. Für Missouri.

»Ich hatte die höchste öffentliche Stellung erreicht, welche meine ehrgeizigsten Träume mir nur je hätten verheißen können. Ich war noch jung, eben erst vierzig Jahre alt. Nur wenig mehr als sechzehn Jahre waren vergangen, seitdem ich in Amerika gelandet war, ein Heimatloser, ein aus dem großen Schiffbruch der revolutionären Bewegung aus Europa Geretteter. Und nun war ich ein Mitglied des höchsten gesetzgebenden Körpers der größten Republik.«

Ein Lebensabschnitt voll von Überraschungen, Veränderungen, aber auch tragischen Momenten liegt zwischen der Geisterbeschwörung und dem Carl dort prophezeiten Triumph, als Senator für den Staat Missouri nach Washington geschickt zu werden. Was alles ist passiert, nachdem er vor vier Jahren von Tiedemanns »Geisterhaus« zu Präsident Johnson in die Hauptstadt geeilt war? Wo sich die erste Prophezeiung übrigens prompt erfüllte. In der Tat hat der Präsident Carl dann auf eine längere Reise geschickt, um »die südlichen Staaten zu besuchen und die Lage der Dinge dort gründlich kennen zu lernen«.

Er fuhr durch ein von Shermans Truppen zerstörtes Land. »Meilenweit glich die Straße einem breiten, schwarzen Streifen von Verwüstungen«, schrieb er an Margarethe. »Hier und dort zeigten schwärzliche Trümmerhaufen, aus denen vereinzelt noch Schornsteine phantastisch empor ragten, die Stellen an, wo behagliche Wohnstätten gestanden hatten.«

Die Lage schien trostlos. Fast unvorstellbar, den Süden wieder zu versöhnen und die Befreiung der Sklaven tatsächlich durchzuführen: »Die meisten Neger waren gar nicht imstande, ohne weiteres freie Lohnarbeiter zu werden. Viele verelendeten, weil sie sich nicht zurecht zu finden wussten.«

Die harten Maßnahmen der siegreichen Nordstaaten verschärften das Chaos. Von provisorisch eingesetzten Gouverneuren wurden die Südstaaten jetzt regiert. Und das waren oft korrupte, von Washington eingesetzte republikanische Politiker, die das gebeutelte Land noch weiter ausplündern wollten. Die Situation wurde, wie Schurz nun selbst erkennen musste, immer explosiver. Schon waren im Süden erste Geheimbünde entstanden, die später Ku-Klux-Klan genannt wurden. In ihnen sammelten sich weiße, ehemalige Sklavenhalter, die die Schwarzen daran hindern wollten, ihre nun erworbenen Bürgerrechte wahrzunehmen.

Schurz kam nach Charleston, Jackson, New Orleans, Atlanta. Von Atlanta aus hatte er am 9. August 1865 an Margarethe geschrieben: »Das Ganze macht einen traurigen Eindruck. Die Bevölkerung ist bitter. Fast jeden Tag werden Neger mit Schuss- und Stichwunden in die Hospitäler gebracht. Die Pflanzer der Umgebung scheinen sich organisiert zu haben, um die Neger zu zwingen, wie früher als Sklaven zu arbeiten. Und wenn sich ein Neger untersteht, davonzugehen, wird er erschossen. Erst gestern wurde ein Neger hier auf der Straße in den Unterleib gestochen. Ich besuchte ihn im Hospital. Heute Abend ist er gestorben. Der Täter ist gefangen und wird bald sein Schicksal aus den Händen der Military Commission empfangen. Man wird ihn wohl als warnendes Exempel hängen.«

Schurz war der Ansicht, dass die Unionstruppen noch eine Weile im Süden stationiert bleiben müssten, damit die Lage sich nicht weiter destabilisiert. Aber Präsident Johnson war anderer Meinung. Er wollte den Süden weitgehend sich selber überlassen – höchstens unter dem Schutz einer von den Südstaaten aufgestellten Miliz. Nur so, glaubte der Präsident, sei eine Versöhnung innerhalb der Union zu erreichen. Carl dagegen warnte: »Wenn wir heute unsere Truppen zurückziehen, werden die südlichen Staaten morgen in Blut schwimmen.«

Vier Monate lang war Carl auf »politischer Forschungsreise« durch die Südstaaten, vom Kriegsministerium so miserabel bezahlt, dass seine Reisekosten kaum gedeckt wurden. Deshalb hatte er mit einer Zeitung vereinbart, Berichte über seine Beobachtungen im Süden zu liefern. Anonym. Natürlich wurde der Name des Autors rasch publik – und Johnson inszenierte daraus einen Vertrauensbruch.

Schurz: »Ich war über die erlittene Behandlung außer mir. Ich hatte ja die Reise auf ausdrücklichen Wunsch des Präsidenten unternommen.« Und als Carl sich im Weißen Haus rechtfertigen wollte, hieß es nur, der Präsident sei beschäftigt. Als Schurz endlich vorgelassen wurde, empfing ihn Johnson kühl. Das Zerwürfnis mit dem Präsidenten war perfekt und Carls Fall tiefer, als er zuerst wahrhaben wollte. Zu stark waren seine Hoffnungen mit der Person Lincolns verknüpft gewesen.

»Frau Margarethe, von Natur ein bisschen furchtsam, bekam es mit der Angst: Ihr Carl hätte den rechten Halt im großen politischen Leben verloren, seine Glanzzeit wäre dahin. Und wirklich: War es besonders glänzend, dass er, nun ein Privatmann, Washington-Korrespondent der *New York Tribune* wurde? Er, der Gesandter und Generalmajor gewesen war? Sah es nicht verdächtig nach Abstieg und Altenteil aus, als er dann die Herausgeberschaft der *Detroit Post* in Detroit übernahm?«

Aber Carl musste ja Geld verdienen. Auch deshalb geht er zurück in den Journalismus. Aber was ist er nun? Ein politischer Journalist oder ein Journalist, der sich in Wahrheit zum Politiker berufen fühlt? Will er nicht lieber Gestalter als Kommentator sein? – Als Gegner allerdings sollte man ihn so oder so nicht unterschätzen ...

Nach dem kurzen Zwischenspiel als Washington-Korrespondent wird Schurz in Detroit Chefredakteur und Herausgeber der *Detroit Post*, einem Blatt der Republikanischen Partei. Und in dieser Position kann er Revanche üben für die Schmach, die ihm der amerikanische Präsident angetan hat. Scharf kritisiert Schurz in seiner Zeitung jetzt die Politik Johnsons.

Worum aber geht es wirklich in dem Streit zwischen Johnson und Schurz, der die meisten Republikaner in Washington immerhin hinter sich weiß? Der Präsident ist der Ansicht, dass die Rechte der Südstaaten während des Krieges nur geruht hätten – und jetzt erneut in Kraft treten könnten. Damit aber hätte der Süden nicht nur das Recht auf Selbstverwaltung und Vertretung im Kongress, sondern auch auf Beibehaltung der Sklaverei. Schurz entsetzt: »Das reaktionäre Element fühlt sich durch des Präsidenten Haltung bis zur Tollkühnheit ermutigt.«

Natürlich sind diese konservativen Südstaatler auch gegen die »Civil Rights Bill«, das Gesetz, in dem die Bürgerrechte für alle in den USA Geborenen, gleich welcher Rasse oder Farbe, garantiert werden. Trotz Vetos des Präsidenten wird dieses Gesetz am 13. März 1866 mit Zweidrittelmehrheit angenommen. Für Schurz eine Genugtuung. Privat steht sein Neubeginn unter keinem so günstigen Stern. Ein Umzug der gesamten Familie nach Detroit ist fällig. Diesmal aber mit dramatischen Folgen: »Wir ließen unsere Sachen per Eisenbahn schicken. Zwei große Kisten waren eben auf dem hiesigen Bahnhof angekommen, als Feuer ausbrach und nicht allein die Gebäude, sondern auch alle Güter, die dort aufgehäuft lagen, verzehrte. Darunter waren unsere Kisten. Sie enthielten von allen unseren Sachen gerade diejenigen, die uns am wertvollsten waren.«

Dazu gehören viele Tagebücher, die Margarethe »mit äußerster Sorgfalt« gesammelt hatte. Vernichtet sind Bilder, Fotos, Noten. »Kriegsreliquien« wie die »alte zerschossene Divisionsfahne«. Carls große »militärische Bibliothek« und andere Bücher, darunter »auch die ganz hübsche Büchersammlung der Kinder und Fritz Reuters ›Olle Kamellen‹, die uns so manche heitere Stunde gemacht hatten«.

In seinem Brief an Schwager Heinrich Meyer kann sich Schurz kaum beruhigen: »Die Verluste haben mir auf eine eigentümliche Weise wehgetan. Als ich von alledem, was mit meiner besten Jugendzeit so innig zusammenhing, Abschied nehmen musste, kam ich mir auf einmal alt vor. Und es legte sich ein Schatten über meine sonst so unverwüstliche Heiterkeit.«

Doch Jammern bringt die verlorenen Kostbarkeiten auch nicht zurück. Schurz, der überzeugte Optimist, stürzt sich in seine neue journalistische Aufgabe: »Vorläufig muss ich freilich schaffen wie zehn Pferde, die morgens früh eingespannt und gegen Mitternacht erst wieder ausgespannt werden. Aber da dies eine einflussreiche Tätigkeit ist, die mir und meiner Familie eine solide und mit der Zeit reichliche Existenz verspricht, lasse ich mir die Mühe gern gefallen.«

In Detroit lebt die Familie im Hotel aus den Koffern. Margarethe geht für ein paar Wochen deshalb mit den Kindern auf die Farm nach Watertown. Sofort vermisst Carl seine Familie. Und besonders Emmy Savannah, die noch nicht zweijährige, überaus aufgeweckte Jüngste. Außer der Arbeit in der Redaktion und einigen Reden für die Kongresswahl im November, die seine Republikaner haushoch gewinnen, vergehen die Tage für Schurz in ernüchternder Regelmäßigkeit. Und der eingebürgerte Amerikaner ertappt sich dabei, dass er wieder häufiger an die alte Heimat denkt.

»Seit ich Europa verließ«, schreibt er an Schwager Heinrich, »ist mir niemals der Wunsch gekommen, für immer nach Deutschland zurückzukehren. Aber ich muss gestehen, wenn ich jetzt die Zeitungen lese und reich wäre, würde ich diesem Wunsch wohl schwerlich widerstehen können.«

In Mitteleuropa finden nämlich gerade große Veränderungen statt. Preußen führt Krieg gegen Österreich, weil Österreich aufhören soll, sich in die deutsche Politik einzumischen. Der von den Habsburgern beherrschte »Deutsche Bund« hat ausgedient. Otto von Bismarck, der Ministerpräsident von König Wilhelm I. in Berlin, versucht nun von oben, was den Revolutionären 1848/49 von unten nicht gelungen war: eine deutsche Nation zusammenzustricken.

Drüben im alten Europa tut sich was, ahnt Schurz – und er wäre gern dabei. Doch nun sitzt er in Detroit und soll seine Zeitung so rasch wie möglich in die schwarzen Zahlen bringen. Wie gut, dass das Schicksal noch etwas anderes mit ihm vorhat: Während einer Vortragsreise wird er von einem deutsch-amerikanischen Verleger angesprochen – in St. Louis im Staate Missouri. Missouri?

»Sie werden Senator von Missouri«, hatte »Lincolns Geist« während der Séance bei Tiedemanns orakelt. Aber jetzt geht es ja nicht um eine von Geistern prophezeite Politiker-Karriere. Jetzt geht es um das realistische Angebot von Dr. Emil Preetorius, einem 1848er-Revolutionär aus der Pfalz, der in St. Louis die deutschsprachige Zeitung *Westliche Post* herausgibt. Am 4. März 1867 schreibt Carl begeistert an Margarethe: »Es handelt sich um nichts Geringeres, als für mich die Hälfte eines Zeitungsgeschäfts in St. Louis zu kaufen und mir die Kaufsumme so vorzuschießen, dass ich sie aus dem Geschäft heraus in drei Jahren zurückzahlen kann. So, nun habe ich in dunklen Geheimnissen gesprochen und Du sollst kein Wort weiter davon erfahren, bis ich wieder bei Dir bin.«

Doch als er wieder zu Hause ist, trifft die Familie ein Schlag, von dem sie sich lange nicht erholen kann: die kleine, so geliebte Tochter Emmy Savannah stirbt überraschend am 30. März 1867. Margarethe, ohnehin nie ganz gesund, bricht zusammen.

Obwohl Schurz im April den Vertrag mit Preetorius in St. Louis unterschreibt, wird beschlossen, Margarethe für einen längeren Kuraufenthalt nach Europa zu schicken. Mitte Juni schifft sie sich in New York mit den beiden Kindern ein. Sie kurt zuerst in der Schweiz, besucht auch Montreux und erinnert Carl in einem ihrer Briefe daran, wie glücklich dort beide gewesen waren.

»Ich lebe ziemlich einsam«, schreibt er zurück: »Dicht an meinem Schreibtisch hängt Deine Zeichnung vom Kurhaus in Montreux, dessen Anblick mir so schöne Zeiten ins Gedächtnis ruft. Auf dem Kaminsims meines Schlafzimmers steht das Bild unseres kleinen Engels. Ihm gehört mein letzter Blick des Abends und mein erster des Morgens.«

St. Louis, Stahlstich, 1865

Carls Sehnsucht nach der Familie, nach Europa, nach Deutschland wächst. Vielleicht, weil er jetzt wieder mehr Deutsch sprechen kann. Auf einer ausgedehnten Reise mit seinem Partner Preetorius lernt er die Leser seiner Zeitung kennen: deutsche Auswanderer. »Die Alten haben die Tradition deutschen Geistes und deutscher Bildung bewahrt«, stellt er fest. »Aber sie können diese Tradition ihren Kindern nicht überliefern. Der deutsche Geist schwächt sich ab. Wird die Erziehung ganz deutsch gehalten und alle Berührung mit dem Amerikanertum vermieden, so wird ein stupides Deutschtum daraus. Geschieht das nicht, so schlagen die Wellen des Amerikanertums bald über der zweiten oder dritten Generation zusammen.«

In St. Louis lebt Carl in »stiller Eintönigkeit« dahin. Er reitet, spielt Billard und ist bald der »böse Mann« für manche Redakteure, weil er sie »energisch« zur Arbeit antreibt: »Übrigens ist die journalistische Arbeit jetzt keineswegs interessant. Der große Kampf ist vorüber. Unsere Gegner sind machtlos. Es bleibt augenblicklich nichts zu tun, als die gewonnenen Resultate zu festigen.«

Viel interessanter scheint Schurz, was nun in der alten Heimat geschieht. Mit der Schlacht bei Königgrätz am 3. Juli 1866 ist der Sieg

Preußens über Österreich perfekt. Am 20. September zieht Wilhelm I. als Triumphator durch das Brandenburger Tor an den jubelnden Berlinern vorbei, darunter viele 1848er.

»Unmittelbar vor dem König ritten Roon, der das Heer geschaffen, Moltke, der es gelenkt und Bismarck, der es politisch eingesetzt, aber auch dafür gesorgt hatte, dass es rechtzeitig wieder zum Stehen kam.«

Sollten nach Wilhelms Sieg »Friede, Wohlstand, Freiheit und Nationalität« endlich möglich werden? Schurz, jenseits des Atlantiks, schwankt zwischen Hoffnung und Skepsis: »Ich glaube, man könnte der Sache eine Chance geben, selbst ohne Revolution. Freilich, solange unter den politischen Größen Deutschlands Bismarck der Einzige ist, der Ideen hat, die jedoch unglücklicherweise falsch sind, was lässt sich da erwarten?«

Im November hat Carl genug von der Redaktion und den kleinlichen Ränkespielen einiger Republikaner. Für den 5. Dezember bucht er eine Schiffspassage auf der »Amerika«, um mit der Familie Weihnachten in Wiesbaden feiern zu können. »Wahrscheinlich komme ich gerade eine Woche nach diesem Brief auf deutschem Boden an«, teilt er Margarethe mit. »Wie sehr ich mich darauf freue, will ich nicht versuchen zu beschreiben.«

Unbehagen bereitet ihm immer noch, preußisches Gebiet betreten zu müssen. Doch keine Sorge: Carl ist jetzt mehr als willkommen. Im inzwischen auch »preußischen« Wiesbaden beruhigt ihn der dortige Polizeipräsident, ein 1848er, höchstpersönlich.

Anfang Januar reist Schurz nach Berlin. Und selbst hier sucht und findet er Kontakt zu einem ehemaligen Revolutionär. Lothar Bucher, der vor Jahren wie er als Flüchtling in London gestrandet war, ist tatsächlich nach Preußen heimgekehrt. Im Auswärtigen Amt hat er sich erfolgreich hochgearbeitet und wird von Bismarck, der auch Außenminister ist, besonders geschätzt. Bucher stellt Carl eine überraschende Frage: Ob er nicht Bismarck kennen lernen wolle?

»Natürlich erwiderte ich gleich, dass ich diese Ehre zu schätzen wisse. Eine Stunde später erhielt ich eine eigenhändige Einladung des Grafen Bismarck, ihn um acht Uhr desselben Abends im Kanzlerpalais in der Wilhelmstraße zu besuchen.«

Bismarck wartet schon an der Tür zu seinem Arbeitszimmer auf Schurz: »Freut mich, dass Sie gekommen sind!«

Er spricht mit einer »merkwürdig hohen Stimme«, die so gar nicht zu seiner hünenhaften Gestalt passen will. Seine Generalsuniformjacke hat er leger aufgeknöpft.

»Nun nehmen Sie bitte Platz!«

Schurz sinkt in einen bequemen Lehnstuhl. Bismarck bietet Havanna-Zigarren an und öffnet eine Flasche Wein.

»Sie sind Rheinländer«, sagt er zu Schurz. »Diesen Tropfen werden Sie zu schätzen wissen.«

Zwei Männer sitzen sich nun gegenüber, die von ihrer Herkunft kaum unterschiedlicher sein können: Schurz, der aus einfachem Hause kommt, der auf einem Dorf aufwuchs, der ein armer Student in Bonn gewesen war, der Revolutionär wurde, um die Verhältnisse in Deutschland zu verändern. Dagegen hat der junge Bismarck das unbeschwerte Leben eines Landjunkers führen dürfen, der zur Jagd ging, heftig trank – bevorzugt Champagner mit Porter, dem dunklen Starkbier, vermischt – und der wegen häufiger Liebesaffären nicht den besten Ruf genoss.

Aber es gibt auch Gemeinsamkeiten zwischen Bismarck und Schurz. Beide schätzen die deutsche, französische und englische Literatur. Beide sind gesellig, genussfreudig und sprachbegabt. Und beide lieben das Risiko. Noch heute imponiert Bismarck, wie tollkühn Schurz damals seinen Freund Kinkel aus dem Spandauer Zuchthaus befreit hat.

»Wenn es für den Minister Seiner Majestät des Königs von Preußen und den Kanzler des Norddeutschen Bundes nicht höchst unschicklich wäre«, sagt Bismarck zu Schurz, »möchte ich einmal mit Ihnen nach Spandau fahren und mir an Ort und Stelle alles erzählen lassen«.

Stundenlang sitzen die beiden Männer an diesem Abend zusammen, und Schurz staunt, wie offen sich Bismarck, der Aristokrat, mit ihm, dem demokratischen Deutsch-Amerikaner, unterhält. Seinen königlichen »Chef«, den einst so gefürchteten »Kartätschen-Prinz« Wilhelm, nennt Bismarck respektlos »den alten Herrn«, mit dem er manchmal Probleme habe.

»Und warum reichen Sie dann nicht Ihr Entlassungsgesuch ein?«, fragt Schurz.

»Damit habe ich oft gedroht. Das wirkt nicht mehr. Was meinen Sie, was dann passiert? – Der alte Herr fängt an zu schluchzen und zu weinen.«

Nun aber wird Bismarck ernst. Er spricht von dem nächsten Krieg, den Preußen wohl führen müsse: »Glauben Sie ja nicht, dass ich den

Krieg liebe. Ich kenne ihn genug, um ihn zu verabscheuen. Aber dieser Krieg mit Frankreich, der wird kommen.«

Und wann?

Preußens Heer, sagt Bismarck, sei nach dem Krieg mit Österreich noch stark geschwächt. Jetzt hätte Frankreich eine Chance, Preußen anzugreifen ...

»Und wenn Frankreich tatsächlich sofort losschlagen würde?«

»Dann«, antwortet Bismarck, »muss man eben an das Nationalgefühl aller Deutschen appellieren – notfalls sogar mit Hilfe der Verfassung des Frankfurter Nationalparlaments von 1848/49.«

Schurz spöttisch: »Sie würden wirklich die arme Hinterbliebene, die Waise der Revolution adoptieren?«

»Warum nicht? Gewiss, die Verfassung hat einige, mir sehr unsympathische Züge. Aber eigentlich ist sie nicht so sehr verschieden von dem, was ich jetzt anstrebe.«

Carls Besuch bei Bismarck endet weit nach Mitternacht. Und für den nächsten Abend ist er schon wieder eingeladen. Erst zu einem offiziellen Essen, bei dem er, obwohl ohne Uniform oder Orden, als »General Schurz« vorgestellt wird. Danach zu einem erneuten Gespräch mit dem preußischen Ministerpräsidenten. Noch lange sitzen beide allein zusammen und unterhalten sich. Diesmal vorwiegend über Amerika. Sicher ist auch Bismarcks Neugier auf diese Republik in der Neuen Welt ein Grund für seine intensiven Gespräche mit Schurz.

»Er richtete viele Fragen an mich über die dortigen politischen und sozialen Verhältnisse. Und er wunderte sich darüber, wie es möglich sei, dass eine menschliche Gesellschaft glücklich und halbwegs geordnet sein könne, wo die Macht der Regierung so beschränkt sei.«

Darauf verblüfft Schurz Bismarck mit einer Antwort, die in den USA noch heute zitiert wird: »In einer ›wenig-regierten‹ Demokratie können die Dinge im Einzelnen schlecht, im Ganzen aber gut gehen, während in einer Monarchie die Dinge im Einzelnen sehr glatt und gut, im Ganzen aber schlecht gehen können.«

Bismarck versteht: Schurz bleibt ein »unverbesserlicher Demokrat«. Trotzdem lobt der Kanzler nun die vielen 1848er-Liberalen, die doch den Weg ins monarchistische Deutschland zurückgefunden hätten.

Schurz: »Er betonte dies und Ähnliches mehrmals und so nachdrücklich, dass es mir fast wie eine Aufforderung klang ...«

Und die war es vermutlich auch. Jedenfalls schreibt Carl am 24. Februar nach jahrelangem, beiderseitigen Schweigen an den alten Freund Gottfried Kinkel, der nach dem Tod seiner Frau jetzt neu verheiratet als Professor in Zürich lebt: »Die Versuchung, wieder nach dem alten Vaterlande überzusiedeln, trat diesmal ziemlich lockend an mich heran. Aber ich kann mich nicht dazu entschließen. In Amerika habe ich nun einmal tiefe Wurzeln geschlagen.«

Außerdem hat Carls Brief an Kinkel noch einen sehr persönlichen Nachsatz: »Ich bin in Spandau gewesen und habe mehrere der alten Freunde wiedergesehen. Wir hatten einige schöne Stunden. Es geht allen recht gut.«

Am 5. März 1869 reist Schurz mit der »Germania« zurück über den Atlantik. Margarethe, noch immer nicht recht gesund, bleibt mit den Töchtern Agathe, inzwischen »Handy« genannt, und »Pussy«-Marianne vorerst in Wiesbaden. Kaum auf dem Schiff, schreibt Carl gleich an seine »Liebste«: »Du bist ganz mutig gewesen bei unserem Abschied, bleibe nun auch so. Wenn Du Dich einsam fühlst, bevölkere Deine Einsamkeit mit Hoffnungen und schönen Erinnerungen statt mit trüben Bildern von möglichem Unheil ...«

Nach seiner Rückkehr stürzt sich Carl in St. Louis wieder in die Redaktionsarbeit. Die Auflage der *Westlichen Post* ist gestiegen – trotz allgemeiner schlechter wirtschaftlicher Lage. Auch die Republikanische Partei ist weiter im Aufwind. Schurz: »Und wir dürfen jetzt schon das Resultat der Präsidentenwahl im November als ein gesichertes betrachten. Grants Nominierung ist gewiss.«

Diesmal zieht Schurz für General Ulysses S. Grant, den Unions-Helden im Bürgerkrieg, in den Wahlkampf. Margarethe setzt derweil auf Anraten ihres Arztes die Kur in Wiesbaden fort. Beide Töchter gehen dort zur Schule, denn deutsche Sprache und Kultur sollen auch an den Nachwuchs weitergereicht werden. Die fünfzehnjährige »Handy«, Carls Älteste, berichtet brieflich von ihren Forschritten. Und einfühlsam beschäftigt sich Schurz in einem seiner Antwortbriefe mit ihrem Stil:

»Merke Dir eine Hauptregel: Man schreibe gerade, wie man denkt, und sage genau, was man sagen will. Man lasse sich auf keine Künsteleien des Ausdrucks ein und brauche keine Redefiguren, besonders keine Adjektive, von denen man nicht genau weiß, was man damit ausdrücken will.«

An diese Erfolgsregeln hält sich natürlich auch der brillante Redner und Wahlkämpfer Schurz selber: »Ich spreche wieder mit dem alten Feuer. Meine Versammlungen sind immer zum Erdrücken voll.« Doch solche Erfolge haben auch ihren Preis: »Ach, die ganze alte Wirtschaft ist wieder los. Empfangsfeierlichkeiten an den Bahnhöfen, Umzüge, Serenaden. Und diese fürchterliche, dicke Trommel, die mir schon 1860 so verhasst wurde und die mich jetzt wieder bis in meine Träume verfolgt.«

Wie schon bei früheren Wahlkämpfen mobilisiert Schurz nun auch für Grant die deutschen Einwanderer. Dafür reist er vor allem durch Missouri, den ehemaligen Sklaverei-Staat, der nach Ende des Bürgerkrieges immer noch gespalten ist. Hier hatten die Auseinandersetzungen sogar den Charakter eines Nachbarschaftskrieges gehabt, als nicht nur Staat gegen Staat, Distrikt gegen Distrikt, sondern Haus gegen Haus kämpfte. Und jetzt, nach dem Ende des Bürgerkrieges, setzt sich der Zwist in Guerillakämpfen fort. Schurz wird geraten, auf seinen Fahrten »stets geladene Revolver zur Hand zu haben, um auf alle Fälle gerüstet zu sein«.

Grant siegt – auch durch die landesweit heiß diskutierten Reden von Schurz. Damit ist Carl selbst wieder zum Objekt der politischen Begierde geworden: Missouri hat einen zweiten Senatoren-Posten zu vergeben. Und wer wäre dafür geeignet?

Eine Frage, die auch den intellektuellen Lunchclub beschäftigt, den Carl in St. Louis gegründet hat. Als dort während eines Essens mal wieder nach Kandidaten gesucht wird, zeigt einer aus der Tafelrunde plötzlich auf Schurz: »Warum nicht Sie?«

Alle Anwesenden sind begeistert. Warum eigentlich nicht Schurz? Und obwohl sich Carl anfangs ziert – am liebsten würde er ja Außenminister unter Grant werden – ist er insgeheim sehr geschmeichelt. »Erinnerst Du Dich noch«, schreibt er an Margarethe, »dass ein Sitz im Senat von jeher das Höchste gewesen ist, was wir uns für mich gewünscht haben? Wenn das nun jetzt von selbst kommen sollte, so dürfen wir nicht so unartig sein, etwas anderes zu wollen.«

Aber der Weg in den Senat ist steiniger als erwartet. Und schon hat Schurz einen Widersacher: den mächtigen, scharfzüngigen Missouri-Senator Charles D. Drake, der als Kandidaten für den zweiten Senatorenposten den blassen General Loon bevorzugt. Ein schmutziger Wahlkampf beginnt. »Meine Gegner lassen keine Intrige unversucht«, teilt Carl Margarethe mit. »Du hast keinen Begriff von den Geschichten, die sie erzählen, und den Gerüchten, die sie verbreiten.«

Senator Drake, der Schurz mit seinen hinterhältigen Attacken an den alten Feind Douglas erinnert, geht beim entscheidenden Rededuell vor allem gegen die Deutsch-Amerikaner vor: »Er klagte sie an als eine Schar Unwissender, die nicht einmal Englisch könnten, nur ihre deutschen Zeitungen läsen und unter der Führung von bestochenen und intriganten Cliquen ständen. Er nannte sie Ränkeschmiede und Störenfriede, auf die kein Verlass sei und deren Zugehörigkeit zu den Republikanern dieser Partei mehr schadete als nützte.«

Der überfüllte Versammlungssaal kocht. Buhrufe. Nun spricht General Loon, Carls Konkurrent. Demonstratives Gähnen. Dann steigt Schurz aufs Podium und verteidigt seine Deutschen: Wer habe denn während des Krieges St. Louis für die Union gerettet?

»Die Deutschen! Die Deutschen!«, schreit das Publikum.

Schurz weiter: Wo sei denn Mr. Drake in jenen Kriegstagen gewesen? Und gibt gleich selbst darauf die Antwort: Drake habe damals ruhig in seinem Rechtsanwaltsbüro gesessen und nachgerechnet, wann er sich wohl mit voller Sicherheit offen für die Union erklären könne!

Das war der Hieb, von dem sich Drake nicht mehr erholen sollte. Carl an Margarethe: »Drake eilte sogleich nach der Versammlung ins Hotel, ließ seine Wäsche von der Wäscherin holen, packte sie noch nass in seinen Koffer und reiste sofort ab. Es war eine Flucht.«

Schurz wird Senator von Missouri. Schon am 10. März kann er seiner »Liebsten« aus Washington berichten: »Heute schreibe ich Dir zum ersten Mal auf meinem Platz im Senat. Ich sitze in der vordersten Reihe im zweiten Sessel von der Wand, zur Linken des Präsidenten. Mein Platz ist, glaube ich, zum Sprechen sehr gut. Aber vorläufig werde ich mich bescheidenen Schweigens befleißigen.«

Carl Schurz, undatierte Fotografie
zwischen 1860 und 1875

Margarethe ist hin- und hergerissen. Stundenlang. Soll sie zu der großen Debatte im Senat gehen oder nicht? Heute wird Carl antworten, seine Auffassung vom Zustand der Nation darlegen. So viel Wut hat sich in ihm aufgestaut, die er nun in einem Rundumschlag loswerden will. Rhetorisch glänzend wie gewohnt.

Fast die ganze Nacht hatte Carl über seiner Rede gebrütet. Er habe ein gutes Gefühl, hatte er zu Margarethe am Morgen gesagt. Aber als er sie bat, ihm doch wie so oft auf der Galerie im Sitzungssaal zuzuhören, da hatte sie abgelehnt. Aus Angst, diesmal könne es zum Eklat kommen.

Und jetzt, Stunden später, steht sie dennoch vor der verschlossenen Tür, hinter der Schurz wahrscheinlich schon fast am Ende seines Vortrages angelangt ist. Vergeblich versucht sie, hineinzukommen – als Sekunden später alle Türen aufgerissen werden, und ihr die Menge aus dem überfüllten Saal entgegenströmt. Darunter ist auch Senator Charles Sumner, Carls Freund, der auf Margarethe zustürmt: »Ich gratuliere! Ihr Mann hat eben die größte Rede gehalten, die der Senat in zwanzig Jahren gehört hat!«

Carls Abrechnung mit Präsident Grant und seiner Regierung scheint gelungen. Und was war der Grund dafür? Zum Beispiel dies: Ab Herbst 1870 sind in größerem Umfang Waffen aus den Vereinigten Staaten nach Frankreich geliefert worden. Inoffiziell, aber mit Billigung offizieller Kreise. Als das Waffengeschäft publik wurde, protestierten vor allem Amerikaner deutscher Herkunft. Schurz wurde aufgefordert, die Verantwortlichen zur Rede zu stellen. Zu diesem Zeitpunkt befand sich Preußen noch im Krieg mit den Franzosen. Ein Krieg, der in vielen Deutsch-Amerikanern patriotische Gefühle für die alte Heimat erregte. Nicht in Schurz. Ihn störte einfach die Gesetzeswidrigkeit dieses Waffenexports: »Es herrscht im Land der Eindruck, dass irgendwo eine militärische Clique sitzt, die einen ungesunden, weitreichenden, korrupten und gefährlichen Einfluss auf die Regierung ausübt.«

Das dubiose Rüstungsgeschäft, für das übrigens später kein Beamter mehr zur Rechenschaft gezogen wurde, war aber nur der Auslöser für Carls grundsätzliches Unbehagen als Senator für Missouri. Er, der sich anfangs »in Schweigen« hüllen wollte, ist längst zum wortgewaltigsten, aber fairen Senator in Washington geworden: »Obgleich Schurz schneidende Satire zu Gebote stand, wenn es verkehrte Theorien oder verwerfliche Pläne zu geißeln galt, vermied er doch persönliche Ausfälle und maßlose Schmähungen.«

Seit Beginn seiner Senatorenzeit hatte sich Schurz in diesem Stil auf die Bekämpfung des »Beutesystems« – Protektion bei der Ämtervergabe als unentbehrliches Hilfsmittel für die jeweils herrschende Partei – konzentriert. Er hält eine solche »Protektionswirtschaft« für äußerst schädlich und fordert eine Eignungsprüfung bei der Einstellung von Zivilbeamten.

Mit solchen und anderen Forderungen macht man sich natürlich keine Freunde. Präsident Grant wurde der eigenwillige Senator immer lästiger. Vor allem, als Schurz ihm auch noch bei der geplanten Annektierung der Dominikanischen Republik dazwischen zu pfuschen begann. Als er ironisch monierte: Noch sei es ja nicht einmal gelungen, die eigenen Südstaaten in die Union zu integrieren, da entwickle man schon imperialistische Züge.

Grant jedoch gibt nicht auf. Er bittet Schurz ins Weiße Haus und empfängt ihn in der Bibliothek. Dort hört er sich eine Weile aufmerksam an, was Carl, der auch Mitglied im »Ausschuss für auswärtige Angelegenheiten« ist, an Gegenargumenten hat. Nach kurzer Zeit registriert Schurz, wie der Präsident die Augen im Zimmer schweifen lässt – und er zweifelt: »Ob er mir überhaupt noch zuhört?«

Carls Revanche für diesen Affront lässt nicht auf sich warten. Als es im Senat mal wieder um das Abenteuer Dominikanische Republik geht, warnt er Grant boshaft: »Lassen Sie sich nicht auf derlei Projekte ein! Spielen Sie nicht mit Dingen, die die Zukunft dieser großen Nation vergiften könnten! Hüten Sie sich vor den Tropen!« Grant lässt das Projekt später fallen. Ein Verdienst auch von Schurz.

Während der Debatte zu einem anderen Thema beweist der unangepasste Senator aus Missouri, dass man als Politiker seine Meinung auch ändern kann, ohne dabei an Ansehen zu verlieren. Man muss einen solchen Sinneswandel nur begründen. Diesmal geht es um die Südstaaten, die ihre Souveränität nicht vollständig wiedererlangt haben. Damit die dort herrschende Gesetzlosigkeit nicht noch weiter ausufert, hatte Carl kurz nach dem Bürgerkrieg dafür plädiert, die Unionstruppen länger im Süden für Ordnung sorgen zu lassen. Vergeblich.

Jetzt aber war passiert, was Schurz damals befürchtet hatte: Der Ku-

DECEMBER 19, 1868.] HARPER'S WEEKLY. 813

KU-KLUXISM.

WHEN Senator SUMNER made his celebrated argument in Congress over ten years ago, insisting upon the "barbarism of slavery," his oration was denounced as declamatory and extravagant. But scarcely had the voice of the orator ceased to echo in the chamber where it was uttered before the full evidence of its bitter truth was furnished by the cowardly assault of a South Carolina Congressman upon his person. The rebellion which soon followed convinced the North that even the Senator from Massachusetts had not adequately appreciated the barbarism which he denounced; for suddenly elements were evolved from the peculiar civilization of the slaveholding States which threatened and actually attempted the disruption and ruin of the country. The war itself, and considered apart from its original cause, afforded in its successive stages accumulative evidence of the barbarism generated by a system of legalized injustice. The scalping of our dead soldiers upon the battle-field of Pea Ridge by the savage allies of the Confederacy; the inhuman butchery of national negro soldiers at Fort Pillow; the denial of the common courtesies of war to our captured negro soldiers by an attempt to make the axioms of slavery as potent on the battle-field as on the plantation; and the barbarities inflicted upon our brave youth at Belle Isle, Andersonville, Salisbury, and Millen—all these enormities illustrated the depravity possible even to a Christian community which adopts and persistently cherishes a monstrous wrong.

All this we should willingly leave to the historian but for the unfortunate development of the same barbarism since the close of the war. The confession of defeat does not prove the annihilation of wrong. The very first attempt made by the Southern Legislatures, assembled under President JOHNSON's provisional governments, was to revive a system of partial slavery by a continuance of the old slave code. That attempt was baffled by the passage of the Civil Rights Bill. Disappointed here, the Southern Legislatures attempted, through the defeat of the Fourteenth Amendment, to retain for the whites of the South the disproportionate representation which slavery had given them, while denying suffrage to the colored race. Here again they were thwarted by the establishment over them of a military government.

Then it was that the Ku-Klux organization sprang into being. The object of this secret society was the accomplishment by intimidation and murder of that which open war first and unjust legislation afterward had failed to secure. The logic of the new order was that of the old "Regulators" under the slave system; it was the argument of the New Orleans riot. It has been only too successful in its operations; its members, in ceremental disguise, wearing sepulchral masks, and courting the aid of darkness, have murdered without stint, and where they have not murdered they have used intimidation. They have been aided by the proscription of Union men, and by the denial of labor to negroes who refused to vote the Democratic ticket. The result of these violent means of exercising political power are plainly evident in the late election returns of the Southern States. But, for all that, the Ku-Klux organization has failed.

Our illustration is engraved from a photograph, representing two members of the Ku-Klux order captured in a recent riot at Huntsville, Alabama. Judge THURLOW and another person were killed in this riot. It is represented that in that vicinity there are over 400 members of this secret society.

One of the most important of the advantages gained for freedom by the election of General

TWO MEMBERS OF THE KU-KLUX KLAN IN THEIR DISGUISES.

Zwei Mitglieder des Ku-Klux-Klan,
in: *Harper's Weekly*, 19. Dezember 1868

Klux-Klan, dieser gefährliche Geheimbund weißer Farmer, überzieht den Süden mit Terror, der sich bevorzugt gegen Schwarze und Unions-Anhänger richtet. Vor allem nachts kommt es zu Exzessen. Männer, eingehüllt in weiße Kutten und spitze Kapuzen, legen Brände, peitschen Menschen aus und veranstalten Fememorde – meist unter dem Zeichen eines brennenden Kreuzes. In Washington wird sofort über eine Gesetzesverschärfung nachgedacht und nach hart durchgreifenden Unionstruppen gerufen. Schurz jedoch schockiert den Senat mit einer ganz entgegengesetzten Meinung. Er fordert nun Geduld mit dem Süden. Die

Zeit werde auch dort wieder geordnete Zustände schaffen, die es nur deshalb bisher nicht gäbe, weil die aus dem Norden importierte Korruption das »Übel« im Süden noch gesteigert habe.

Diesmal jedoch verliert Schurz. Am 20. April 1871 wird der Kampf gegen den Ku-Klux-Klan zum Gesetz. Ein Gesetz, das dem Präsidenten das Recht gibt, über die Distrikte, in denen der Geheimbund besonders wütet, den Belagerungszustand zu verhängen. Carl aber bleibt widerspenstig – trotz dieser Niederlage. Und er verkündet, wie man ihn künftig einzuschätzen habe: »Ich stehe in der Republikanischen Partei als ein unabhängiger Mann.« Mit den Republikanern, fährt er trotzig fort, werde er nicht durch dick und dünn gehen. Er sei ein »liberaler Republikaner«, ein Oppositioneller innerhalb der eigenen Partei, der im Gegensatz zu ihr »für Frieden und Versöhnung« mit den Südstaaten eintrete.

Und nun, am 20. Februar 1872, sagt Schurz es in seiner berühmten Rede noch deutlicher: »Das Knallen mit der Parteipeitsche hat in unseren Tagen seine Macht verloren.«

Kühne Worte sind das und ein Vorgeschmack auf Carls »liberale Bewegung«, mit der er künftig für noch mehr Aufregung sorgen will. Im Senat, aber auch zu Hause. Margarethe Schurz hatte es ja geahnt ...

Es ist eben eine verzwickte Geschichte: Einerseits sonnt sie sich gern in Carls landesweiter Popularität. Andererseits aber leidet sie auch stärker als ihr Mann unter den Angriffen seiner Gegner. An ein sorgloses Familienleben ist unter diesen Umständen noch immer nicht zu denken. Obwohl Carl doch so viel versprochen hatte, nachdem er in den Senat gewählt worden war: »Ich mache mir schon allerlei schöne Pläne, wie wir meine Eltern nächsten Winter, wenn wir ein Haus in Washington haben, auf einige Wochen zu uns kommen lassen. Meine alte Mutter und meinen Vater möchte ich dann gern einmal auf die Galerie des Senats führen und sie auf ihren Sohn in der höchsten Stellung blicken lassen, die ein Fremdgeborener in diesem Lande erreichen kann und die kein Deutscher jemals vor mir erreicht hat.«

Doch dann war manches anders gekommen. Der Lebensmittelpunkt der Familie wurde nicht Washington, er bleibt St. Louis. Ein Ort, der Margarethes Großstadt-Sehnsüchte nicht ganz erfüllen kann. Immerhin ist am 28. Februar 1871 Carl Lincoln Schurz in St. Louis geboren worden. Ein Sohn. Und eine große – private – Freude. Carl Lincolns »öffentlicher« Vater dagegen hat da schon begriffen, dass es für ihn immer schwerer sein würde, sich mit seinen politischen Idealen durchzusetzen. Aber existiert denn das »moralische« Amerika, das er in seinen Reden so oft beschwört, überhaupt noch? Haben sich die Vereinigten Staaten nach dem Bürgerkrieg nicht grundsätzlich gewandelt? Auch in dieser Republik gibt es ja mittlerweile »Könige«: Eisenbahn-Könige, Petroleum-Könige, Stahl-Könige ...

Und der Einfluss von Wirtschaftsgruppen auf die Wahlen und Politiker nimmt immer stärker zu. Gewaltige Aktienpakete werden hin und her geschoben, an der Börse wird so lange spekuliert, bis das Geld nur noch in den Händen einiger weniger Industriemagnaten ist. Rockefeller, Vanderbilt und Carnegie beginnen zu dieser Zeit ihre Wirtschaftsimperien aufzubauen – mit Eisenbahnen, Kohle, Öl, Stahl. Gleichzeitig geschieht aber auch dies: »Als Vanderbilt sich mit Riesenschritten der hundertsten Million näherte, senkte er die Löhne der Zugführer und Schaffner bei fünfzehnstündiger Arbeitszeit von täglich 2,25 Dollar auf zwei Dollar. ... Trotzdem gaben die Lohnempfänger Amerika vor Europa den Vorzug. ... Die Demokratie verlieh ihnen trotz all ihrer Mängel eine gewisse Selbstachtung. Sie fühlten sich nicht mehr zu einer geringen Klasse gehörig. Und dann winkte ja auch Hoffnung. Viele Millionäre hatten als Arbeiter angefangen. ... Der Glaube an den Wettbewerb und die eigene Kraft beherrschte alle Klassen.«

Schurz aber ist im Gegensatz zu vielen anderen deutschen Einwanderern kein Anhänger der Karriere »vom Tellerwäscher zum Millionär«. Dafür denkt er zu »sozial-demokratisch«. Und so, als solle er darin bestätigt werden, mündet 1873 der amerikanische Traum vom unbeschränkten Kapitalismus in eine wirtschaftliche Depression: »Große Bankhäuser gingen in Konkurs, Panik brach in Wallstreet aus, die Börse wurde für acht Tage geschlossen. Aber was die Regierung auch unternahm: Arbeitslosigkeit, immer tiefer sinkende Löhne, ein Bankrott nach dem anderen. ... Eine Art Götterdämmerung senkte sich über die Regierung von Präsident Grant.«

Schwierige, aufregende Jahre sind das. Nicht nur in den USA, auch in Europa. In der französischen Hauptstadt wird die »Pariser Kommune« – der Versuch, einen sozialistischen Staat zu etablieren – blutig niedergeschlagen. In Versailles, nur ein paar Kilometer entfernt, darf sich der preußische König Wilhelm I. zum deutschen Kaiser »von Gottes Gnaden« ausrufen lassen. Bismarcks Vision eines Deutschen Reiches ist damit Wirklichkeit geworden. In England dagegen schockt Darwin mit seiner Theorie, dass der Mensch kein Geschöpf Gottes, sondern nur eine Laune der Natur sei.

Die europäische Großindustrie wächst rasant. Gleichzeitig fallen die Ideen von Marx, Engels und Lassalle auf fruchtbaren Boden. Schon gibt es erste Streiks und Arbeiter fordern singend: »Wacht auf, Verdammte dieser Erde!« In den USA ist der Sozialismus noch so gut wie unbekannt. Jeder ist hier selber seines Glückes Schmied – und dabei sind ihm fast alle Mittel erlaubt. Schurz weiß, warum viele Senatoren über Nacht reich werden: durch die Bestechungsgelder, die von der New Yorker Wall Street direkt in ihre Taschen nach Washington fließen.

Obwohl Carls »Liberale Republikaner« mit dem Verleger Horace Greeley, dem Gründer des *New Yorker* und der *New York Tribune*, einen Gegenkandidaten aufgestellt haben, wird Grant wieder zum Präsidenten gewählt. Und jetzt wächst die Korruption ungebremst. Grant persönlich, sein Vizepräsident und andere führende Köpfe der Republikaner sind darin verstrickt. Die wirtschaftliche Depression schlittert nun auch noch in eine Inflation, die sich verstärkt, als zusätzlich 26 Millionen Dollar in Papiergeld gedruckt werden.

Die Kassandra-Rufe von Senator Schurz finden kein Echo mehr. Sogar bei seinen »Liberalen« hat sich der Bazillus Korruption eingenistet. In einem Zeitungsartikel erklärt Schurz, dass er von solchen Entwicklungen in der amerikanischen Politik angewidert sei. Der Senator aus Missouri kommt ins Grübeln: Soll er Abschied nehmen von der Politik? Sich zurückziehen ins Privatleben, historische Bücher schreiben, wieder mehr lesen, geistvolle Freunde um sich sammeln und endlich mehr Zeit für die Familie haben? Stundenlang sitzt er jetzt manchmal am Klavier, improvisiert und denkt über einen »Ruhestand« nach – mit knapp über vierzig Jahren ...

In der Presse gibt es einen Menschen, der das Bild dieses nachdenklichen Mannes benutzt, um ihn damit lächerlich zu machen. Thomas Nast heißt er, ein Deutschamerikaner aus Landau in der Pfalz. Er ist der Karikaturist, der Carls Gegner mit solch bösen Zeichnungen bedient: Schurz am Piano, vor sich ein Notenblatt mit dem Lied-Titel »Mein Herz ist am Rhein«. Dahinter steht »Uncle Sam«, der Carl auf die Schulter klopft und sagt: »Fremder, kein Gesetz in diesem Land zwingt dich, hier zu bleiben!«

Der Mann mit den Reisetaschen,
Karikatur von Thomas Nast in *Harper's Weekly*, 1872

Carl ist so wütend, dass er dem Karikaturisten Prügel androht. Der antwortet mit einem neuen gehässigen Cartoon: Schurz trägt als politischer Abenteurer die Probleme der Südstaaten vor sich her. Die Probleme der Nordstaaten – in einem Reisesack auf dem Rücken – ignoriert er.

Im Januar 1875 redet Schurz zum letzten Mal im Senat. In Missouri haben die Demokraten gewonnen. Damit ist Carls Karriere als republikanischer Senator beendet. Seine »Liberalen Republikaner«, die sich als moralische Bewegung innerhalb der Partei gesehen hatten, beginnen sich aufzulösen. Einige bewegen sich zurück in die Stammpartei, andere schließen sich den Demokraten an. Schurz jedoch lässt sich dadurch nicht erschüttern. Sein alter Kampfgeist funktioniert plötzlich wieder – auch im Hinblick auf die Präsidentschaftswahlen im nächsten Jahr. An einen Freund schreibt er: »Ich fühle mich zu der Hoffnung berechtigt, dass das Jahr 1876 Gelegenheit für eine Bewegung bieten wird, wie es die von 1872 hätte sein sollen.«

Carl Schurz und Julius Stockhausen

Ja, dieses Jahr 1876 – ein schwieriges, schreckliches, politisch aber überraschendes Jahr wird es werden! Doch jetzt, im späten Frühjahr 1875, fahren Carl und Margarethe Schurz erst einmal wieder für mehrere Monate nach Europa. Das wird eine glückliche Zeit. Und so wie man glaubt, dass es nach vielen Sonnentagen nie wieder regnen könnte, so schien auch die Sorglosigkeit dieser Wochen im »Haus Forsteck« an der Kieler Förde niemals zu enden.

Heinrich Adolph Meyer, Margarethes ältester Bruder, und seine Frau Marie hatten sich hier einen komfortablen Landsitz errichten lassen, der zum Treffpunkt von Wissenschaftlern, Politikern, Schriftstellern und Künstlern geworden war. Margarethe und Carl, die Gäste aus Amerika, passen vorzüglich in diese Runde. Schurz, der ehemalige politische Flüchtling, ist zu einer Brücke zwischen der Alten und der Neuen Welt geworden. Margarethe trifft im »Haus Forsteck« ihre Freundinnen von der Hamburger Frauenhochschule wieder, während Carl mit seinem Schwager, dem Sänger Julius Stockhausen, auf die Jagd geht. Oder er diskutiert mit Klaus Groth, dem plattdeutschen Heimatdichter, über den Unterschied von Demokratie und Monarchie. Groth ist Kaiser-Wilhelm-Fan und so populär, dass ein in Kiel gebauter Dampfer mit seinem Namen vom Stapel laufen darf. An der Jungfernfahrt der »Klaus Groth« im Juni nehmen auch Margarethe und die Komponistin und Pianistin Clara Schumann, die zum engen Freundeskreis der Meyers gehört, teil. Diesen Tag genießt Carls Frau ganz besonders. Obwohl sie sich von ihrer letzten Schwangerschaft lange nicht erholen konnte, erwartet sie ihr fünftes Kind.

Diese Sommertage an der Kieler Förde vergehen so sorglos wie einst die Wochen in Montreux. Amerika ist weit weg – bis von dort die ersten Hilferufe eintreffen. In den Briefen steht, dass die Republikaner Schurz für den Gouverneurswahlkampf in Ohio brauchen: »Die Waffe, die uns zum Siege verhelfen kann, sind die Stimmen der Deutschen. Und diese halten Sie, Carl, in Händen. Sie müssen zeitig genug zurückkommen, um gerade noch vor Torschluss den Streich zu führen mit all dem Prestige des Ihnen eben in Deutschland bereiteten Empfanges.«

Schon Mitte September ist Schurz wieder in den USA und wirbt für Rutherford B. Hayes. Hayes gewinnt knapp den Gouverneursposten in Ohio. Sein Sieg, erklärt der Vorsitzende des Republikanischen Wahlkomitees, sei zum großen Teil Carl Schurz zuzuschreiben. Viel Lob ist

Carl Schurz, Fotografie, ca. 1875

das. Nur Geld gibt es für Carls Bemühungen nicht. »Ich fühle mich durch den Erfolg reichlich belohnt«, behauptet er, bevor er als Vortragsreisender wieder durch die Staaten tingeln muss, um den Unterhalt für die Familie zu sichern.

Politisch fühlt sich Schurz inzwischen zu den »Unabhängigen« hingezogen. Das ist eine Gruppe einflussreicher, meist intellektueller Amerikaner, die verhindern will, »dass der kommende Präsidenten-Wahlkampf, der in das Jahr des hundertjährigen Bestehens der Republik fällt, nicht zu einer bloßen Rauferei um die politische Beute wird«.

MONEE/ILLINOIS, 17. FEBRUAR 1876 – WASHINGTON, FRÜHJAHR 1878

Und dann plötzlich diese Stille. Eben hat Schurz noch vor hunderten von Menschen geredet, laut und überzeugend – aber jetzt kann er nur noch schweigen.

Die Vergangenheit holt ihn ein. Er sieht sich wieder als Kind in Liblar. Masern hat der Junge und der Vater sitzt an seinem Bett und liest ihm die »Räuber« vor. Carl mit seiner üppigen Phantasie kriecht förmlich hinein in Schillers Drama, ist einer der Räuber um Karl Moor, der gegen Fürstenwillkür und für die Freiheit kämpft. Wunderbar konnte er vorlesen, Carls Vater – und jetzt ist er tot, der »gute Alte«. Gestorben am 17. Februar 1876 in Monee im Staate Illinois nur wenige Wochen nach seinem neunundsiebzigsten Geburtstag. In einem Alter, das den Gedanken an das Sterben zulässt.

Was war das für eine lange Lebensreise von Liblar am Rhein bis in den Mittleren Westen von Nordamerika! Carls Vater, zuerst ein elend bezahlter Dorfschullehrer, dann ein unglücklicher, später bankrotter Eisenwarenhändler. Alles wollte er seinem begabten Sohn geben, alles was er konnte. Eine gute Ausbildung, obwohl dafür kaum Geld vorhanden war – und vielleicht noch wichtiger: die Ermutigung zu selbständigem Denken und Handeln.

Vater, Mutter und auch die Geschwister sind Schurz später nach Amerika gefolgt, wo sich Carls Vater dann seine eigene, kleine Welt errichten durfte: »Weißhaarig, mit blauen Augen, war er still zwischen seinen Blumen und Vögeln umhergegangen, hatte in seinem winzigen, chemischen Laboratorium hantiert und, mit Morgenrock und Käppchen angetan, in seinem Gärtchen oder auf der Veranda gesessen, hatte seine Meerschaumpfeife geschmaucht und des erhöhten Sohnes Ruhm beträumt – eine Spitzwegfigur.«

Und wieder liest Schurz die Briefe, die ihm sein Vater in den letzten Jahren geschrieben hat. Auch den Brief, in dem er berichtet, wie er für den Sohn Wahlkampf gemacht hat: »Eines Abends hielt ein Amerikaner hier eine Rede, und es war kein Deutscher da. Ich ging auf die Bühne und hielt eine Rede mit dem größten Beifall. Es wurde mir ein Ständchen gebracht. Unsere Freunde sagten, sie hätten in der größten Angst dagestanden und wären bange gewesen, ich sollte stecken bleiben. Mama weinte und meinte, ich würde nicht lange mehr leben. Aber es ging alles gut.«

Carls Trauer um den Vater ist groß. Doch es gibt Hoffnung auf ein neues Leben. Am 5. März bringt Margarethe in St. Louis den Sohn Herbert zur Welt. Freude! Obwohl es diesmal eine besonders schwere Geburt gewesen ist, Margarethe will und will sich nicht erholen – und stirbt am 15. März, erst vierzig Jahre alt. Fassungslosigkeit.

Schurz ist verzweifelt. Vor der Zukunft hängt jetzt ein dunkler Vorhang. Nur die Vergangenheit zählt noch: Margarethe, wie sie ausgelassen auf dem Vorderdeck tanzt, während die »City of London« den Hafen von New York ansteuert. Wie der Wind mit ihren vollen, glänzenden, schwarzen Haaren spielt ... Margarethe in Watertown. Inmitten vieler Kinder, eigener und fremder, in dem zum »Kindergarten« umgebauten Schuppen von Carls Eltern. Der erste Kindergarten in den Vereinigten Staaten, von Margarethe gegründet ...

»Die Frau seiner Jugend zu verlieren«, klagt Schurz, »ist eine Beraubung ungleich jeder anderen. Man verliert damit das Beste seines Lebens.«

Bis zum Morgengrauen sitzt Carl am Klavier und sucht einen Trost in der Musik von Schumann und Chopin. Agathe und Marianne, die älteren Töchter, sorgen sich um den Vater, versorgen das Neugeborene und den fünfjährigen Carl Lincoln. Wie glücklich war diese Familie doch bis vor kurzem und wie außergewöhnlich war Carls Ehe mit seiner »herzensliebsten Margarethe«. Trotz der vielen Abschiede, die der Krieg und Carls politisches Engagement mit sich gebracht hatten.

»O, wenn ich Dir erzählen würde«, hat Margarethe einmal an eine Freundin geschrieben, »wie diese ersten Trennungen nach einem Jahr des ruhigen Glücks mit ein paar Tagen der Trennung anfingen, wie dann allmählich oft Wochen daraus wurden, und dann Monate! Ich litt jedes Mal so unbeschreiblich ... Die Trennungen sind sehr schwer, aber das Wiedersehen ist auch so himmlisch schön, dass die größten Schmerzen darüber bald vergessen sind.«

Carl findet keinen Weg aus seiner Trauer, als ahne er schon, dass er ein paar Monate später auch seine Mutter verlieren würde: Marianne Schurz, die ihrem Sohn die schönsten Briefe geschrieben hatte:

»Lieber Carl«, schrieb sie 1844 aus Liblar an den fünfzehnjährigen Schüler in Köln, »mache uns doch Freude, lass es dein ganzes Bestreben sein, dich, und uns alle glücklich zu machen. Es hängt nur von deinem Fleiße und guter Aufführung ab, Talent hast du ...«

Erst Ende April 1876 gelingt es Freunden, Schurz aus seiner Apathie zu locken. Sie brauchen ihn für einen Aufruf der »Unabhängigen«, der im Mai in New York verabschiedet werden soll. Dazu trifft sich die geistige Elite der USA im »Fifth Avenue Hotel«. Darunter Professoren, Schriftsteller, Geistliche, Journalisten und Anwälte. In ihrem Aufruf geht es um die moralische Erneuerung der amerikanischen Politik, die künftig sowohl für die Republikanische als auch die Demokratische Partei eine ethische Grundlage sein soll. Zweihundert Männer haben sich in New York versammelt – und Schurz wird einer ihrer führenden Köpfe. Dieses Engagement ist seine Therapie gegen die Trauer. Auch wenn er über Margarethes Verlust nie hinwegkommen wird.

Schurz redet, überzeugt, schüttelt Hände, spricht mit vielen Deutsch-Amerikanern. Am längsten spricht er mit einem alten Freund, den er nach vielen Jahren hier wieder sieht: mit Dr. Abraham Jacobi, dem gefragten New Yorker Kinderarzt, der wie Carl in Bonn Student war, der wie er an der Revolution von 1848/49 teilgenommen hat und der trotzdem später an die Berliner Universität berufen wurde. Schurz: »Seine Freundschaft habe ich beständig genossen und immer höher schätzen gelernt.«

Jacobi wird von nun an Carls bester und hilfreichster Freund sein. Andere dagegen werden Schurz die Freundschaft aufkündigen. Denn Carl, so meinen viele der »Unabhängigen«, werfe sich jetzt doch wieder der regulären Republikanischen Partei an den Hals, weil er sich entschlossen hat, ihren am 14. Juni in Cincinnati nominierten Präsidentschafts-Kandidaten Hayes zu unterstützen. Es ist der gleiche Hayes, für den Schurz schon bei den Gouverneurswahlen in Ohio um Stimmen geworben hatte. Von Hayes erhofft er sich in Washington die dringend notwendige Verwaltungsreform.

Rutherford B. Hayes wird der 19. Präsident der Vereinigten Staaten. Aber obwohl man einander inzwischen schätzt, buhlt Carl um keinen Regierungsposten. »Wenn Sie siegen«, hat er bereits vor der Wahl an Hayes geschrieben, »werden Sie mich nicht unter denen finden, die um ein Amt oder eine Gefälligkeit bitten. Ich habe lange genug öffentliche Ämter bekleidet, um deutlich zu sehen, wie wertlos sie als Faktor menschlichen Glückes sind. Besonders seit der schweren Heimsuchung im vorigen Jahr habe ich in dieser Beziehung ganz und gar keinen Ehrgeiz mehr.«

Hayes jedoch antwortet: »Ich halte es für angemessen, Ihnen zu sagen, dass ich schon lange den Wunsch hege, Sie im Falle der Bestätigung meiner Wahl zu bitten, in das Kabinett einzutreten. Am liebsten sähe ich Sie im Ministerium des Innern.«

Da kann Schurz nicht widerstehen: Er wird Innenminister und damit der erste deutsche Einwanderer in dieser hohen Position. Sein Ministerium jedoch ist nicht viel mehr als ein »Gemischtwarenladen«, den er jetzt erst einmal in den Griff bekommen muss. Für was ist Schurz nicht alles zuständig: für Patente und Pensionen, Nationalparks, die öffentlichen Gebäude in Washington, für Erziehung, Asyle, Krankenhäuser, die Heuschreckenplage in den Rocky Mountains und für die Indianer in den Reservaten. Die Indianer sind ein besonders brisantes Problem. Vor einem Jahr nämlich, am 25. Juni, hatten die Sioux unter ihren Häuptlingen Crazy Horse und Sitting Bull General George A. Custers US-Kavallerie in einen Hinterhalt am Little Big Horn River gelockt und völlig vernichtet. Ein schreckliches Erbe für Schurz. Auch weil viele weiße Amerikaner seit diesem Zwischenfall wieder verstärkt der Meinung sind: Nur ein toter Indianer ist ein guter Indianer ...

Noch mehr aber brennt Carl im Augenblick die von ihm so lange geforderte Verwaltungsreform unter den Nägeln. Als Innenminister kann er nun endlich damit loslegen – und gleich mit »eisernem Besen«. Carls Gegner hatten es ja längst gewusst: Dieser Schurz würde polarisieren. Und selbst der Präsident hatte vor der Wahl besorgt bei Carl anfragen lassen: »Ist zu befürchten, dass Sie als Mitglied des Kabinetts ein störendes Element sein werden?«

Dummme Frage: Natürlich wird Carl Schurz ein »störender« Innenminister werden – und trotzdem für die Amerikaner unvergesslich bleiben. Von Zeit zu Zeit braucht eine Demokratie eben solche moralischen »Störenfriede« – wenn sie nicht erstarren will.

NEW YORK, 1. MÄRZ 1899

Auch der Geruch hat sich verändert. Mehr Schmieröl, Ruß und Rost hängen heute in der Luft. Vermischt mit dem salzigen Duft, der vom Atlantik in den New Yorker Hafen weht. Ganz langsam war Schurz am frühen Nachmittag den Broadway hinuntergegangen. Jetzt steht er am Quai und beobachtet, wie sich die Möwen um die Fischreste balgen, die in der trüben Brühe treiben.

Jahrzehnte ist das nun her, als er hier mit Margarethe aus Europa angekommen war. Und morgen wird er in New York seinen siebzigsten Geburtstag feiern. Ohne Margarethe.

Dunst liegt über dem Wasser. Von der Freiheitsstatue auf Liberty Island sind nur die Umrisse zu erkennen. Hunderte von Dampffähren durchkreuzen inzwischen die Bucht, und ihre Sirenen klagen aus allen Richtungen. Tausende Passagiere werden hier von Ufer zu Ufer befördert. Über drei Millionen Menschen leben mittlerweile in New York.

Schurz schlendert hinüber zum Battery Park. Einst standen an diesem Ort drohend Geschütze, um die Küste zu verteidigen. Ein Blickfang bis heute – das Rundgebäude von Castle Garden. Was hat sich darin nicht alles ereignet! Jenny Lind, die »schwedische Nachtigall«, sang vor 6000 Menschen. Da gab es in dem Haus noch einen Konzertsaal. Doch dann, ab 1855, wurden hier die Einwanderer registriert. Und nun ist Castle Garden zu einem Aquarium umgebaut worden. New York verändert sich rasend schnell. Mit Hochbahnen, die sich durch Straßenschluchten schlängeln, und Häusern, die sich bald bis zu achtzig Meter in den Himmel strecken. Und doch ist Schurz die Stadt, in der bitterste Armut und größter Reichtum aufeinanderprallen, noch immer vertraut. Jetzt ist es »seine« Stadt. In der 58. Straße hat er sich mit seinen erwachsenen Kin-

New York, Hochbahn, Fotografie, ca. 1895

dern häuslich eingerichtet, mit einer sentimentalen Geste: Über der Tür zum Speisezimmer hängt eine Stickerei mit der Aufforderung: »Hier wird deutsch gesprochen!« Und dafür gibt es in der Millionenstadt auch genug Gelegenheit.

Obwohl New York typisch amerikanisch wirkt, sind die deutschen Einwanderer, die sich hier angesiedelt haben, nicht völlig darin aufgegangen. Ebenso wie die Iren, Italiener oder Chinesen haben sie Sprache und Kultur der alten Heimat bewahrt. Das »Deutsche Theater« spielt deutsche Klassiker – natürlich auf Deutsch. In der Metropolitan Opera werden bevorzugt Wagner-Opern inszeniert. Und der deutsche »Liederkranz« sorgt sich rührend um das deutsche Sangesgut. Heimatgefühle sollen so wach gehalten werden. Selbst wenn da beim Singen der »Loreley« so manche Träne fließt:

»Ich weiß nicht, was soll es bedeuten,
Dass ich so traurig bin.
Ein Märchen aus alten Zeiten,
Das kommt mir nicht aus dem Sinn.
Die Luft ist kühl und es dunkelt,
Und ruhig fließt der Rhein.
Der Gipfel des Berges funkelt
Im Abendsonnenschein ...«

Ja, auch der Dichter Heinrich Heine ist in New York keineswegs vergessen. Im Gegenteil. Schurz und viele seiner Freunde haben für ein Heine-Denkmal gesammelt. Hier ein wenig Geld aus deutschen Emigranten-Ecken, da ein paar Dollars von den Yankees. Und nun ist es so weit: Die multikulturelle Stadt am Hudson erhält ihr Heine-Denkmal. Heine in New York – wer hätte das gedacht! Obwohl der in Deutschland oft misstrauisch beäugte, jüdische Wahlfranzose durchaus mit dem Gedanken an Auswanderung in die Neue Welt gespielt hatte:

»Manchmal kommt mir in den Sinn
Nach Amerika zu segeln,
Nach dem großen Freiheitsstall,
Der bewohnt von Gleichheitsflegeln ...«

Noch immer steht Schurz am Hafen. Siebenundvierzig Jahre ist das nun her, seit er hier seinen Fuß zum ersten Mal auf amerikanischen Boden gesetzt hat – und morgen wird sein siebzigster Geburtstag in den meisten amerikanischen Zeitungen gewürdigt werden. Mehrere Bankette wird er über sich ergehen lassen. Zuerst das große Fest im »Delmonico's«, dem prächtigsten Restaurant der Stadt. Zum Schluss der deutsche »Liederkranz«, der natürlich eine Dankesrede von dem Jubilar erwartet. Aber was soll er sagen?

»Meine Freunde ... Die notwendige Amerikanisierung schließt keineswegs ein, dass der Eingewanderte die guten und wünschenswerten Eigenschaften, Denkarten und Sitten, die er von der alten Heimat mitgebracht hat, in der neuen baldigst abwerfen soll. Im Gegenteil, er würde damit seiner neuen Heimat etwas Wertvolles entziehen ...«

Ja, so könnte Schurz seine Deutschamerikaner erbauen. Aber vielleicht sollte er ihnen auch ein wenig ins Gewissen reden. Sie davor warnen, sich vom neuerdings übertriebenen Nationalstolz in der alten Heimat anstecken zu lassen. Denn das Gefasele vom »Pangermanismus«, dieser dubiosen Idee vom Zusammenschluss aller germanischen Völker, ist Schurz höchst zuwider. Wie auch das Denkmal, das der alte Kaiser Wilhelm 1883 bei Rüdesheim eingeweiht hatte: die »Germania«, das martialische Weib, über zwölf Meter hoch, mit einem Schwert von sieben Metern Länge in der Hand. Es ist das Symbol eines gefährlichen Missverständnisses. Und hat nichts mit dem nationalen Geist zu tun, für den er und Kinkel gekämpft hatten. Da bleibt Schurz lieber ein überzeugter Amerikaner: »Trotz ein paar trüben Erfahrungen in diesem Land begeistert mich immer aufs Neue diese junge, aufstrebende Welt.«

Und nun wird sie ihn sogar feiern, diese junge, inzwischen mächtig gewordene Welt der Vereinigten Staaten, der er so viel verdankt. Der er aber auch so viel gegeben hat. Er liebt es ja, gefeiert zu werden und freut sich in Wahrheit auf seine 373 illustren Gäste, die angesehensten Bürger der USA, morgen im »Delmonico's«. Ein opulentes Mahl soll es geben – obwohl der Jubilar eher die einfache, deftige Küche bevorzugt.

Und dann die Reden. Nur freundliche Worte wird Schurz zu hören bekommen. Schon fast ein Wunder, weil ihn manche der Anwesenden doch oft geärgert haben. Aber auch er ist ja mit ihnen nicht immer zimperlich umgegangen. Da muss er sich bloß an den explosiven Beginn seiner Zeit als Innenminister erinnern. Mitte 1877 ist das gewesen, in Washington. Er war bereit, den Korruptionssumpf der Ämterverteilung trockenzulegen – nach seinen moralischen Vorstellungen, und ahnte schon, wie schwierig das werden würde: »Man kann nur dann seine Pflicht ganz erfüllen, wenn man sie um ihrer selbst willen tut. Ich laufe dabei freilich immer Gefahr, meine Freunde, denen mein Erfolg am Herzen liegt, zu enttäuschen. Aber das lässt sich nun einmal, wie mir scheint, nicht vermeiden.«

Dann hatte er die Beamten seines Ministeriums zusammenrufen lassen und ihnen erklärt, wie das hier in Zukunft zu laufen habe: »Meine Herren, ich wünsche Ihnen zu sagen, dass ich dieses Ministerium nach Geschäftsprinzipien zu führen beabsichtige.«

Das war seine »Kriegserklärung«: Kein Beamter, hieß das, sollte künftig noch auf Beziehungen bauen dürfen. Jetzt zählte nur die Befähigung, die Schurz durch einen »Eignungstest« feststellen ließ. Das war die völlige Entpolitisierung der Beamtenschaft. Washingtons »Beutesystem« wankte, aber die Beute-Jäger gaben so schnell nicht auf und warfen Schurz vor: Er würde der amerikanischen Demokratie die preußische Bürokratie aufzwingen. Schließlich komme er ja aus Preußen ...

Der Innenminister blieb ungerührt und wandte sich seiner korruptesten Abteilung, dem »Indian Bureau«, zu. Dieses »Indian Bureau« war für den Schutz und die finanzielle Versorgung in den Indianer-Reservaten zuständig. So stand es auf dem Papier. Die Prüfungen aber, die Schurz dort vornehmen ließ, deckten die schlimmsten organisierten

Sitzung des Kabinetts von US-Präsident Rutherford B. Hayes,
Dritter von links: Innenminister Carl Schurz,
zeitgenössische Illustration, ca. 1880

Bestechungen auf. Gelder der Regierung, die in die Taschen von betrügerischen Agenten und deren Mittelsleuten flossen. Im Schlussbericht der Untersuchungskommission wurde den Verantwortlichen »Habgier und die nackte Unfähigkeit« attestiert.

Und Carls »großes Reinemachen« im Innenministerium ging weiter. Vor allem die Probleme in den Indianer-Reservaten versuchte er zu lösen. Er bemühte sich, die Indianer sesshaft zu machen, sie für Viehzucht und Ackerbau zu begeistern, um so, wie er glaubte, ihre Kriegs- und Jagdgelüste dämpfen zu können. Für die Indianerkinder hatte er den Bau von Schulen angeregt, um sie in die »Zivilisation« einzubinden, gleichberechtigt mit weißen und scharzen Mitbürgern. Heute aber weiß er, dass er damit vielen Indianern eine Lebensweise aufzwingen wollte, die nicht zu ihrer Sehnsucht nach Ungebundenheit passt.

Er fröstelt. Plötzlich spürt er die Kühle am Hafen, die vom Meer in die Stadt kriecht. Vielleicht war es doch keine so gute Idee, einen Tag vor seinem siebzigsten Geburtstag hier spazieren zu gehen. Oder wird man im Alter empfindlicher gegen Kälte? Er reibt die klammen Hände aneinander und beschließt, sich auf den Heimweg zu machen. Am besten, er nimmt die Straßenbahn ...

Immerhin – er hatte sich damals um die Indianer gekümmert und gesorgt. Und im Kongress hatte man ihn dafür sogar gelobt. Bis es zu diesem tragischen Missgeschick kam, dessen Ursache schon in der Amtszeit seines Vorgängers gelegen hatte.

Was war damals passiert? Die Black Mountains sollten für die Goldsucher erschlossen werden. Und dafür war eine Grenzregulierung mit den kriegerischen Sioux-Indianern nötig. Die Regulierung kam zwar zustande – doch vergessen wurde dabei der dort ebenfalls lebende kleine Stamm der friedlichen Poncas.

Um diesen Fehler zu korrigieren – aber auch ein wenig aus Angst vor den Sioux – war den Poncas von Carls Vorgänger ein anderes Reservat weiter nördlich zugewiesen worden. Ihre Übersiedlung jedoch wurde zur Qual, zu einem wahren Leidenszug mit vielen Toten, der längst im Gange war, als Schurz sein Amt als Innenminister antrat. Deshalb erfuhr er von dem Schicksal der Poncas, die in der neuen Heimat durch Malaria und Fieber weiter dezimiert wurden, erst im Herbst 1877, als eine Abordnung des Stammes zu ihm nach Washington kam. Schurz war erschüttert und handelte sofort. Es gelang ihm, einen besseren Platz für die Poncas am Arkansas River zu finden. Wo sie sich dann auch, wie er später persönlich feststellen konnte, tatsächlich wohl fühlten.

Und so hätte doch noch alles glücklich enden können, wäre da nicht Poncas-Häuptling »Stehender Bär« eines Tages aus Sehnsucht nach der alten Heimat zu den Black Mountains aufgebrochen. Schon nach kurzem Marsch wurde er von Unionssoldaten gestoppt, eingesperrt, aber durch einen Gerichtsbeschluss gleich wieder freigelassen. Noch immer also kein Grund für Aufregung.

Nun jedoch kommt die Indianer-Romantik ins Spiel, die auch in den USA zu dieser Zeit gerade üppig zu blühen begann. Und ihr verdankte ein früherer Indianer-Agent und Journalist namens Thomas H. Tibbles die Idee seines Lebens: Warum nicht eine Show aus dem Poncas-Drama basteln? Eine Show, mit der man sogar auf Tournee gehen kann? In den Hauptrollen Häuptling »Stehender Bär«, das attraktive Indianermädchen »Funkel-Äuglein« und als »Bösewicht« – leider in Abwesenheit – der »brutale« Innenminister Schurz, der »Indianerfresser«, der laut Tibbles am Schicksal der armen Poncas schuld gewesen sei.

Aus der Show von Tibbles wurde Ernst und ein Riesenerfolg. Halb Amerika solidarisierte sich mit den Poncas und gegen Schurz. Er protestierte. Doch es half nichts: Er blieb der Schurke, weil man sich damals nach einem Schurken sehnte. Tibbles dagegen hatte es gut. Er heiratete »Funkel-Äuglein« und – Happy End?

Schurz weiß es an diesem Märztag 1899 noch immer nicht: Soll er im Nachhinein über diese Geschichte wütend sein – oder lachen? Wahrscheinlich lachen. Auch weil es inzwischen so viele Anlässe gibt, über die man nur noch wütend sein kann. Da ist zum Beispiel der wachsende amerikanische Imperialismus unter dem republikanischen Präsidenten William McKinley, der Schurz immer mehr ärgert. Diese Großmachtpolitik, die durch den Frieden von Paris vor wenigen Wochen noch gefördert worden ist. Denn die USA hatten sich nach dem Sieg über Spanien einfach Puerto Rico einverleiben können. Spanien muss sich außerdem aus Kuba und den Philippinen zurückziehen. Die gerade nach Unabhängigkeit dürstenden Filipinos könnten so unter die Herrschaft der USA gezwungen werden …

Schurz hat in der Universität von Chicago kräftig dagegen gewettert. Und selbst Andrew Carnegie, der milliardenschwere »Stahlkönig«, war davon begeistert. »Sie haben Hirn und ich habe Dollars«, hat er nach der Rede zu Schurz gesagt. »Ich kann einige von meinen Dollars ausgeben, Ihrem Hirn Gehör zu verschaffen.« Anschließend hatte er Carls Rede drucken und landesweit in tausenden von Exemplaren verteilen lassen.

Schon über eine halbe Stunde ist Schurz nun den Broadway wieder zurückgelaufen. So vieles ist ihm dabei durch den Kopf gegangen, dass er seine müden Füße kaum gespürt hat. Doch als jetzt eine Straßenbahn unmittelbar neben ihm hält, ergreift er die Chance und steigt ein. Herrlich, sich endlich setzen zu können, und noch besser wäre es, mit dieser Straßenbahn gleich bis zu seinem kleinen Holzhaus am Lake George fahren zu können! Immer weiter nach Norden, am Hudson entlang bis zu den Adirondack Mountains hoch. Wie sehnt er sich plötzlich nach der Stille und der klaren Luft am Lake George auf dem Landsitz seines Freundes Abraham Jacobi, der ihm dort vor Jahren einen kleinen Bauplatz geschenkt hatte. Vor allem zwischen Mai und Oktober streift er

Carl Schurz am Lake George

mit dem Freund durch die Wälder und genießt die Natur. Schurz, der immer Dackel und Schäferhund dabei hat, summt dann beim Wandern vor sich hin – Melodien aus »Tannhäuser« oder »Lohengrin«.

Abraham Jacobi wird später erzählen, wie Schurz das Leben dort geliebt hat: »Der Sternenhimmel machte ihn beredt. Der Lake George gab ihm täglich neues Entzücken, die Pfade im Wald trugen Namen seiner Erfindung. Bevorzugte Bäume und Sträucher wurden mit Ehrennamen belegt: George Washington, Vater Abraham.«

Aber der Wald und Schurz – das war auch eine politische Beziehung. 1878 hatte Carl als Innenminister angeordnet, dass gerodete Wälder sofort aufgeforstet werden müssen. Der Protest der Holz-Gesellschaften war prompt gekommen: Da habe dieser »Preuße« Schurz das freie Amerika doch wieder einmal überhaupt nicht verstanden! Gehöre denn zu dieser Freiheit nicht auch, dass man den Baumbestand freiweg dezimieren könne? Immerhin hatte Schurz erreicht, dass künftig Holzinspektoren gegen den Raubbau vorgehen.

Am 8. März 1881 endete seine Amtszeit. Präsident Hayes, der Carls Reform-Ideen meist unterstützt hatte, wollte nicht wieder für das

Weiße Haus kandidieren. Sein Nachfolger wollte einen anderen Innenminister haben.

Schurz war nun dreiundfünfzig Jahre alt und »doctor honoris causa« der Harvard-Universität. Andere akademische Ehrungen sollten folgen. Aber reich kann man damit nicht werden. Geld zu scheffeln, das war nicht Carls Sache. Und wenn er sich dann doch mal an Spekulationen gewagt hatte, war er immer auf die Nase gefallen. Besonders typisch für seine Naivität in finanziellen Fragen ist ein Erlebnis an der Frankfurter Börse. Das war bereits 1868, als Margarethe in Wiesbaden kurte. Der amerikanische Präsident Johnson befand sich damals gerade in einer so schweren Krise, dass politische Unruhen in den USA nicht mehr ausgeschlossen wurden. Schurz jedoch beruhigte die Frankfurter Börsianer. Und schon schossen die bis dahin schwachen US-Aktien in die Höhe. Ein Börsianer sah ihn ironisch lächelnd an: »Na, Sie werden wohl auch nie ein reicher Mann?«

Schurz verwundert: »Warum nicht?«

»Weil Sie eine gute Gelegenheit verpasst haben. Wenn Sie mir vor Ihrer kleinen Ansprache einen Wink gegeben hätten – wir beide hätten ein hübsches Sümmchen verdienen können ...«

Geld und Moral, das ging für Schurz nie zusammen. Eher schon Moral und Politik. Nach seinem Abschied als Innenminister ahnte er nicht, dass er mit seiner Moral nie wieder ein politisches Amt bekleiden würde. Was ihn aber keineswegs davon abhielt, immer wieder Unruhe in der amerikanischen Politik zu stiften. Er pflegte seine Freunde, und er pflegte seine Feinde. Das Wort »Freund« ging ihm allerdings schnell über die Lippen. Freundschaften waren für ihn oft auch Zweckbündnisse. Wahre Freunde, die sein Leben geprägt oder begleitet haben, sind wohl nur diese drei gewesen: Jacobi, der enge Freund der letzten Jahrzehnte, Lincoln, der bewunderte, väterliche Freund, und natürlich Kinkel, Carls Lehrer und Mitrevolutionär.

Am 13. November 1882 war Gottfried Kinkel in Zürich gestorben. »Nachdem wir in den stürmischen jungen Tagen manche Gefahr und Not miteinander überstanden«, schrieb Schurz an Kinkels zweite Frau, »hat uns das Schicksal Tausende von Meilen weit auseinander gerissen.« Eine Entfremdung, die Carl nicht daran hinderte, sich mit der gemeinsamen, revolutionären Vergangenheit zu beschäftigen. In der New Yorker *Evening Post*, die er in einem Triumvirat mit den bekannten Journalisten Edwin L. Godkin und Horace White als Chefredakteur betreute, erinnerte er unter dem Titel »Politische Romanze von 1848« noch einmal an die aufregende Zeit mit Kinkel.

Der Journalismus sollte von nun an Carls Hauptbetätigungsfeld werden. Nach zwei Jahren bei der *Evening Post* und einem kurzen Gastspiel bei der deutschen Schifffahrtsgesellschaft HAPAG schrieb er regelmäßig bis 1898 für *Harper's Weekly* seine Leitartikel: »Eine ideale Beschäftigung für einen in den Ruhestand getretenen politischen Redner und Staatsmann, der noch den Wunsch in sich fühlte, die Politik seiner späteren Jahre zu formen.«

In seiner Kolumne kämpfte er weiter für die Verwaltungsreform und gegen ein militärisch auftrumpfendes Amerika. Direkten politischen Einfluss jedoch hatte Schurz nun nicht mehr. Was viele begrüßten. Seinen indirekten Einfluss auf die Politik hatten sie aber unterschätzt: Seine journalistischen Attacken, sein Gewicht in Komitees, seine glänzenden Reden, sie alle haben für die amerikanische Gesellschaft wahrscheinlich mehr bewirkt als manche Verordnung, die später zurückgenommen wurde. Und dann waren da noch die »Unabhängigen«, bei denen Schurz eine große Rolle spielte. Diese Gruppierung meist älterer, einflussreicher Männer fühlte sich an keine der beiden großen Parteien gebunden. Die »Unabhängigen« unterstützten mal die Republikaner, mal die Demokraten – immer die Partei mit den besseren Reformvorschlägen.

Von der New Yorker Zeitung *Sun* wurden diese politisch engagierten Leute »Mugwumps« getauft. Das ist indianisch und bedeutet »Große Häuptlinge«. Andere Zeitungen nannten sie auch boshaft »Zarte Eremiten« oder »Das dritte Geschlecht«. Womit aber der politische Einfluss der »Mugwumps« nicht unterschätzt wurde. Denn Schurz und seine »Großen Häuptlinge« waren es, die dafür sorgten, dass 1884 mit dem reformfreudigen Grover Cleveland nach vielen Jahren wieder ein Demokrat ins Weiße Haus zog. In New York war nun die Zentrale, das Herz der »Mugwumps« und Schurz ihre Seele: »Seine Anregungen wurden genau befolgt.«

Carl entwickelte sich in den 1880er Jahren zum leidenschaftlichen New Yorker. Er tauchte ein in Kunst, Kultur und Vergnügen und besuchte, oft mit Jacobi, Theater- oder Opernvorstellungen. Und wo er auch hinkam, fast immer wurde er erkannt. Mit seiner langen, nun nicht mehr ganz so dürren Gestalt, mit der ergrauenden, vollen Mähne, dem Vollbart und dem Zwicker vor den ironisch blitzenden Augen.

»Bei einem Maskenball geschah es, dass jemand voll Erstaunen seinen Begleiter am Ärmel zupfte und sagte: ›Mein Gott, sehen Sie nur, die Carl-Schurz-Maske!‹ Höchst amüsanter, doppeldeutig tiefsinniger kleiner Zwischenfall: So populär war er, dass man ohne weiteres auf den Gedanken verfiel, jemand könnte seine Erscheinung als festliche Maske gewählt haben.«

Unmaskiert hatte Schurz das Kostümfest besucht – und sich herrlich amüsiert ...

NEW YORK, 2. MÄRZ 1899

Es klingt wie das Summen eines aufgeregten Bienenvolkes, wenn sich knapp vierhundert Gäste in den prachtvoll plüschigen Sälen von »Delmonico's Restaurant« unterhalten. Die erste Lobrede auf den Jubilar hatte Carls Freund Abraham Jacobi gehalten. »Jungdeutschland im Sturm und Drang« war das beziehungsreiche Thema gewesen. Nun aber wird das Festmahl serviert. Tellergeklapper. Kellner laufen mit Silberterrinen an den Stuhlreihen entlang – bis einer der Organisatoren von Schurz' siebzigstem Geburtstag an sein Glas klopft und sich erhebt:

»Verehrte Anwesende, soeben ist ein Glückwunsch-Telegramm unseres ehemaligen Präsidenten Cleveland eingetroffen!«

Die Gäste verstummen und die Kellner unterbrechen ihr zeremonielles Servieren, während das Telegramm verlesen wird: »Carl Schurz' Leben und seine Laufbahn lehren etwas, das nicht oft und nicht eindringlich genug gelehrt werden kann. Sie geben ein Bild von der moralischen Größe selbst aufopfernden Dienstes an der Öffentlichkeit und von der Vornehmheit furchtlosen Kampfes für alles, was recht und gerecht und sicher ist.«

Beifall.

Schurz steht auf, bedankt sich und wird dabei ein flaues Gefühl nicht los: Das klingt ja doch ganz schön nach Abschied und Ende! So, Alter, jetzt bist du siebzig, setz dich hin, schreib deine Memoiren, sammle deine Ehrendoktorhüte – und halte dich endlich mal raus aus der Politik ...

Unterredung von Carl Schurz mit Reichskanzler Otto von Bismarck im Berliner Reichskanzler-Palais, Holzstich, 1888

Sie haben ja recht, die Jüngeren, denkt Schurz. Viele sind abgetreten und einige bereits tot, die sein Leben mehr oder weniger beeinflusst haben. Längst hat Kaiser Wilhelm I., der ehemalige »Kartätschen-Prinz«, seine Ruhe gefunden. Und vor einem knappen Jahr dann auch Bismarck.

1888 ist Schurz ihm noch einmal begegnet, dem deutschen Reichskanzler, mit dem er selten einer Meinung war. Und den er trotzdem geschätzt hat: seinen Witz, seinen Sarkasmus, seine Anekdoten, seine »blitzartigen Beleuchtungen von Menschen und Verhältnissen«. Und sein Interesse für Geschichtliches, »das er mit hinreißender Lebendigkeit vorgetragen hat«.

Auch 1888 hatten die Herren, wie schon zwanzig Jahre zuvor, bis weit in die Nacht hinein in Berlin zusammengesessen. Was Bismarcks Personal leicht aus der Fassung brachte, da das Ritual, das der Kanzler sonst benutzte, um längere Besucher loszuwerden, einfach nicht zum Zuge kam. Wie üblich hatte der Diener nach fünfzehn Minuten gemeldet, dass dringende Termine auf Bismarck warteten – und nach einer weiteren Viertelstunde schon drängender gesagt, dass ein Eilkurier des Kaisers gerade eingetroffen sei ... Aber nachdem der Diener ein drittes Mal vergeblich versucht hatte, das Gespräch zu unterbrechen, kapitulierte Bismarcks Privatsekretär.

»Bemühen Sie sich nicht weiter«, sagte er zu dem Diener, »der Kanzler hat eben Weißwein und Zigarren bestellt. Die beiden Herren amüsieren sich trefflich.«

Wie lange das wieder her ist mit Bismarck, elf Jahre schon, überlegt Schurz, während die Festreden im »Delmonico's« kein Ende nehmen wollen. Ausgiebig wurden bereits Carls Leben und Leistungen gewürdigt. Jetzt ist man bei seiner Freundschaft mit Abraham Lincoln angelangt und man rühmt das Essay, das er 1891 über den amerikanischen Präsidenten veröffentlicht hatte. »Die Gestalt dieses großen Mannes, von dessen besonderen Reizen einer darin bestand, ganz anders als alle anderen großen Männer zu sein«, hat Schurz darin geschrieben, »wird durch eine Idealisierung, die so leicht ins Abgedroschene abgleitet, eher verlieren als gewinnen.«

Ja, dieser Lincoln, denkt Schurz, wie oft haben ihm seine Gegner damals nahe gelegt, sich zurückzuziehen, seine politischen Ideale aufzugeben! Und doch hat Lincoln unbeirrt weitergemacht – so, wie es auch Schurz in Zukunft halten wird. Selbstverständlich muss er sich immer wieder aufs Neue einmischen. Jedenfalls, so lange er dazu gesundheitlich in der Lage ist ...

Was der Siebzigjährige an diesem festlichen Abend jedoch nicht ahnen kann: Sieben Jahre werden ihm nur noch bleiben. Und am 24. Mai 1900, etwas mehr als ein Jahr später, wird er seine letzte große Rede vor einem begeisterten Massenpublikum halten. Wieder wird er die imperialistische Hybris der amerikanischen Regierung angreifen. Denn noch immer geht es ihm um die widerrechtliche Besetzung der Philippinen, wie er auch an einen Freund schreibt:

»Ich bin zu der felsenfesten Überzeugung gekommen, dass die Geschichte unseres Versuches, die Philippinen zu erobern, eine Geschichte des Betruges, falscher Vorspiegelungen und des brutalen Verrates von Freunden ist. Wir haben uns eine verfassungswidrige Gewalt ange-

Carl Schurz in seinem Arbeitszimmer,
New York, Fotografie, ca. 1900

maßt, die Grundprinzipien unserer Demokratie im Stich gelassen, unsere Soldaten mutwillig einer ungerechten Sache geopfert, Unschuldige grausam hingemordet und so eine unerhörte, entsetzliche Blutschuld auf uns geladen.«

1904 werden die Philippinen wieder freigegeben – ein Verdienst auch von Schurz. Da sitzt schon Theodore Roosevelt eine Weile im Weißen Haus, nachdem sein Vorgänger William McKinley – wie Lincoln – Opfer eines Attentats geworden war. Dieses erneute Attentat auf einen Präsidenten nimmt Schurz eher am Rande wahr. Er muss einen Todesfall in der eigenen Familie verkraften: Herbert, der jüngste Sohn, stirbt überraschend mit erst vierundzwanzig Jahren im Sommer 1900 an einem Herzschlag.

Verstärkt flüchtet sich Schurz nun in seine »Erinnerungen«, die ab 1905 in einem Magazin in Fortsetzungen veröffentlicht werden. Immer seltener sieht man ihn jetzt in der Öffentlichkeit. Hin und wieder geht er mit seinem neuen Nachbarn Andrew Carnegie im Central Park spazieren. Aber richtig wohl fühlt er sich vor allem bei Freund Jacobi am Lake George. Seltener redet er nun auch vor vielen Menschen. Fast im Ernst spottet er sogar: »Wenn ich etwas hasse, so ist es das Redenhalten. Es ist der Fluch meines Lebens.«

Dafür schreibt er viele Briefe, in denen er sich auch Gedanken um die Zukunft der Gesellschaft macht: »Die wachsende Tendenz unserer Zeit geht in Richtung Sozialismus, der aber für die noch lebenden Sozialistenführer eine große Enttäuschung sein wird. Zwar werden einige ihrer Grundprinzipien verwirklicht werden, aber nicht so, wie sie sich das vorgestellt haben.«

An einem Junitag 1905 steigt Schurz aus der Straßenbahn, fällt hin und zieht sich eine Gehirnerschütterung zu. Doch der Tod wird sich ihm nur ganz allmählich nähern. Von dem Sturz erholt Carl sich wieder. Im nächsten Frühjahr aber erkrankt er an einer Lungenentzündung. In der Nacht vor seinem Tod am 14. Mai 1906 ist auch sein Freund Abraham Jacobi bei ihm. Jacobi erzählt später, dass Schurz noch im Sterben über Politik zu sprechen versucht hat. Seine letzten Worte können als Trost für die Zurückbleibenden aufgefasst werden: »Es ist so leicht zu sterben.«

Präsident Roosevelt kondoliert. Der schwarze Bürgerrechtler Dr. Booker T. Washington sagt bei der Memorial-Feier in der New Yorker Carnegie Hall über Schurz: »Nur wenige Menschen taten privat oder öffentlich mehr als er, um ... alle Parteien unseres Landes sicher und selbstlos einzuspannen für die Rechte der Schwarzen und Indianer.«

Bewegende Worte auch von Abraham Jacobi: »Die deutsche Revolution oder vielmehr die selbstmörderische Reaktion warf Schurz auf diese gastlichen Ufer. Die Gastfreiheit bezahlte er mit zahllosen Wohltaten an die freie Nation, die ihm Unterkunft gewährte. So soll Amerika nicht vergessen, was es der Emigration verdankt, und die Emigranten sollen den Dank nicht vergessen, den sie der großen Nation schulden.«

Carl Schurz wird auf dem New Yorker Sleepy-Hollow-Friedhof neben seinem Sohn Herbert beerdigt. Die *New Yorker Staatszeitung* schreibt über das Begräbnis: »Auf der anderen Seite des Hudson türmen sich hohe, dicht bewaldete Bergkegel. Und über ihnen hängen schwere, dunkle Wolken, aus denen der erste Blitzstrahl zuckt in dem Augenblick, als der Trauerzug von der steil emporklimmenden Chaussee einbiegt in den Ort des Friedens.«

Wer sich heute in New York auf Spurensuche begibt, der kann im »Baedeker« über Carl Schurz lesen: »An ihn erinnern ein Denkmal im Morningside Park und der vor allem im Sommer beliebte Carl-Schurz-Park, der sich zwischen der 84. und der 90. Straße am East River entlang zieht. Am Ufer verläuft eine schöne, aussichtsreiche Promenade ...«

Carl-Schurz-Denkmal in Manhattan, Fotografie, ca. 1929

CARL SCHURZ

2. März 1829 geboren als Sohn des Lehrers Christian Schurz auf Burg Gracht in Liblar bei Köln

1838 Seminarübungsschule in Brühl

1839–1846 Jesuiten-Gymnasium in Köln

ab 1847 Studium der Philologie und Geschichte in Bonn, Mitglied der Bonner Burschenschaft »Frankonia«

Mai 1849 Teilnahme am Sturm auf das Siegburger Zeughaus

1849 in der badischen Revolution Adjutant des Oberbefehlshabers der Artillerie der Pfälzischen Volkswehr Fritz Anneke, nach der Niederlage gegen die preußischen Truppen Flucht nach Frankreich und in die Schweiz

1850 heimliche Rückkehr nach Preußen

6./7. November 1850 Befreiung seines Freundes und früheren Professors Gottfried Kinkel aus dem Zuchthaus Spandau bei Berlin, gemeinsame Flucht nach Großbritannien

6. Juli 1852 Schurz heiratet in London die aus Hamburg stammende Margarethe Meyer

1852 Auswanderung in die USA, Aufenthalt in New York, Philadelphia und Washington

1855 Wohnsitz in Watertown (Wisconsin), wird einer der einflussreichsten Führer der jungen Republikanischen Partei

1857 republikanischer Kandidat für das Amt des Vizegouverneurs von Wisconsin

1860 Wahlsieg der Republikaner bei den Präsidentschaftswahlen, auch durch Schurz' Einfluss auf die Deutschamerikaner

1861 Ernennung zum amerikanischen Gesandten in Spanien durch den neu gewählten US-Präsidenten Abraham Lincoln

1862 Rückkehr nach Amerika während des Bürgerkrieges, um in das Unionsheer einzutreten, nahm als General an der zweiten Schlacht von Bull Run, bei Chancellorsville, bei Gettysburg, bei Chattanooga und in anderen Kämpfen teil

1864 Truppenausbilder in Nashville (Tennessee)

1866 Herausgeber der republikanischen *Detroit Post* in Detroit (Michigan)

1867 Miteigentümer und Redakteur der *Westlichen Post* in St. Louis (Missouri)

1869 Senator von Missouri in Washington, Tätigkeit als Journalist, Mitbegründer der Liberalrepublikanischen Partei

1877 – 1881 Innenminister unter US-Präsident Rutherford B. Hayes, Bemühungen um Integration der Indianer und ehemaligen Sklaven, Reform der staatlichen Verwaltung

bis 1901 Präsident der National Civil Service Reform League

14. Mai 1906 gestorben in New York

STICHWORT- UND PERSONENVERZEICHNIS

Albert von Sachsen-Coburg-Gotha 1819–1861, ab 1840 Prinzgemahl von Queen Victoria.

Althaus, Friedrich 1829–1897, deutscher Arzt und Schriftsteller, Biografie über Charles Dickens.

Anneke, Carl Friedrich Theodor 1818–1872, preußischer Offizier, 1848 Mitgründer des Kölner Arbeitervereins, Oberbefehlshaber der Artillerie im Badisch-Pfälzischen Aufstand 1849, Emigration in die USA, im Sezessionskrieg Colonel der Nordstaaten-Truppen, später Arbeitersekretär und Redakteur in Chicago.

Arnim, Bettina von 1785–1859, deutsche Dichterin der Romantik, auch Schriften zu sozialen und politischen Themen.

Augusta von Sachsen-Weimar-Eisenach 1811–1890, verheiratet mit Wilhelm I., preußische Königin, deutsche Kaiserin.

Austen, Jane 1775–1817, englische Schriftstellerin, schrieb über Landadel und Bürgertum (*Stolz und Vorurteil*, 1813, *Emma*, 1816).

Beecher Stowe, Harriet 1811–1896, amerikanische Schriftstellerin, Hauptwerk: der Antisklaverei-Roman *Onkel Toms Hütte*, 1852.

Bismarck, Otto Fürst von 1815–1898, preußisch-deutscher Staatsmann, seit 1871 deutscher Reichskanzler, sozialpolitisches Reformwerk, Gegner der Sozialdemokratie (»Sozialistengesetz«), 1890 von Wilhelm II. entlassen.

Blenker, Ludwig 1812–1863, Revolutionär 1848/49, befehligte rheinhessische und pfälzische Freischaren, Emigration in die Schweiz und in die USA, 1861 Brigadegeneral der Unionstruppen im Sezessionskrieg.

Blücher von Wahlstatt, Gebhard Leberecht Fürst 1742–1819, zunächst in schwedischen, dann in preußischen militärischen Diensten, forderte 1805 Einführung der allgemeinen Wehrpflicht in Preußen, seit 1813 preußischer Generalfeldmarschall, trug wesentlich zum Sieg über die napoleonischen Truppen bei, war der volkstümlichste Feldherr der Befreiungskriege.

Brentano, Lorenz 1813–1891, Jurist, demokratischer badischer Politiker in der Zeit vor und während der Revolution von 1848/49, Flucht in die Schweiz, Emigration in die USA, Präsident des Stadtrats von Chicago, Kongressabgeordneter.

Buchanan, James 1791–1868, 15. Präsident der USA (Demokrat).

Bucher, Lothar 1817–1892, Abgeordneter der Preußischen Nationalversammlung 1848, wegen Haftbefehl Flucht nach London, nach Rückkehr 1864 Legationsrat im Auswärtigen Amt unter Bismarck.

Bülow von Dennewitz, Friedrich Wilhelm Graf 1755 - 1816, preußischer General, bereitete 1812/13 die Erhebung Preußens gegen Napoleon vor, war entscheidend an der Völkerschlacht bei Leipzig 1813 und der Schlacht bei Waterloo 1815 beteiligt.

Burckhardt, Jacob 1818 – 1897, Schweizer Kultur- und Kunsthistoriker (*Kultur der Renaissance in Italien*, 1860).

Carnegie, Andrew 1835 – 1919, amerikanischer Industrieller, »Stahlkönig«, Mäzen (»Carnegie Hall«), Unterstützer internationaler Friedensbestrebungen.

Clausewitz, Carl von 1780 – 1831, preußischer General und Militärschriftsteller, gehörte seit 1808 zum Kreis der preußischen Heeresreformer um Scharnhorst und Gneisenau, 1812 in russischen Diensten im Kampf gegen Napoleon I., bis 1830 als Generalmajor Verwaltungsdirektor der Allgemeinen Kriegsschule in Berlin, philosophische Abhandlung über das Wesen des Krieges: *Vom Kriege*, 1816/30.

Cleveland, Stephen Grover 1837 – 1908, 22. und 24. Präsident der USA (Demokrat).

Code Civil (auch: Code Napoleon) von Napoleon I. 1804 veranlasste Gesetzessammlung, fußend auf den Grundgedanken der Französischen Revolution von 1789.

Darwin, Charles Robert 1809 – 1882, britischer Naturforscher, Begründer der Evolutionstheorie, Hauptwerk: *Die Entstehung der Arten*, 1859.

Davis, Jefferson 1808 – 1889, Präsident der Konföderierten Staaten von Amerika (Südstaaten) von 1861 – 1865, nach Sezessionskrieg zwei Jahre in Haft.

Defoe, Daniel 1660 – 1731, englischer Schriftsteller, zuerst Kaufmann, schrieb als Sechzigjähriger seinen ersten Roman *Robinson Crusoe*, 1719/20.

Demokratische Partei eine der beiden großen Parteien in den USA, Gründung lässt sich auf 1792 zurückdatieren, spaltete sich über die Frage der Sklaverei 1860 in einen Südstaaten- und einen Nordstaaten-Flügel.

Desmoulins, Camille 1760 – 1794, Rechtsanwalt, französischer Revolutionär, führend beim Sturm auf die Bastille 1789, radikaler Jakobiner, hingerichtet.

Deutsch-Dänische-Kriege 1. Befreiungsbestrebung Schleswig-Holsteins von Dänemark 1848 – 1851, von preußischen Truppen unterstützt, auf Druck von Russland und Großbritannien Rückzug Preußens; 2. Krieg zwischen dem Deutschen Bund und dem Königreich Dänemark im Jahre 1864, Dänemark musste Schleswig-Holstein an Preußen und Österreich abtreten, nach Preußisch-Österreichischem Krieg 1866 wurde Schleswig-Holstein preußische Provinz.

Deutscher Bund Zusammenschluss der souveränen deutschen Fürsten und Freien Städte einschließlich Österreichs als deutscher Staatenbund von 1815 bis 1866.

Dickens, Charles 1812 – 1870, englischer Schriftsteller, Begründer des realistischen Sozialromans (u. a. *Oliver Twist*, 1838).

Douglas, Stephen Arnold 1813 – 1861, amerikanischer Jurist und Politiker (Demokrat), wegen seiner Statur »der kleine Riese« genannt, Senator von Illinois von 1847 bis 1861.

Drake, Charles Daniel 1811–1892, amerikanischer Politiker (Republikaner), Senator von Missouri ab 1866.

Droste zu Vischering, Clemens August 1773–1845, 1835 bis 1845 Kölner Erzbischof.

Dumas d. Ä., Alexandre 1802–1870, französischer Schriftsteller, mehr als 300 Romane und Dramen (*Die drei Musketiere*, 1840, *Der Graf von Monte Christo*, 1845/46).

Elsenhans, Ernst 1815–1849, Journalist und politischer Literat, Revolutionär 1848/49, während der Belagerung der Festung Rastatt Redakteur und Herausgeber des *Festungsboten* sowie Initiator des »Klubs des entschiedenen Fortschritts«, 1849 standrechtlich erschossen.

Emanzipations-Proklamation 1863 von Präsident Lincoln erlassen, erklärte alle Sklaven in den Territorien der Union (Nordstaaten) für frei.

Fontane, Theodor 1819–1898, deutscher Schriftsteller und Journalist, zunächst Apotheker, kritische Gesellschaftsromane im preußischen Milieu (*Effi Briest*, 1895, *Der Stechlin*, 1899).

Freiheitskriege (auch: Befreiungskriege) von 1813 bis 1815, alle historischen kriegerischen Ereignisse zwischen dem napoleonischen Frankreich und seinen Gegnern Deutschland, Italien, Spanien u. a.

Freiligrath, Ferdinand 1810–1876, deutscher radikal-liberaler Dichter, mit Karl Marx Redakteur der *Neuen Rheinischen Zeitung*, Flucht nach London 1851, Rückkehr 1868 nach Amnestie.

Frémont, John Charles 1813–1890, amerikanischer Offizier, Forschungsreisender, Gegner der Sklaverei, 1856 erfolgloser Präsidentschaftskandidat (Republikaner).

Friedrich II. 1712–1786, preußischer König von 1740 bis 1786, intellektuell und musisch hoch begabt, den Ideen der Aufklärung aufgeschlossen, von Machtinteressen geleitete Kriege (Schlesische Kriege 1740/42, 1744/45, Siebenjähriger Krieg 1756/63) ließen Preußen zu Großmacht werden, trieb inneren Ausbau Preußens voran.

Friedrich August II. 1797–1854, sächsischer König von 1836 bis 1854, regierte gemäßigt liberal, stellte nach der Niederschlagung des Dresdner Maiaufstands 1849 die Verfassung von 1831 wieder her.

Friedrich Wilhelm IV. 1795–1861, preußischer König von 1840 bis 1861, künstlerisch und wissenschaftlich begabt, lehnte die von der Frankfurter Nationalversammlung angebotene Kaiserkrone ab.

Fröbel, Friedrich 1782–1852, deutscher Pädagoge, Initiator der Kindergarten-Bewegung, Begründer des ganzheitlichen Denkens in der Pädagogik.

Grant, Ulysses Simpson 1822–1885, 18. Präsident der USA (Republikaner), Oberbefehlshaber der Unionsarmeen im Sezessionskrieg.

Greeley, Horace 1811–1872, amerikanischer Journalist und Politiker (Republikaner), gründete die Zeitungen *New York Tribune* und *The New Yorker*.

Groth, Klaus 1819 – 1899, niederdeutscher Dichter, Gedichtsammlung *Quickborn*, 1852.

Hadji Abd el-Kader 1807/08 – 1883, algerischer Freiheitskämpfer gegen Frankreich.

HAPAG (Hamburg-Amerika-Paketfahrt AG) 1847 gegründete Schifffahrtslinie, erfolgreich u. a. durch die großen Auswandererwellen in die USA.

Harvard University älteste Universität der USA, gegründet 1636 in Cambridge (Massachusetts).

Harvey, Louis Powell 1820 – 1862, amerikanischer Politiker (Republikaner), Gouverneur von Wisconsin.

Hayes, Rutherford Birchard 1822 – 1893, 19. Präsident der USA (Republikaner).

Hecker, Friedrich 1811 – 1881, deutscher Politiker und Revolutionär 1848/49, leitete mit Struve den bewaffneten Aufstand in Baden, 1849 Emigration in die USA, Oberst der Unionstruppen im Sezessionskrieg.

Heine, Heinrich 1797 – 1856, deutscher Dichter zwischen Spätromantik und Realismus, kritisches Versepos *Deutschland. Ein Wintermärchen*, 1844, starb in Paris.

Helgoland deutsche Nordsee-Insel, von 1814 bis 1890 britisch, 1890 im Helgoland-Sansibar-Vertrag von Großbritannien an das Deutsche Reich übergegangen.

Herwegh, Georg 1817 – 1875, deutscher Schriftsteller, politisch-revolutionärer Lyriker (*Gedichte eines Lebendigen*, 1841/43), badischer Revolutionär 1848/49, Exil in der Schweiz, in Frankreich und Italien, Rückkehr nach Amnestiegesetz 1866.

Herzen, Alexander Iwanowitsch 1812 – 1870, russischer Schriftsteller, Publizist und Philosoph, kämpfte gegen Leibeigenschaft, wurde mehrfach verhaftet und verbannt, 1847 nach Westeuropa übergesiedelt, Kontakt zu Kossuth, Marx und Mazzini.

Hinckeldey, Karl Ludwig Friedrich von 1805 – 1856, Berliner Polizeipräsident, starb im Duell.

Hooker, Joseph 1814 – 1879, General der Unionstruppen im amerikanischen Sezessionskrieg.

Hutten, Ulrich von 1488 – 1523, deutscher Reichsritter und Humanist, trat für Martin Luther ein, Flucht in die Schweiz.

Isabella II. 1830 – 1904, spanische Königin, 1868 gestürzt, Thronverzicht zugunsten von Sohn Alfons XII.

Jackson, Thomas Jonathan (genannt Stonewall) 1824 – 1863, amerikanischer General der Südstaaten im Sezessionskrieg.

Jacobi, Abraham 1830 – 1919, schloss sich nach Medizin-Studium in Bonn der revolutionären Bewegung an, Exil in England und den USA, eröffnete das erste Kinderkrankenhaus in den USA.

Johnson, Andrew 1808 – 1875, 17. Präsident der USA (Republikaner).

Kansas-Nebraska-Act Gesetz von 1854 zur Schaffung der Bundesstaaten Kansas und Nebraska, nach dem die Siedler selbst über die Sklavenfrage entscheiden sollten, aus den Gegnern des Kansas-Nebraska-Act entstand unter Führung Abraham Lincolns 1854 die Republikanische Partei.

Kartätsche – mit kleinen Kugeln gefülltes Artilleriegeschoss.

Kinkel, Gottfried 1815 – 1882, deutscher Schriftsteller, Professor für Kunst- und Kulturgeschichte, nahm 1849 am badisch-pfälzischen Aufstand teil, von den Preußen verhaftet und zu lebenslanger Haft verurteilt, 1850 von Schurz aus Zuchthaus in Spandau befreit, Flucht nach Großbritannien, Professor für Literaturgeschichte in London, 1866 Professor für Archäologie und Kunstgeschichte in Zürich.

Kladderadatsch 1848 gegründetes politisch-satirisches Wochenblatt, Name ist hergeleitet vom Berliner Ausdruck »Kladderadatsch« (= etwas fällt herunter und bricht mit Krach in Scherben), vertrat eine nationale Gesinnung und unterstützte Bismarcks Politik.

Kommunistisches Manifest (Manifest der Kommunistischen Partei) erste Darstellung der später als »Marxismus« bezeichneten Lehre bzw. Weltanschauung, 1847 von Karl Marx und Friedrich Engels verfasst, 1848 in London erschienen, beginnt mit: »Ein Gespenst geht um in Europa – das Gespenst des Kommunismus« und endet mit dem Aufruf: »Proletarier aller Länder vereinigt euch!«

Kongress das aus Senat und Repräsentantenhaus bestehende Parlament der USA.

Kossuth, Lajos 1802 – 1894, Führer der ungarischen Unabhängigkeitsbewegung von 1848/49, ungarischer Nationalheld.

Kreuzzeitung (eigentlich: Neue Preußische Zeitung) gegründet 1848 in Berlin als christlich-konservatives Organ gegen die demokratische Bewegung.

Krimkrieg militärischer Konflikt Russlands mit dem Osmanischen Reich, Großbritannien und Frankreich von 1853/54 bis 1856.

Ku-Klux-Klan (KKK) 1866 gegründeter rassistischer Geheimbund in den Südstaaten der USA, grauenvolle Massaker gegen Schwarze und Attentate auf republikanische Politiker, die sich für die Umsetzung der Anti-Sklaverei-Gesetze einsetzten, 1882 für verfassungswidrig erklärt, unter Einsatz des Militärs zurückgedrängt.

Kußmaul, Adolf 1822 – 1902, deutscher Arzt, Spezialist für Magenkrankheiten und Diabetes, Mit-Urheber des Begriffs »Biedermeier«.

Lassalle, Ferdinand 1825 – 1864, sozialdemokratischer Vordenker, forderte allgemeines und gleiches Wahlrecht und Beteilung der Arbeiter an der Produktion, erster Präsident des »Allgemeinen deutschen Arbeitervereins« 1863, damit einer der Gründerväter der deutschen Sozialdemokratie, starb an den Folgen eines Duells.

Lee, Robert Edward 1807 – 1870, amerikanischer General der Südstaaten im Sezessionskrieg, unterlag den Unionstruppen 1863 bei Gettysburg.

Lincoln, Abraham 1809–1865, 16. Präsident der USA (Republikaner), fiel Attentat zum Opfer.

Lind, Jenny 1820–1887, schwedische Sängerin (»schwedische Nachtigall«).

Louis Philippe 1773–1850, französischer König (»Bürgerkönig«) von 1830 bis 1848, in der Februarrevolution 1848 entmachtet.

Louis XVI. 1754–1793, französischer König von 1774 bis 1792, konnte die Finanzkrise der französischen Monarchie trotz Reformbestrebungen nicht lösen, im Gefolge der Französischen Revolution 1792 abgesetzt, durch Nationalkonvent zum Tode verurteilt und 1793 guillotiniert.

Marx, Karl 1818–1883, deutscher Philosoph und Nationalökonom, lebte seit 1849 in London, schrieb dort sein Hauptwerk *Das Kapital*, Zusammenarbeit mit Friedrich Engels, der ihn finanziell unterstützte.

Mazzini, Giuseppe 1805–1872, italienischer Freiheitskämpfer, kämpfte mit Garibaldi gegen die Franzosen.

McKinley, William 1843–1901, 25. Präsident der USA (Republikaner), fiel Attentat zum Opfer.

Metternich, Clemens Wenzel Fürst von 1773–1859, österreichischer Staatsmann, durch seinen Vorsitz auf dem Wiener Kongress 1814/15 maßgeblich an der Umwandlung des Befreiungsgedankens in die Restauration beteiligt (Aufrechterhaltung der politischen und sozialen Ordnung, Kampf gegen nationale, liberale und revolutionäre Bewegungen sowie Sicherung des europäischen Gleichgewichts), sicherte die Vormachtstellung Österreichs im Deutschen Bund und in Italien, ließ als reaktionärer Staatskanzler Demokraten verfolgen, 1848 gestürzt.

Meysenbug, Malvida von 1816–1903, deutsche Schriftstellerin, 1852 als Demokratin aus Berlin ausgewiesen, Hauptwerk *Memoiren einer Idealistin*, 1876.

Missouri-Kompromiss Übereinkunft zwischen Pro- und Anti-Sklaverei-Staaten in den USA, regelte die Sklavenhaltung hauptsächlich in den westlichen Territorien, Nebenbestimmung: in Louisiana Sklaverei-Verbot nördlich von 36°30'.

Moltke, Helmuth Graf von 1800–1891, preußischer Generalfeldmarschall.

Napoleon III. (eigentlich: Charles Louis Napoleon Bonaparte) 1808–1873, Neffe von Napoleon I., französischer Präsident von 1848 bis 1852, französischer Kaiser von 1852 bis 1870.

Nast, Thomas 1840–1902, Karikaturist, Begründer der politischen Karikatur in den USA, arbeitete u. a. für *Harper's Weekly*, enger Freund von US-Präsident Grant.

Nationalversammlung (auch: Frankfurter Nationalversammlung) 1848/49 in der Paulskirche in Frankfurt am Main erstes frei gewähltes, gesamtdeutsches Parlament, erarbeitete auf Prinzipien der parlamentarischen Demokratie beruhende Verfassung, die wesentliche Forderungen der liberalen und nationalstaatlichen Bewegung aufnahm.

Nikolaus I. 1796–1855, russischer Zar, schlug Dekabristen-Aufstand (1825/26) nieder, scheiterte im Krimkrieg.

Norddeutscher Bund nach Krieg gegen Österreich 1866 anstelle des Deutschen Bundes unter Ausschluss Österreichs geschaffener deutscher Bundesstaat unter Führung Preußens.

Palais Royal Palastkomplex in Paris, 1633 bis 1636 für Kardinal Richelieu gebaut, nach dessen Tod königlicher Besitz, 1786 bis 1790 Anbau eines Theaters (heute Sitz der Comédie Française).

Palmerston, Henry John Temple 1784–1865, britischer Premierminister (konservativ), festigte die britische Kolonialmacht.

Pariser Kommune Aufstand in Paris von März bis Mai 1871, Versuch einer sozialistischen Revolution.

Peabody, Elizabeth Palmer 1804–1894, Erzieherin, eröffnete 1860 in Boston den ersten englischsprachigen Kindergarten in den USA.

Pierce, Franklin 1804–1869, 14. Präsident der USA (Demokrat).

Preetorius, Emil 1827–1905, Revolutionär 1848/49, 1854 in die USA ausgewandert, in St. Louis führender Kopf der deutsch-amerikanischen Republikaner, ab 1865 Herausgeber der *Westlichen Post.*

Quäker im 17. Jahrhundert in England von George Fox gegründete christlische Gemeinschaft, gründeten 1681 den US-Staat Pennsylvania.

Rachel (eigentlich: Elisa Rachel Félix) 1821–1858, französische Schauspielerin.

Republikanische Partei eine der beiden großen Parteien der USA, 1854 als Partei gegen die Ausbreitung der Sklaverei gegründet, erster Präsident aus den Reihen der Republikaner: Abraham Lincoln.

Reuter, Fritz 1810–1874, niederdeutscher Dichter, 1836 wegen Majestätsbeleidigung zum Tode verurteilt, zu dreißig Jahren Festungshaft begnadigt, kam 1840 frei, Hauptwerk: *Ut mine Festungstid,* 1862.

Robespierre, Maximilien de 1758–1794, französischer Revolutionär, radikaler Anhänger der Aufklärung, betrieb Absetzung und Hinrichtung von Louis XVI. 1792/93, sicherte sich allmählich fast unumschränkte Machtstellung und bekannte sich zur Schreckensherrschaft, wurde gestürzt und guillotiniert.

Rockefeller, John Davison 1839–1937, amerikanischer Unternehmer, Gründer der »Standard Oil Company«, reichster Mann der Welt und Mäzen (»Rockefeller Foundation«).

Ronge, Johannes 1813–1887, katholischer Priester, 1844 exkommuniziert, Begründer des reformorientierten Deutsch-Katholizismus, verheiratet mit Margarethe Schurz' Schwester Bertha, der Gründerin des ersten Kindergartens in England.

Roon, Albrecht Graf von 1803–1879, preußischer Generalfeldmarschall, Kriegsminister.

Roosevelt, Theodore, genannt »Teddy« 1858–1919, 26. Präsident der USA (Republikaner), innenpolitischer Reformer, setzte Bau von Panamakanal durch, 1906 Friedensnobelpreis.

Scharnhorst, Gerhard Johann David von 1755–1813, 1796 Generalquartiermeister der Hannoverschen Armee, 1801 in preußischen Diensten, 1807 als Generalmajor Vorsitzender der Militär-Reorganisationskommission, hauptverantwortlich für die preußische Heeresreform, leitete 1813 Vorbereitungen zum Befreiungskrieg.

Schumann, Clara 1819–1896, deutsche Pianistin und Komponistin, Frau von Robert Schumann.

Scott, Sir Walter 1771–1832, schottischer Schriftsteller, Lyriker, Begründer des historischen Romans (*Ivanhoe*, 1820).

Seward, William Henry 1801–1872, amerikanischer Politiker (Republikaner), Außenminister unter Lincoln.

Sezessionskrieg (auch: Amerikanischer Bürgerkrieg) von 1861 bis 1865, Krieg zwischen Nordstaaten der USA und elf aus der Union ausgetretenen Südstaaten (den so genannten Konföderierten Staaten von Amerika), Ursache waren die wirtschaftlichen, politischen und sozialen Gegensätze zwischen Nord- und Südstaaten und die Spaltung hinsichtlich der Sklaverei-Frage.

Sherman, William Tecumseh 1820–1891, Oberbefehlshaber der Unionstruppen im Sezessionskrieg, verwüstete 1864 Georgia, 1869–1884 Oberbefehlshaber der US-Streitkräfte.

Sigel, Franz 1824–1902, General der badisch-pfälzischen Revolutionstruppen 1849, Exil in der Schweiz, in England und den USA, General der Unionstruppen im Sezessionskrieg, ab 1865 Zeitungsverleger.

Spanisch-Amerikanischer-Krieg militärische Auseinandersetzung zwischen den USA und Spanien im Jahre 1898, endete mit der Besetzung Kubas, Puerto Ricos und der Philippinen durch die USA und für Spanien mit dem Verlust seines Kolonialreiches, gilt als Ausgangsereignis der expansionistischen Interessenpolitik der USA.

Spielhagen, Friedrich 1829–1911, deutscher Schriftsteller, beschrieb soziale Lage und Interessen des liberalen Bürgertums (u. a. in *Hammer und Amboß*, 1869).

Stifter, Adalbert 1805–1868, österreichischer Schriftsteller, Maler, beeinflusst von der Romantik, Naturschilderungen (*Der Hochwald*, 1841, *Bergkristall*, 1845).

Stockhausen, Julius 1826–1906, deutscher Sänger, Gesangslehrer und Dirigent in Hamburg, Berlin und Frankfurt am Main.

Strodtmann, Adolf 1829–1879, deutscher Schriftsteller, Pastorensohn aus Schleswig-Holstein, als Student Gedicht über inhaftierten Kinkel »Lied vom Spulen«, Verweis von der Bonner Universität, 1852 bis 1856 in den USA.

Struve, Gustav von 1805 – 1870, deutscher Politiker und Revolutionär, leitete 1849 den badischen Aufstand gemeinsam mit Friedrich Hecker, Exil in Schweiz, England und USA, kämpfte auf Seiten der Unionstruppen im amerikanischen Sezessionskrieg.

Sumner, Charles 1811 – 1874, amerikanischer Rechtsanwalt und Politiker (Republikaner), Senator von Massachusetts, Gegner der Sklaverei, setzte bürgerliche Gleichstellung der Schwarzen durch.

Thackeray, William Makepeace 1811 – 1863, englischer Schriftsteller, Journalist und Karikaturist, Autor von Romanen, Erzählungen, Essays und Gedichten, ironisierte die Sitten des viktorianischen Großbritanniens und die auf Besitz und Status gerichteten Werte der bürgerlichen Gesellschaft, Hauptwerk: *Vanity Fair*, 1847/48.

Tiedemann, Gustav Nicolaus 1808 – 1849, Oberst der badischen Revolutionsarmee, Kommandant der Festung Rastatt, 1849 standrechtlich erschossen.

Tocqueville, Charles Alexis Henri Clérel de 1805 – 1859, französischer Historiker und Politiker, Hauptwerk: *Die Demokratie in Amerika*, 1835/40.

Turner, William 1775 – 1851, englischer Landschaftsmaler, führender Vertreter der Romantik.

Ubi libertas, ibi patria! Wo die Freiheit ist, dort ist mein Vaterland! Oft beschworenes Motto der europäischen Auswanderer, die nach der bürgerlich-demokratischen Revolution von 1848/49 aus Europa flohen und in den USA (auch in Australien), wo es keine Einwanderungsbeschränkungen gab, eine neue Heimat fanden.

Uhland, Ludwig 1787 – 1862, deutscher Dichter, Politiker und Gelehrter, Liebes- und Naturlyrik, patriotische Gedichte zwischen Spätromantik und Biedermeier.

Vanderbilt, Cornelius 1794 – 1877, amerikanischer Unternehmer, »Eisenbahn-König«.

Victoria 1819 – 1901, britische Königin von 1837 bis 1901, ab 1876 Kaiserin von Indien, während ihrer Regentschaft koloniale und wirtschaftliche Blütezeit.

Vive l'Empereur! (Es lebe der Kaiser!) Huldigungsruf für Napoleon I.

Vormärz Zeit vom Wiener Kongress 1814/15 bis zur März-Revolution 1848.

Vossische Zeitung älteste Berliner Tageszeitung, ab 1751 im Verlag von Christian Friedrich Voss, erschien ab 1824 als Tageszeitung.

Wagner, Richard 1813 – 1883, deutscher Komponist, erfand das Musikdrama mit musikalischem Leitmotiv (*Der Ring der Nibelungen*, 1853/54), war am Dresdner Maiaufstand 1849 beteiligt.

Washington, Booker T. 1856 – 1915, amerikanischer Sozialreformer und Pädagoge.

Washington, George 1732 – 1799, erster Präsident der USA von 1789 bis 1797, Oberbefehlshaber im Unabhängigkeitskrieg, einer der Gründerväter der USA.

West Point amerikanische Militärakademie, 1802 gegründet.

Whig Party 1834 bis 1856 politische Partei in den USA, ging in der Republikanischen Partei auf.

Wiener Kongress Konferenz aller wichtigen politischen Mächte Europas von 1814 bis 1815 anlässlich der Niederlage des napoleonischen Frankreichs, geleitet von Fürst Metternich, Neuordnung der politischen Landkarte Europas.

Wilhelm I. 1797–1888, ab 1840 Prinz von Preußen, ab 1861 preußischer König, ab 1871 deutscher Kaiser.

Yale University drittälteste Universität der USA in New Haven (Connecticut), 1701 als College gegründet, seit 1887 Universität.

Yankee im Sezessionskrieg Schimpfwort für Nordstaatler.

Yankee Doodle Nationallied der Nordamerikaner im Unabhängigkeitskrieg 1775/83.

Zieten (Ziethen), Hans Joachim von 1699–1786, preußischer Reitergeneral, reorganisierte als Führer des Leibhusarenregiments Friedrichs II. seit 1741 die preußische Reiterei, 1760 General.

LITERATURVERZEICHNIS

Zitate im Text stammen aus folgenden Werken:

Max Braubach: Carl Schurz als Bonner Student, in: Carl Schurz. Der Deutsche und der Amerikaner, hg. von Anton Erkelenz und Fritz Mittelmann, Berlin 1929, S. 25 – 37.

John William Burgess: Carl Schurz und Abraham Lincoln, in: Carl Schurz. Der Deutsche und der Amerikaner, S. 137 – 183.

Emilie und Theodor Fontane: Der Ehe-Briefwechsel, Berlin 1998.

A. R. L. Gurland: Wirtschaft und Gesellschaft im Übergang zum Zeitalter der Industrie, in: Golo Mann (Hg.): Propyläen-Weltgeschichte, Bd. 8, Frankfurt a. M. u. a. 1960, S. 279 – 336.

Peter Hank u. a.: Rastatt und die Revolution von 1848/49. Von der Freiheitsfestung zur Preußischen Besetzung, Rastatt 2001.

Franz Herre: Kaiser Wilhelm I. Der letzte Preuße, Köln 1980.

Ernst Rudolf Huber: Deutsche Verfassungsgeschichte seit 1789, Bd. 1, Stuttgart 1995 und Bd. 2, Stuttgart 1988.

Eberhard Kessel: Die Briefe von Carl Schurz an Gottfried Kinkel, Heidelberg 1964.

Jürgen Kocka: Bürgertum und Bürgerlichkeit, in: Wolfgang Piereth (Hg.): Das 19. Jahrhundert. Ein Lesebuch zur deutschen Geschichte 1815 – 1918, München 1997, S. 274 – 280.

Hubert Locher: »Die Wahrheit wird Euch frei machen.« Die soziale Lage in Baden 1848/49, in: Friedrich P. Kahlenberg/Dietrich Mack (Hg.): Abenteuer Revolution. Der SWF-Film »Lenz oder die Freiheit«, München 1986, S. 43 – 48.

Golo Mann: Deutsche Geschichte des 19. und 20. Jahrhunderts, Frankfurt a. M. 1958.

Joachim Maass: Der unermüdliche Rebell. Leben, Taten und Vermächtnis des Carl Schurz, Hamburg 1949.

Peter de Mendelssohn: Zeitungsstadt Berlin, Berlin 1959.

Bertrand Russell: Freiheit und Organisation – 1814 – 1914, Berlin 1948.

Carl Schurz: Lebenserinnerungen, Bd. 1, Berlin 1906, Bd. 2, Berlin 1907, Bd. 3, Berlin 1912.

Carl Schurz: Vormärz in Deutschland. Erinnerungen und Briefe, München 1948.

Gert Stolz: Margarethe Meyer-Schurz – eine Pionierin der Kindergarten-Idee aus Norddeutschland in den USA, in: Natur- und Landeskunde, Jg. 111 (2004), S. 29 – 35.

Veit Valentin: Weltgeschichte, Amsterdam 1939.

Reinhard Wittmann: Geschichte des deutschen Buchhandels, München 1991.

ABBILDUNGSNACHWEIS

akg-images: S. 130, 141, 212, 268
Bildarchiv Preußischer Kulturbesitz: S. 37, 66
Corbis: S. 255, 259
Ida-Seele-Archiv zur Erforschung der Geschichte des Kindergartens, Dillingen: S. 183, 193
Museum für Kunst und Gewerbe, Hamburg: S. 10
Stadtarchiv Rastatt: S. 56, 101
ullstein bild: S. 135, 137, 211, 229, 233, 234, 252, 271, 278, 280, 283
Watertown Historical Society: S. 194
Wehrgeschichtliches Museum Rastatt: S. 60

Der Verlag hat sich bemüht, für alle Abbildungen die Inhaber der Rechte zu ermitteln. Dies ist nicht in allen Fällen gelungen. Sollten Ansprüche offen sein, bitten wir um Benachrichtigung.

WIR DANKEN

Karin Tunerstedt für die Überraschung, dass Bücher von und über Carl Schurz selbst in schwedischen Bibliotheken vorhanden sind,

Christoph Clermont für seinen kreativen Einsatz,

Alina Heinze für ihre Unterstützung bei der Beschaffung von Sekundärliteratur,

Julia Lauber für ihre Hilfe bei der Bildauswahl.

DIE AUTOREN

Marianne Draeger

Studium der Theaterwissenschaft, Germanistik und Kunstgeschichte an der Freien Universität Berlin, bis 1992 Zeitschriften-Redakteurin, zahlreiche Reportagen und Interviews in Tageszeitungen, Hörfunk-Features, Fernseh-Manuskripte, gemeinsam mit Otto Draeger »Lichtenauer Anthologie« (wöchentliche Literaturempfehlung im Deutschlandfunk), Roman *Sartre oder Zungenkuss* (Rasch & Röhring 1996, Ullstein Taschenbuch 1998).

Otto Draeger

Leitender Feuilleton-Redakteur beim *Spandauer Volksblatt*, Theaterkritiker, Redakteur beim Südwestfunk, verantwortlich für das TV-Magazin »Treffpunkte«, seit 1972 freiberuflicher Autor und Regisseur zahlreicher Fernsehfilme, Hörspiele, Radio-Features und TV-Shows, Musikproduzent (u. a. Milva, Herbert Grönemeyer), gemeinsam mit Marianne Draeger Literaturtipps im Hörfunk und als Buch *Mensch, was soll ich eigentlich lesen?*

Marianne und Otto Draeger leben in Berlin.

Elke-Vera Kotowski/
Julius H. Schoeps (Hg.)

J'Accuse ...! ... ich klage an!
Zur Affäre Dreyfus.
Eine Dokumentation.

Begleitkatalog zur Wanderausstellung
Mai bis November 2005
hrsg. im Auftrag des
Moses Mendelssohn Zentrums Potsdam
224 Seiten, brosch.,
ISBN 3-935035-76-4,
14,80 Euro

J'Accuse ...! Mit dieser Überschrift des offenen Briefes von Emile Zola an den französischen Präsidenten erreichte der öffentliche Streit um die Affäre Dreyfus 1898 seinen Höhepunkt. Vier Jahre zuvor war der jüdische Hauptmann Alfred Dreyfus zu Unrecht des Landesverrats angeklagt und zu lebenslänglicher Verbannung verurteilt worden, weil er angeblich militärische Informationen an Deutschland weitergeben wollte. Dieser Justizskandal löste nicht nur in Frankreich Unruhe aus. Endgültig rehabilitiert wurde Dreyfus erst 1906 mit der Wiederaufnahme in die Armee und der Ernennung zum Ritter der Ehrenlegion.

Verlag für Berlin-Brandenburg

Kerrin Gräfin von Schwerin

Die Uckermark zwischen Krieg und Frieden 1648–1949

200 Seiten
mit 158 Duotone-Abbildungen
Fadenheftung, Hardcover
ISBN 3-86650-630-9
24,80 Euro

Dieses Porträt der Uckermark, ihrer Dörfer und Kleinstädte, ihrer Landbevölkerung und Adelsfamilien, ihrer Vereine und Parteien richtet sich an ein breites Lesepublikum.
Die traumatische neuzeitliche Geschichte einer märkischen Kulturlandschaft zwischen Krieg und Frieden, das ist das Thema dieser ersten Gesamtdarstellung der Uckermark.

Verlag für Berlin-Brandenburg